抗战时期的西南联合大学校门

抗战时期的西南联合大学校舍

抗战时期的西南联合大学图书馆

西南联大博物馆／供图

西南联合大学校务委员会常委、清华大学校长梅贻琦

西南联合大学校务委员会常委、北京大学校长蒋梦麟

西南联合大学校务委员会常委、南开大学校长张伯苓

西南联合大学图书馆外观

西南联合大学学子

贺麟

汤用彤

在简陋图书馆里刻苦学习的西南联合大学学子

西南联大名师课

世界哲学

西南联大博物馆 编

贺麟 等 著

人民东方出版传媒
People's Oriental Publishing & Media
东方出版社
The Oriental Press

图书在版编目（CIP）数据

世界哲学 / 西南联大博物馆编；贺麟等著 . -- 北京：东方出版社，2025.8
（西南联大名师课）
ISBN 978-7-5207-3706-7

Ⅰ.①世… Ⅱ.①西…②贺… Ⅲ.①哲学史—世界 Ⅳ.① B1

中国国家版本馆 CIP 数据核字（2023）第 200933 号

世界哲学

SHIJIE ZHEXUE

作　　者：	西南联大博物馆编　贺麟等著
责任编辑：	杜　烨
责任校对：	张凌云
出　　版：	东方出版社
发　　行：	人民东方出版传媒有限公司
地　　址：	北京市东城区朝阳门内大街 166 号
邮　　编：	100010
印　　刷：	三河市龙大印装有限公司
版　　次：	2025 年 8 月第 1 版
印　　次：	2025 年 8 月北京第 1 次印刷
开　　本：	880 毫米 ×1230 毫米　1/32
印　　张：	10
字　　数：	204 千字
书　　号：	ISBN 978-7-5207-3706-7
定　　价：	59.80 元

发行电话：（010）85924663　85924644　85924641

版权所有，违者必究

如有印装质量问题，我社负责调换，请拨打电话：（010）85924602　85924603

丛书编委会

主　编：李红英
副主编：朱　俊　铁发宪

编　委（按姓氏笔画为序排列）：
　　马艺萌　王　欢　朱　俊　李红英　李　娅
　　张　沁　祝　牧　姚　波　铁发宪

序

致敬，怀抱薪火者

走进西南联大旧址，很多人，包括我自己，浸润其中经常是情到深处泪自流。这所在抗战烽火中诞生的高等学校，在短短的8年多时间里，创造了中国乃至世界教育史上一个苦难而又光辉的奇迹：

8年中，在战火纷飞、衣食难继的条件下，联大师生中走出了2位诺贝尔奖获得者、8位"两弹一星"功勋奖章获得者、5位国家最高科技奖获得者、175位院士、9位党和国家领导人以及大批蜚声中外的杰出人才。联大的师生经历了革命、建设、改革的各个历史时期，走过苦难却为历史留下丰碑，为今人留下启迪。

一

西南联大，为国立西南联合大学的简称，是抗战烽火中由国立北京大学、国立清华大学和私立南开大学在云南昆明合组而成的一所综合性大学。

1937年卢沟桥事变发生后，平津沦陷。为保存中国教育的火种，沦陷区高校纷纷内迁。1937年8月，上述三所高校迁至长沙，组成国立长沙临时大学。然而，日军铁蹄步步进逼，长沙很快又岌岌可危。于是，长沙临大师生又分三路奔赴昆明。其中一路由近300名师生组成的"湘黔滇旅行团"，横跨湘、黔、滇三省，历时68天，行程3500里。在这支队伍中，有黄钰生、闻一多、曾昭抡等11名教师。联大师生"刚毅坚卓"的品格，于此可见一斑！

1938年4月，师生陆续抵昆，长沙临时大学改称"国立西南联合大学"，5月4日正式开课。1946年5月4日，西南联大宣告结束，三校胜利复员北返，留师范学院在昆明独立设置，定名国立昆明师范学院，1950年改名昆明师范学院，1984年更名为云南师范大学。

这是一所在一无所有基础上结茅立舍的大学！"昆明有多大，联大就有多大"。联大教授任之恭在《一位华裔物理学家的回忆录》中写道："这个大学在昆明最初创立时，除了人，什么也没有。……过了一些时间，都有了临时的住地，或靠借、或靠租。……一旦有了土地，便修建许多茅草顶房屋，用作教室、宿舍和办公室。"

这是一所在躲空袭、"跑警报"中完成教学的战时高校！昆明虽是大后方，但1938年9月后屡遭日本飞机的空袭，"跑警报"成了联大师生的家常便饭。华罗庚在敌机轰炸中差点丧命，金岳霖在"跑警报"中丢失了几十万字的手稿。为了安全，教授们不得不疏散到昆明周边的城郊居住。

即便在如此极度简陋和艰难的环境中，西南联大师生精诚团结，和衷共济，坚持教书救国、读书报国，坚持为国育才，鼎力治学研究，服务抗战救国，引领风气之先，为赓续中华民族的文化血脉创造了中国乃至世界教育史上的奇迹。

梅贻琦、闻一多、朱自清、郑天挺、陈寅恪、钱穆、罗庸、冯友兰、潘光旦、汤用彤、沈从文、唐兰、陈梦家、叶企孙、吴有训、华罗庚、陈省身、吴大猷、王竹溪、赵忠尧、曾昭抡、施嘉炀……大师云集、名家荟萃，真可谓山河破碎时，群星正闪耀。

回望这一个个载入中国教育史、文化史、科学史的名字，他们既是有杰出学术造诣、启迪学生智慧的学问之师，更是操守高洁、能以伟岸人格力量砥砺学生心灵的品行之师。他们以杰出的学识、伟岸的人格力量，以及爱国、科学、民主的精神，影响着那些胸怀读书报国之志的年轻人：杨振宁、李政道、邓稼先、朱光亚、黄昆、郑哲敏、汪曾祺、穆旦、许渊冲、马识途……

大学之"大"，在大师之"大"。西南联大的实际主持者梅贻琦先生有句名言："所谓大学者，非谓有大楼之谓也，有大师之谓也。"西南联大秉持的正是这样的办学理念，凝聚当时的一众教育精英。大师，是大学的灵魂所在。师之所存，道之所在；道之所在，人之所向；英才聚焉，故成其大。

"多难殷忧新国运，动心忍性希前哲。"是爱国主义精神，支撑着联大师生在危难之中能够弦歌不辍，在战火之下依然桃李芬芳。

"千秋耻，终当雪。中兴业，须人杰。"是教育救国的信念，激励他们为国育才，为民族复兴治学，为后人留下了一座座不朽的科学、人文成果的丰碑。

2020年1月20日,习近平总书记考察调研西南联大旧址时指出:"国难危机的时候,我们的教育精华辗转周折聚集在这里,形成精英荟萃的局面,最后在这里开花结果,又把种子播撒出去,所培养的人才在革命建设改革的各个历史时期都发挥了重要作用。"

是的,只有教育"精英荟萃",才有科学与文化"播撒种子、开枝散叶"的可能。有了西南联大的一众名师,才有了国难当头之际,科学与文化的薪火在中华大地上传承不绝的壮观一幕!

致敬,怀抱薪火者!

二

国之大事,在祀与戎。

西南联大旧址及博物馆是西南联大在昆明办学8年的重要物质载体,蕴含着丰厚的历史文化资源,她记载着联大师生的艰难与困苦、成就与辉煌,体现着西南联大在特定的抗战历史条件下为赓续中华民族的文化血脉坚韧不屈的担当与责任。

祀,既是纪念,更要传承。

我们传承和弘扬联大精神,不仅要对西南联大历史文化遗产进行保护,更要通过展陈、宣传、教育、课堂教学等多元、立体方式还原、呈现西南联大的历史,作时代阐释。现在,呈现在读者面前的这套"西南联大名师课"丛书,就是我们整理、编纂和研究西南联大知识分子群体的作品，用各种形式传播他们在极端困难下取得的、至今仍不过时的各种成果。丛书共10册，分为《中国历史》、《中国文学》、《中国哲学》、《诸子百家》、《诗词曲赋》、《文化常识》、《人文精神》、《科学精神》、《世界文学》、《世界哲学》10个主题。编纂这套反映西南联大名师学术思想和精湛教学水平的课程讲义，是为了向大师们致敬，也是为传承和弘扬好西南联大精神，讲好西南联大教育救国故事的一个新成果。

丛书在文章编选上，遵循以下原则：

择师重"名"。丛书精选的名师有52位，他们多为影响力较大、在一个或多个学术领域中富有专长的名师，基本上代表了一个时代的学术文化高峰。

选文重"精"。为尽可能展现名师的学术风貌，丛书文章的收录范围，并不限于联大8年时间。丛书所选文章共300余篇，编辑团队用过的备选底本数量则在此10倍以上，以确保能从这些名师的著述中，筛选出具有通识性、思辨性和时代价值的经典文章。

阅读重"易"。丛书立足于让读者读得精、读得懂，尽量精选联大名师著述中通俗易懂、具有可读性和易读性的文章，让读者能获得更好的阅读体验，更加方便地受到优秀文化的滋养。

按照以上编选原则，我们在尊重并保持原作风格与面貌的基础上，进行了仔细编校，纠正了个别讹误。

历史，是最鲜活的，因为它总能给当下的人带来智慧和启迪。因此，我们认为，本丛书的编选，既是对历史的留存，也是为时代讲述。相信，本丛书的出版，能对大家感知西南联大名师课堂的魅力，感受他们的学术风范、家国情怀和人格魅力，有所助益。

　　是为序。

西南联大博物馆馆长　李红英

编纂说明

"西南联大名师课"丛书，是为了彰显西南联大学术成果、传承和弘扬西南联大精神而编写。在编纂宗旨上，我们借鉴西南联大"通识为本，专识为末"的教育理念，精选多位西南联大名师留下的经典名篇，编为10册，分别是《中国历史》、《中国文学》、《中国哲学》、《诸子百家》、《诗词曲赋》、《文化常识》、《人文精神》、《科学精神》、《世界文学》、《世界哲学》。

何谓"名师"呢？编者认为，所谓名师，就是指在西南联大工作或学习过的"西南联大知识分子群"中比较有代表性的人物。这些人，既有在西南联大任教时，就已经是其所属学术领域的知名学者，如梅贻琦、陈寅恪、朱自清、闻一多、冯友兰等，又有在西南联大任教时间不长，但名字也保存在"国立西南联合大学教职员录"中，还包括获得西南联大聘任而未到任，但名字印刻在"国立西南联合大学教授名录"上的著名学者，如顾毓琇、胡适等。为了体现西南联大文化薪火的传承不绝，本丛书还收录了在西南联大毕业后留在西南联大任教、后来成为各自领域的名家，如历史学家丁则良、古典文学家李嘉言、哲学家任继愈、翻译家王佐良、诗人和翻译家查良铮（穆旦）等人的作品。

在编纂体例上，丛书采用专题讲述的形式。每一册根据主题分为若干篇，每篇下又分为若干讲，均围绕本篇主题讲授。

丛书所选作品有的来自作者的课堂讲义或演说（如在昆明广播电台的广播演说），有的来自作者较为经典的文章或著作。丛书统一以"课"名之，一是凸显作者的"名师"身份，二是体现本丛书所选内容比较通俗易懂，就像他们课堂授课一般娓娓道来。但不可否认，由于时代原因，文中某些字词的用法，与现今略有差异，同时，每位名师在讲述风格、行文习惯等方面，以及作品的体例、格式等方面，也有所不同。为保证本丛书的可读性、准确性和连续性，以及文字、标点符号用法的规范性，我们按照国家有关编校规程，对入选内容作了仔细编校，纠正了个别讹误，并对原文进行了统一体例的处理。

具体编校方式如下：

1. 坚持尊重原作的原则，确保编校工作只是进行技术性处理，不损害作品的原意。

2. 编者所加注释，均以脚注形式出现，并在结尾处标明"编者注"加以区分；作品的出处及参考文献，以尾注形式出现。

3. 入选的部分作品，编者进行了节选。对节选内容，均在作品标题尾部注明"（节选）"字样，加以说明。

4. 文中表示纪年的数字，皆改为阿拉伯数字。为保持全书体例一致，原作正文中表示公元纪年的名称如"西元"、"纪"、"西"、"西历"等，统一为"公元"。同时，编者对表示公元纪年的方法也进行了统一处理，皆以"公元××××年"表示。文中表示时段的数字，统一为"××××—××××年"形式。

5. 为确保作品原貌，对因语言习惯变迁造成的部分文字差异，除确为硬伤、错别字外，对不影响理解作品原意的文字、半文半白的表述中的中文数字，均未作修改，如"的"、"地"、"得"、"底"的用法，"那末"（今作"那么"）、"长三十公尺"等。

6. 作品中出现的译名，与现今通用译名有不尽一致之处，为忠实原作原貌，皆未作改动。

7. 因各年代版本的不同，有些引文与现今版本文字略有出入。在忠实于作者表述的基础上，依据权威版本进行了核对修改。

8. 为更清晰地表达文章内容，本丛书对部分作品，进行重拟标题和分节的处理。

9. 为保障读者的阅读体验，对原作中的标点符号，在不改变原作内容的前提下，本丛书根据2012年开始实施的《标点符号用法》，对部分作品的标点符号进行了规范。

总之，编者希望本丛书能让广大读者从民族危亡时期这些名师的著述中，窥见那一代学人的奋斗与风貌，传承西南联大师生们铸就的优良传统，汲取增强自身文化基础、提升自我认知水平的有益养分。

编　者

目 录 | contents

第一篇 古希腊哲学

古希腊哲学三讲

胡　适：苏格拉底的生平和学说 / 003

冯友兰：柏拉图的辩证法 / 018

汤用彤：亚里士多德哲学之大旨 / 030

第二篇 古印度哲学

古印度哲学四讲

汤用彤：《印度哲学史略》绪论 / 043

汤用彤：印度哲学之起源 / 049

雷海宗：印度教之成立 / 062

汤用彤：释迦同时诸外道 / 068

第三篇 西欧近代哲学

西欧近代哲学三讲

贺　麟：斯宾诺莎的世界观 / 083

汤用彤：《英国经验主义》绪论 / 092

汤用彤：《欧洲大陆理性主义》导言 / 108

第四篇 康德、黑格尔哲学

德国古典哲学三讲

冯友兰：康德的批判法 / 117

贺　麟：黑格尔 / 132

贺　麟：黑格尔学派的分裂与费尔巴哈 / 145

第五篇 叔本华、尼采哲学

德国现代哲学四讲

陈　铨：叔本华的哲学 / 159

汤用彤：叔本华之天才主义 / 170

陈　铨：尼采思想的演变 / 174

陈　铨：尼采的道德观念 / 189

第六篇 柏格森、罗素哲学

欧美现代哲学四讲

胡　适：晚近的两个支流——柏格森的新浪漫
　　　　主义和英美新唯实主义 / 199

张荫麟：柏格森之哲学 / 212

贺　麟：柏特兰·罗素 / 221

钱　穆：读罗素《哲学问题》论逻辑 / 225

第七篇 杜威哲学

美国实用主义哲学四讲

贺　麟：实验主义或实用主义的剖析 / 233

胡　适：谈谈实验主义 / 237

胡　适：杜威哲学的根本观念 / 244

蒋梦麟：杜威之伦理学与道德教育 / 249

第八篇 中西激荡

中西哲学比较三讲

贺　麟：朱熹与黑格尔太极说之比较观 / 269

潘光旦：荀子与斯宾塞尔论解蔽 / 283

傅斯年：对于中国今日谈哲学者之感念 / 293

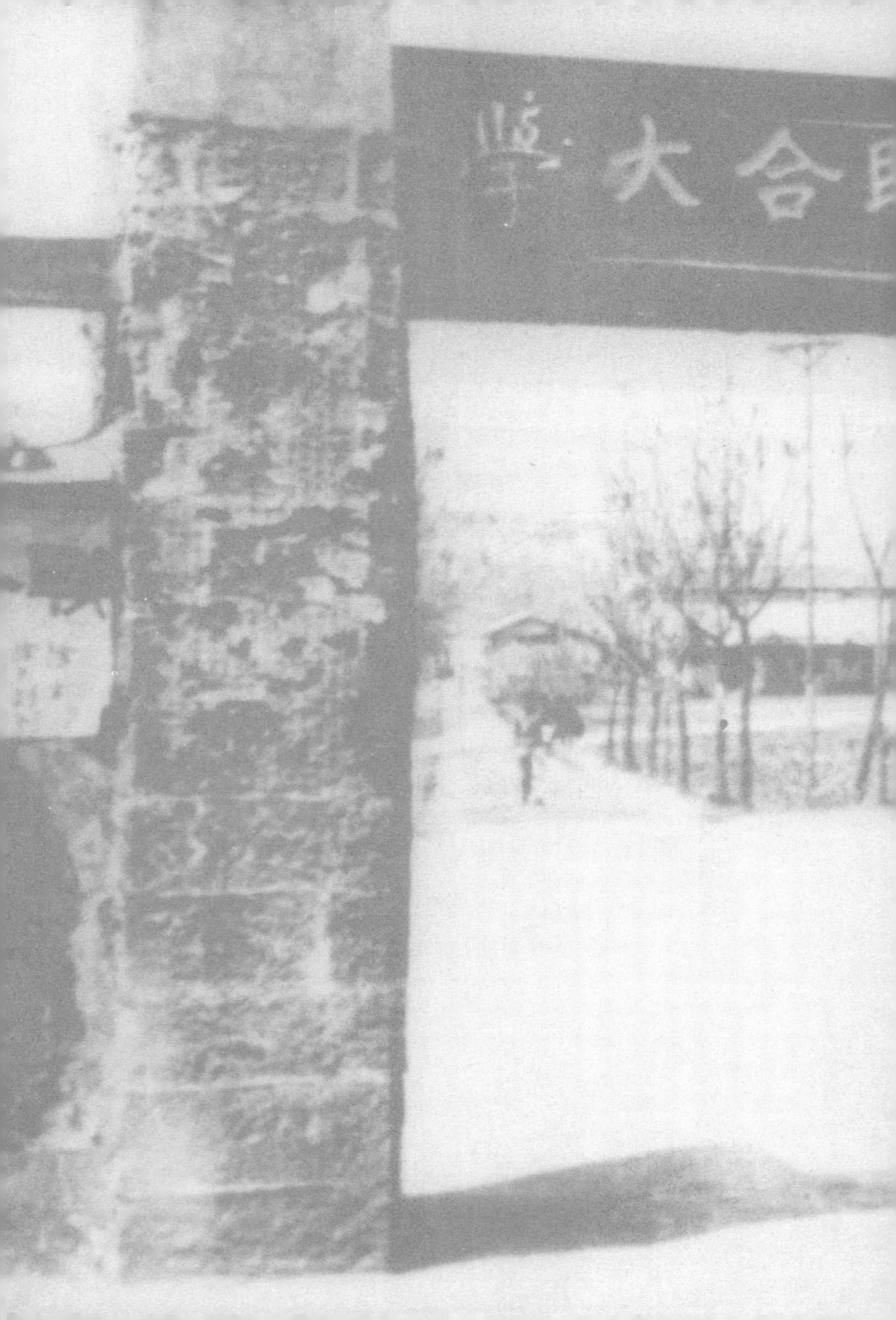
合大學

第一篇 古希腊哲学

古希腊哲学三讲

1937—1946

1937—1946

1891—1962

胡适：苏格拉底的生平和学说

一、Socrates（苏格拉底）略传

希腊那些"哲人"很像老子、邓析一班人，当时的 Socrates 很像中国古代的孔子。孔子因为当时的"邪说暴行"太多了，所以主张一种建设的哲学。Socrates 也是因当时的"哲人"太偏于破坏的一方面，所以极力主张一种建设的哲学。

Socrates 的生年大约在公元前 469 年，他的父亲是一个雕像师，他的母亲是一个收生婆。他少年时也曾学过雕像手艺，据古代相传的话，他的雕像在当时也颇有名。后来他常常觉得有一种良心上的命令，说他应该去教人。他从此便抛了他的美术生涯，专做教育事业。他的教育事业，并不是聚徒讲学，也不是像那些"哲人"受人钱财，替人家教子弟。他到处和人问答，一步一步的逼人。叫人不得不自己承认错了。后来他的名誉越大，同他讨论的人更多，他最恨人没有知识，却偏要装作有知识的样子。所以他最爱和那些假知的人辩论，揭破他们的假面具，叫人家知道这些人原没有一点知识。当时的人说他是 Athens[①] 的第一个智者。他自己说这句话却也

[①] 雅典——本文脚注中人名和其他专有名词的翻译皆为编者所加。

有一分道理；因为别人没有知识，却偏要自以为有；他却自己知道自己没有知识，这便是他和众人不同之处。他的智慧，即在于此。

但是，他这种揭破别人假面具的手段，虽然使人痛快，却得罪了许多人，所以当时有许多人痛恨他。当时的喜剧大家 Aristophanes[1] 编了一本戏叫《灵》，把 Socrates 写成一个极无赖的诡辩家。后来 Socrates 到了老年的时候，有许多恨他的人联名控告他，说他：（1）不信国家所承认的神道，另外崇拜别种不正的神道；（2）诱惑少年子弟。他在法庭上自己辩护的口供，由他的两个弟子，Xenophon[2] 和 Plato[3] 详细记下来。他那时不但不认他被控的罪名，并且把他的原告驳得一句话都回不出。但是当时裁判他的公民都不喜欢他的口辩。所以五百个裁判员之中有二百八十人宣告他有罪。他的原告要求法庭定他的死罪。按当时的规定被告可以自请减轻，但是 Socrates 不肯仰面求人。他不但不肯求情，竟自己在法庭上说像他这种人终身教人向善，论起功来，应该在 "表功厅"（prytaneum）让占一个位子。他这种倔强的神气格外得罪了那些裁判员，所以定了一个服毒自尽的罪。

他关在狱里等死的时候，仍旧天天和他的朋友弟子议论学问，毫不改变常度。他的弟子 Crito[4] 用钱买通狱卒，备了船只，要想把

---

[1] 阿里斯托芬。

[2] 色诺芬。

[3] 柏拉图。

[4] 克里托。

Socrates 救出去。Socrates 执意不肯逃出去。Plato 的 *Phaedo*① 里面，记 Socrates 临死的情形最可感动人。我且抄译一段，以展示他的人品精神——

那管监的进来，拿着一杯毒药，Socrates 问道："我的朋友，你是有经验的人，可以告诉我怎样吃法。"那人答道："你服药之后，只管走来走去，等到两腿有点走不动时，再睡下来，那毒药自然会发作了。"他说时把杯递给 Socrates。Socrates 面不改容，接了杯子又问道："我可以滴两滴敬神吗？"那人道："这药分量正够用，没得多余。"Socrates 说："我懂了。"……他把杯拿到嘴边，高高兴兴的一气喝干。……那时我们（弟子们）再忍不住了，泪珠直滚下来，我（Phaedo）蒙着眼睛，竟哭起来。……Crito 也忍不住了，走开去哭。Apollodorus② 竟哭出声来了。只有 Socrates 一个人还是镇静如常，他听见哭声，问道："这是什么声音？我打发妇人们走开正因为怕他们要哭。我听人说，人死时应该安静才好，不要哭了。"

他这一说，我们都惭愧得很，勉强忍住了眼泪。他走来走去，后来他说两腿走不动了，便仰面睡下。那管监的时时把手捏他的脚上腿上，问他可觉得痛。他说脚上不觉得了，那人又捏他腿上，渐渐上去，都变冷了。Socrates 自己用手去摸，一面说道："等这药行到了心头时，便完了。"

---

① 《斐多篇》。
② 阿波罗多罗斯。

那时他已把头盖住，到了腰部变硬时，他忽然把被揭开，说道："Crito，我还欠 Asclepius 一只鸡的钱，你不要忘记把这笔债还了。"Crito 说："我决不忘记，你还有什么吩咐？"Socrates 不答。过了一会，我们听见响声，伺候的人把被揭开，他的眼睛已陷了。Crito 把他的嘴和眼睛闭上。

这就是一个哲学家的死法！

Socrates 死于公元前 399 年。他这一死感动了他的多少弟子。他身虽死了，他的影响却更远更大。Plato 的许多"主客"体的著作，全都讲 Socrates 作发言的人，这是人所共知。后来 Plato 一文再传到 Aristotle[①]，遂成希腊哲学的正宗。此外还有 Megarian 学派[②]，Cyrenaic 学派[③] 和 Cyrus 学派[④]，都是 Socrates 的弟子所创建。这也可见他的影响了。

[**参考书**]

Plato's *Apology*, *Crito*, *Phaedo*.
Xenophon's *Memoralilia*, *Apology*.
Burnet's *Early Greek Philosophy*.

---

① 亚里士多德。
② 麦加拉学派。
③ 普乐尼学派，又称"快乐主义学派"。
④ 昔尼克学派，又称"犬儒学派"。

Pt. I. pp. 126—150.

二、Socrates 学说

（一）史料。做希腊哲学史的人最难定 Socrates 的学说，究竟是什么？这种困难由于几层原因。第一，他自己不曾著书。第二，他的弟子 Plato，处处用他做说话的人。我们读 Plato 的书时，很难分别那些话是 Plato 自己的，那些话真是 Socrates 的。第三，Aristotle 虽曾论及 Socrates 的学说，却又太简略了，叫人不容易懂得。——因此，这二千多年以来，这个大问题，竟不曾有完全满意的解决。依我个人的意见，大概近年新出的 Professor John Burnet[1] 的 *Greek Philosophy*[2]（1914 年），讲这个问题最讲得圆满。本篇所论大半都根据于这部书。所有我自己增添之处，并非别有见解，不过因为 Prof. Burnet 的书不便初学，不能直译，故不能不增加材料详细解说。

（二）自叙。Ploto 的 *Phaedo* 里，有一段说 Socrates 自叙他的思想变迁的历史，他说他少年时候最爱研究"天然科学"，要想知道万物的原因和存在变迁之故。他自己寻思生物的原起是否由于冷热两者的结合，他的形状是平的呢？还是圆的呢？感觉与知识有何关系，我们思想的作用是由于气呢？还是由于血呢？这种种问题，他想来想去，总没有满意的解决。后来他听见 Anaxagoras[3] 有一部书说

---

[1] 约翰·柏奈特教授。
[2] 全名为 "*Early Greek Philosophy*"（《早期希腊哲学》）。
[3] 阿那克萨戈拉。

万物原起都由于心（nous），觉得这话很有道理，不料他读了那书，才知道 Anaxagoras 还只是说气，说以太，说水，和种种不相干的东西。他的"心"不过是一种"做戏无法，出个菩萨"的救急方法。

他因此大失所望，后来决意自己去研究一种新方法。他自己说这个方法的性质如下：

……从此以后，我对于研究外物一事觉得有点厌倦了。我想人看日蚀，须要用一盘水看水底的影子，才不致被日光伤了目力。我如今也是如此，我若单用眼睛去观察外物，将来恐怕要乱了我的心灵。所以我决意从"识别"（judgments, Jowett 译作"ideas"，Cary 译作"reasons"；此从 Burnet 译）一方面下手，要从这里面寻出外物的道理来。……我的方法是，我先指定一条最强的理论，认为真的；凡有不合于这条的，我便以为不真的。（Phaedo, pp.99-100）

这一段说 Socrates 的方法很重要，他要从"识别"下手，要从"识别"里面寻出外物的道理。他人说他的方法是先认定一条公理，作为是非的标准。这话初看去是演绎的方法，其实不然，Burnet 说他这种公理不过是一个假定的根据（hypothesis）。辩论的时候，双方都承认这个假设，便可辩论。Socrates 的辩论都是如此。他总是先提出一个假定的理论，问他的对家承认不承认。若承认了，他便一问一答的问，那人不能不承认那先定的根据不是真的，于是 Socrates 又换一个理论，问他的对家承认不承认。承认之后，他又设法把那个根据推翻。如此上去，叫那人觉得他的理论都不能成立。然后 Socrates 慢慢的把他引到一个正确的根据上。

我们可举一个例。Xenophon 的 *Memoralilia*① 里面有一段（四篇二章）记 Socrates 和一个少年问答，那少年说自己想做一个政治家，Socrates 对他说，一个政治家应该知道什么叫作正，什么叫作不正，那少年说他都知道。Socrates 说，我们何不画两行，一行写"正"的事，一行写"不正"事，这个办法好么？那少年答道："好。"

问　诈伪应该在那一行？

答　不正的一行。

问　骗人呢？

答　不正。

问　偷盗呢？

答　不正。

问　掳人做奴隶呢？

答　不正。

问　怎么这些事都是不正吗？

答　那是自然的。

问　假如有人出兵征服有仇的敌国，把敌人降为奴隶，那可是"不正"吗？

答　那可不然，那是"正"的。

---

①《回忆》。

问　那位将军出兵上阵，不能不用点诡计，用诈取胜，那可是正的吗？

答　很正的。

问　他打胜了，带了许多敌人的财产回来，这也是正的吗？

答　正的。但是我以为你刚才所说欺骗掳掠的事，不过单指对于朋友说的。

问　如此看来，我们只好把这些事都分写正与不正两行了？

答　我想是的。

问　我们如今可说，这些事施于自己的人，便是不正；施于仇敌，便是正的，是吗？

答　正是如此。

问　假如一位将军打败了，军心慌乱，不能再战，他没有法子，只好哄他们说救兵立刻就到。他们信以为真，军心又振，就转败为胜。这不是欺自己的人吗？

答　我看这事该在正的一行。

问　儿子有病，不肯吃药，他父亲骗他说是好吃的东西，他儿子信了这话，吃了药病就好了。这件骗人的事，该在那一行？

答　只好放在正的一行。

问　假如你的朋友十分绝望的时候，你怕他要寻死，把他的佩刀偷去藏了。你说这件贼案该在那行？

答　也应该在正的一行。

问　刚才你不说对于自己人行这些事都是不正吗？

答　我把那话收回。

问　我再问你，有两个人都做了不正的事，一个是有心做的，一个是无意做的。这两个人，那一个更不正呢？

答　我如今竟不能相信自己回答的话了。我刚才说的话，经不起你一问，便觉得和我说那话时完全不同了。……

这是他问答辩证的方法，这里所引的一段是破坏的方法。有时他把对家所承认的假定都推翻了，然后重新举许多例，一条一条的证明一个正当的理论。那就是建设的方法了。

（三）全称界说。Aristotle 说 Socrates 主张两事：一是归纳的论理，一是全称的界说，这两事其实只是一事，归纳的论理就是 Socrates 的问答做的辩论。这种问答，从许多做法的例上归到一个全称的界说，故可说是归纳的论理，什么叫作"全称的界说"呢？例如说："孔子、墨子、孟子都是人。"这种界说，从个体里面认出他们的"共相"，认出他们同是"什么"（Τὸ τίEbτc），这便是全称的界说。这个"什么"，往往译作"概念"（concepts）。Burnet 极不赞成这个译名，他以为"概念"和 Socrates 的本意不对，故改译作"Forms"，直译为"法"，我认为"法"与后来 Aristotle 的"法"相混，故译为"共相"。原文是 Ein，或 Iseal。Socrates，Plato 和 Aristotle 三人所用本是一个字，不过意义各不同，故译为 Socrates 的"共相"，Plato 的"意象"，Aritotle 的"法"。

Socrates 说人的感觉只能知个体的事物，不能知他们的共相。

共相须由心灵用理论推得。譬如我们说这块木头和那块木头相等，这块石头和那块石头相等。这个"相等"是从那里来的呢？我们决不曾先拿一个"相等性"去做观察的标准，可见这个"相等性"是由观察外物引起来的。但是外物的观察虽能引起这个"相等性"，那观察的外物却仍旧是木头石头，究竟不是"相等性"。那些木头石头有时相等，有时不相等，可见那"相等性"并非外物所能发生的。我们见了那些相等或不相等的木石，便引起一个"相等性"。这个"相等性"是我们回想起来的。那"相等性"只是一个绝对相等的法相。我们从相等的外物回想到那绝对的相等性。见外物是感觉的作用，回想到相等性是心理的作用。此外，见美的物便回想到美相，见善事便回想到善相，都是这个道理。

这种"共相"的学说本来起于 Pythagoras[①] 一派的数理论。讲算学的人自然最容易从几个三角形上想到三角形的绝对法相；从这个圆那个圆想到绝对的圆相。但是 Socrates 把这个学说推广出来，包括一切道德和美术的问题。

（四）个体与共相的关系。我们若承认有一个"美"的共相，还须问什么东西使我们承认这物或那物是美的。例如说"这朵玫瑰花'很美'"，我们为什么说他美呢？若说是"因为这花有那种胭脂色"，何以北京城的许多中年妇人把脸染成那种颜色，不但不美，反更丑了！换句话说，"什么东西使这花美呢？" Socrates 简单回答

---

① 毕达哥拉斯。

道，美的有美相，所以是美的；大的有大相，所以是大的；小的有小相，所以是小的。

这话还不大明白，他又说："如果美相之外还有别物可称为美的，那物所以为美，只因为他分得绝对美相的一体。这个道理可推到一切种种。"又说："除了分得美相的一体，此外别无他法可使一物美的。"这种学说叫作"分得说"(theory of participation)。"分得"就是孟子所说的"具体而识"，可惜"具体"二字被日本人用来译西文的"concrete"了，我只好改译作"分得"。Socrates 的分得说，是说个体事物分有绝对美相的一体，方才可称作"美的"；分有绝对善相的一体，方才可称作"善的"；分有绝对大相的一体，方才可称为"大的"。换过来说，因为美相的一体存在那物里面，所以我们觉得他是"美的"；若没有那一部分的美的存在，那物就不美了。

总而言之，这学说的大旨是个体的事物所以能美，是因为他"分得"绝对美相的一部分，是因为绝对美相有一部分"存在"他里面。

但是，那共相总不能完全存在个体事物里面，那美人，美花，美的风景，只分到"美"的一部分，大家都想到绝对的美，但终不能得到那地步。虽然如此，那绝对的"美"并不是别有一种独立的实在。Plato 的 *Republic*① 里面 Socrates 说：

---

① 《理想国》。

……正，不正，善，恶，和别的种种共相，每个本只是一个；但是因为他和事事物物或和别的共相，交通并会，到处呈现，所以每个共相竟好像成了无数共相。

可见 Socrates 不说这些共相在物界之外另有一个意象界的存在，他也不肯承认一切物事离了分得共相的一体，还能有什么意义。

大概当时 Socrates 不满意于那些"哲人"的知识论。如 Protagoras[①]的主观主义，如 Gorgias[②]的完全怀疑主义，都趋于破坏一方面。Socrates 要想从建设一方面下手，又觉得那些宇宙论的哲学家也还是支离破碎，没有一个满意的根本主张。因此他自己寻思出一个根本的方法，从"识别"的方面下手。识别的作用都用"辞"（prapositions）表示。辞有"名"有"实"，实是个体，名是共相，例如说"这是甜的"，"这"是个体，"甜的"是共相。共相的甜味即在"这个"之中，"这个"因有甜性的一部分，所以能甜。Protagoras，说因为我觉得他甜，所以说他甜。Gorgias 更进一步，说本没有什么可叫作甜。Socrates 说不然，这个所以能甜，并非因为我的感觉如此，都只为这个里面含有绝对甜性的一体。我们尝着这个甜物，回想想那个甜的共相，所以有"这是甜的"的知识。一切事物的意义都只是个体与共相交互的关系。自从 Socrates 提出这个问题，西洋哲学的根本性质从此大定。后来二千多年的哲学史总

---

① 普罗泰戈拉。

② 高尔吉亚。

逃不出这个"个体与共相"的问题。

以上所说 Socrates 的学说,有许多话平常都算作他的弟子 Plato 的学说,例如共相说、分得说、回想说,皆是。但我觉得 Burnet 所说很有道理,故依着他把这些学说都归还 Socrates。他们两人重要的分别在于 Plato 把他的"意象"都看作有独立存在的,所以分出一个物界和一个意象界来;Scocrates 当时并不曾立这个分别,他只要人知这个体事物和共相的关系,就够了。(以上所引书,除特别注明各节外,皆出于 Plato 的 *Phaedo*。)

(五)人生哲学。读哲学史的人大概都知道 Socrates 最著名的学说,"知识即是道德";智即是善,愚即是恶。这种学说其实不是他一个人独有的。公元前 5 世纪的希腊人大概都把这种话当作公认的常识。那时的"哲人"到处教人做良好的公民。若"善"不是"智",如何可教? Plato 的 *Protagoras* 里面写 Protagoras 极力主张道德是可教的。Socrates 和他辩说道德是不可教的。他既说"智即是善",何以又说善不可教呢?原来 Socrates 虽然也主张"知识即是道德",却和那些"哲人"有一个根本不同之处。那些哲人说的"善"是这个善,那个善。他们所教的善只是"善于做什么"的善,——是一种技术,例如我们说某人"善于说话",又"善于交朋友",又"善于辩争"。Protagoras 一班人所教的只是这种善。Socrates 以为这种善不是真正的善;这种善全靠习惯,是不可教的;就是教了,也没有好处,因为教得这样教不得那样,还是不行。

Socrates 说"善"有两种:一种是哲学的善,一种是群众的

"善"。哲学的善全靠知识；群众的善全靠习惯。只有前一种是可教的；那后一种既不是知识，自然不可教了。他所说"道德即是知识，知识即是道德"，乃是指这种"哲学的善"说的。这种善乃是绝对的真善，一切善都因为分得这个真善的一体，所以能称为善。世间善事，千头万绪，种类甚多，都不过是这个真善的一方面。例如他说智慧、谨慎、精诚、公正、勇敢五德，虽有五名，其实只是一物（*Protagoras*，349、361）。那一物便是真善。知得这个真善，便是知识，便是道德自身，有了这种知识，决不会做恶事。所以说，"没有人是有意做恶事的；没有人是有意做他自己所认为恶事的，明知什么是恶，却偏要去做，这是和人的天性相反的"（同上书，338）。为什么呢？因为"真知识是极高贵的东西，有能力可以约束人类。一个人只须真正知道什么是善，什么是恶，他自然永不会被外物所动摇，自然不肯去做真知识不许他做的事"（同上书，352）。

这是 Socrates 知行合一说。要晓得他所说的"知"是有能力可以约束人类的"真知识"。王阳明说的"知而不行，只是未知"，也是说知而不行的知识原不是真知识。Socrates 一生的教育事业，到处教人不要以不知为知，只是要人求这个有能力可以约束人类的真知识。他在法庭上替自己辩护时，曾说，不曾省察过的生活是不值得过的。不曾省察过的生活便是一切糊涂颠倒醉生梦死的生活。那种生活不是人过的，所以他一生责人责己，宁可犯众人埋怨，宁可为真理送了生命，都只为他不要人过那种不曾省察过的生活。

[**参考书**]

Burnet's *Early Greek Philosophy*, pp.151-199.

Plato's *phaedo*, *Meno*, *Protagoras*.

参看 Windelband，Zeller，Thilly 各家哲学史，看他们所说与此篇同异之处。

（原载《西洋哲学史大纲》，系胡适未刊之手稿。

标题为编者所加）

1895—1990

冯友兰：柏拉图的辩证法

在西洋哲学史中，大多数底哲学家讲形上学所用底方法，都是我们所谓正底方法。他们对于形上学的方法，也多有所讨论。我们于本篇略述在西洋哲学史中几位重要哲学家所讨论底哲学方法。

在西洋哲学史中，柏拉图是第一个大形上学家。他的形上学的方法，是他所谓辩证法。（此是希腊哲学中底辩证法，与近代哲学中底辩证法，如海格尔、马克思所讲者，不同。）柏拉图的形上学，有神秘主义与理性主义两方面。他所谓辩证法，也有神秘底与逻辑底两方面。在《理想国》有一段中，苏格拉底说："我说：'葛老贡，我们最后到了辩证法的歌颂。这是只与理智有关底努力，但也是视觉的官能所摹仿底。你记得，我们想象，视觉迟了一会，才能看见真底动物及真底星辰。最后才能看见太阳自身。（柏拉图于上段有洞穴之喻。一个自洞穴出来底人，因其视觉习于黑暗，不能在光明中视物，最先只能看动物及太阳在水中底影子。）辩证法亦是如此。一个人只用理性的光，不靠感觉的任何帮助，发现了绝对。以这个发现为开端，他继续努力，以至于看见了绝对底善。最后他发现他自己在理智世界的极端。正如上所说视觉的情形，是在感觉世界的极端。'他说：'真是如此。''这个进展，你叫做辩证法么？''真底。'""没有任何别底方法,可以整齐底程序,使我们了然一切底真实底存在,并确定一物,在它的本性中是甚么。这是无可争辩底。"(《理想国》第七章)在这段对话中,柏拉图说到辩证法的两种功用:一种是"用理性底光,发现绝对";一种是"用纯粹底理智,看见了绝对底善"。前一种功用,使我们"确定一物,在其本性中是甚么"。后一种功用,"使我们了然一切底真底存在"。有前一种功用,是辩证法的逻辑方面。有后一种功用,是辩证法的神秘方面。

在其神秘方面,辩证法是一种"力量,能使灵魂中底最高底原理,高举至对于存在中之最善者底冥思"。这种高举,也称为"转变"(conversion)。在这种转变中,"灵魂的眼",可以"看见""绝对底善"(均见《理想国》第七章)。这种"看见",是一种神秘经验,这种经验,是从"用理性的光发现绝对"得来底。所以辩证法的神秘方面,实是其逻辑方面的继续。辩证法的两方面,也可以说是辩证法的两段。前一段是知有绝对,后一段是"看见"绝对。

在其逻辑方面,辩证法是"问答问题的最大技巧"(同上)。辩证法是问答问题的方法,这似乎是当时所谓辩证法的普通底意义。在《理想国》及别底对话中,柏拉图极力说明辩证法家 Dialectician 与诡辩家 Eristic 不同。辩证法家以寻求真理为目的,诡辩家则以互相非难为快乐(同上)。柏拉图常说辩证法是教人知道怎样问问题及怎样回答问题的方法。他所注重底问,大概是问甚么是甚么。例如甚么是道德?甚么是知识?这就是问甚么是一类事物的要素?

一类事物的要素，也就是上文所谓绝对。在《理想国》中，苏格拉底说："我说：'你赞成我们说，辩证法家是一个人，他得到每一事物的要素的概念么？一个人没有这种概念，因此也不能传达这个概念与别人；在这一方面，他失败到甚么程度，就是在理智方面，他失败到甚么程度，你承认这些么？'他说：'是底，我怎么能否认这些？''对于善的概念，你也可以同样地说。一个人必须能抽象并且理性地确定善之概念，并且能经过所有底反对底辩论，立即能驳倒它们，在辩驳中，他能不求助于意见，而只求助于绝对底真理。在辩驳的任何阶段中，他能不游移其辞。除非一个人能如此，你将说，他既不知善之概念，也不知任何底善。如果能了解一点甚么，他也只是了解一些影子，这是意见所给予，不是确切底学问所给予者。如此之人，一生在睡梦中，睡梦尚未觉醒，他已入于地下，而永远地休息了。'"（同上）此所说底能如此底人，就是能用辩证法以"发现绝对"底人。他先发现绝对，然后"看见"绝对。前者是辩证法的开始，后者是辩证法的完成。

用辩证法，我们怎样能积极地知道某一类事物的要素？这就是说，我们怎样能知道一类事物的要素的内容？在《理想国》中，柏拉图未有说明。在别底对话中，柏拉图对此问题有详细底讨论。我们于以下举《智者》及《政治家》二对话中，柏拉图对于辩证法底讨论，以见他对于此问题底意见。在这两篇对话中，柏拉图要与智者及政治家以定义，这就是说，要找出智者及政治家的性质，这也就是说，要积极地知道智者及政治家的要素的内容。在这两篇对话中，柏拉图对于他所用底方法有很详细底讨论。柏拉图称这种方法为辩证法，亦称为分析法（见《智者》）。

在《政治家》中，主持讨论底客说："如果一个人先有见于事物中底统一，他进行研讨，必至于他找出所有底不同。包括于统一中，而构成清晰底诸类者，然后他方停止。对于事物的纷纭不齐，他进行研讨，必至于认识了有相同之点底事物，是在于一同的范围内，并包括于一个单一底类中，他始满意。这是正确底路。"（《政治家》第285页）这就是说，正确底路，有两方面：一方面是同中求异，如这一段话的前一半所说者；一方面是异中求同，如这一段话的后一半所说者。在《政治家》中，客又说：有"两个普遍应用底大技术：一个是合的技术（the art of composition）；一个是分的技术（the art of division）"（同上书，第282页）。辩证法也有分与合的两方面。分就是同中求异，合就是异中求同。

在《智者》及《政治家》二对话中，主持讨论底客举了许多例以说明智者及政治家的性质。举例以说明一事物，就是用辩证法的合的方面。客说："我们将一事物，与此事物的另一明显底例相比较，对于此另一例，我们是有正确底概念底。由此比较，生出一个真底概念，将此事物及其另一例都包括了。"（同上书，第278页）于《政治家》中，客以织布比政治。他说："我们意欲从小底事物推到高底一类。这高底与那小底有同一底性质，但是其最高底形式。由此照技术的规则，我们求发现甚么是治国。"（同上）织布是将不同的纤维，合成一片。治国是将不同底人，合成一片。治国以勇敢底人为经，以温良底人为纬，组织社会。这就是织布与治国的相同的性质。而治国是其最高底形式。在《智者》对话中，主持讨论底客以钓鱼人与智者相比。因为钓鱼人引诱一种动物（鱼）而欲得之。智者亦引诱一种动物（人）而欲得之。这就是他们相同之点。从这种比较，我们可于异中求同，这就是辩证法的合的方面。

作这种比较时，我们必须分析用做比较底事物底性质。这就是同中求异。这就是辩证法的分的方面。在《智者》对话中主持讨论底客，分析钓鱼人的性质。客谓人可以分为两种，一种是有技艺者，一种是无技艺者。技艺又分为二种，一种是生产新物底，一种是获得成品底。后者又分为二种，一种是交易底，一种是夺取底。后者又分为二种，一种是用公开底力量，一种是用神秘底力量。后者又分为二种，一种以无生物为对象，一种以生物为对象。钓鱼者与智者都是有，以生物为对象底，以神秘底力量夺取成品底技艺底人。

智者的性质，又可以从另一方面看。在《智者》对话中，客以为交易的技艺，又可分为二种。一种是买，一种是卖。卖又分二种，一种是卖自己所制造底，一种是卖别人所制造底。后者又分二种，一种是批发，一种是零售。后者又分二种，一种是售身体食粮，一种是售精神食粮。后者又分二种，一种是炫人底方术，一种是学问。后者又分二种，一种是道德底知识，一种是别种底知识。贩卖零售道德知识底商人，就是智者。这是用分的方法，来求智者的性质。主持讨论底客说："分得对底人，能清楚地看见，一个形式，笼罩着分散底众多。许多不同底形式，又包括于一个更高底形式之下。又有一种形式，将分离底诸全体及诸形式，合为一个全体，而笼罩之。"（《智者》第254页）

程明道说邵康节的哲学方法是"加一倍法"。柏拉图的辩证法，就其分的方面说，可以说是"分一半法"。在《政治家》中，主持讨论底客说："将探讨底主题，立即划分，是一个很好底计划，假使分别得对。""比较稳妥底办法，是从中间砍开。这也是分类底比较好底办法。""比如对于数目底逻辑底分类，是将其分为奇或偶。对于人底分类，是将其分为男与女。"（《政治家》第262页）这就是逻辑学中所谓二分法（dichotomy），也就是我们所谓分一半法。

在《政治家》对话中，主持讨论底客人又说到"依类而分之大法"（同上书，第286页）。分必须依类，不是可以随意底。将一类分为二小类，并不只是将一类分为二部分。"类与部分不同。一类必须是一部分。但一部分不必是一类。"（同上书，第263页）

照以上所说，用辩证法以求积极地知道一类事物的要素的内容，其程序是：（一）找出一类的共同点；（二）分析此共同点的内容。前者是辩证法的合底方面，后者是其分底方面。这本是苏格拉底所用底方法。亚力士多德说："有两件事可以归之于苏格拉底。这就是归纳底辩论及普遍底定义。"（《形上学》第1078乙页）用归纳底辩论，乃所以找出一类事物的共同点。分析其内容是所以与以普遍底定义。不过照苏格拉底所用底及柏拉图在有些对话（例如《智者》及《政治家》）中所用底辩证法，都是对于一类事物作积极底"合"及"分"。这就是说，他们在这些地方，都要找出甚么是某一类事物之所以为某一类事物者，并要积极地分析它的内容。这显然不是形上学的目的。因为即使照一般底说法，形上学亦是以所有底事物，为其研究底对象，它的研究，不能限于某一类事物之所以为某一类事物的内容。但它若要研究所有底类的要素的内容，又是不可能底。所以苏格拉底虽常以归纳法求定义，但是不能得到一个形上学。柏拉图的一部分底对话，例如《智者》及《政治家》等，虽亦用辩证法，但不能有形上学。

柏拉图大概以求知善之概念的内容，为形上学的目的。但在《理想国》及别底对话中，他并没有说出善之概念的内容是甚么。这就是说，他没有说出绝对底善是甚么。他也常说有绝对底美及绝对底真。但绝对底美是甚么，绝对底真是甚么，他并没有说出。这并不是由于他以为绝对底真、善、美等是不可以说底。因为在我们所引底一段《理想国》的对话中，柏拉图明白地说，辩证法家必须能知道，并且能说出善之概念的内容。柏拉图没有如此做，在他或认为是他的一个失败。

但是就另一方面说，柏拉图的失败，也就是他的成功。因为他发现我们可对于事物作形式底分析。这也可以说是辩证法的形式底用法。在他的《理想国》的前一部分，柏拉图对于"正谊"的内容，作积极底分析。但至正式提出他的"类型说"时，他就只用形式底分析法。林催（A. Lindsay）说："我们对于经验，有些极平常底判断。柏拉图的类型说，即由对此等判断作简单底分析而来。在其简单底形式中，是不能不为人所承认底，在任何判断中，我们以同一名字称不同底事物。我们说这个判断是真底，我们即含蕴说，我们所以如此，并不是由于我们偶然愿意，而是由于在不同底个体底事物中，有点甚么，使我们如此说，并且不能不如此说。例如我们说（虽然不如柏拉图所说底确切）：树叶与草是绿底，因为它们同有绿的性质。性质或关系，柏拉图称为类型。我们如用同一名字称事物时，这些事物，必是类型的表现。如其不然，我们不能以同一名字称之。例如某一动物是一马，因为此一动物与别底动物之是马者，有某种相同。这些同，使甚么事物是甚么事物。所以照柏拉图的说法，这些同，比表现这些同底个体底事物，更是真底。我们所感觉底困难是：所谓马性，不是事物，不是可以摸着，看见底。马性是可以思底。不过我们不能因此说，它不是真底。对于我们所见所摸者，我们所作任何判断，皆含蕴我们所只能思而不能见者，是真底。对于世界，我们所知愈多，我们愈须用可见可摸者为跳板，以及于只可思者。对于哲学家及科学家，真底世界是连合个体底类型的世界，或统制个体底规律的世界。"（林催译《理想国》导言第25—26页）

柏拉图于《理想国》讲形上学的一部分，并没有说出任何类型的内容。他说有绝对底美，绝对底善，但他并没有说出甚么是美，甚么是善。因为他的类型论，本是用形式底分析法得来底。这种方法，对于事物，只作形式底分析。我们可以由此知有类型，但此方法不能使我们知道某一类型的内容是甚么。不过我们如知有类型，我们即有另一世界。此一知识，使我们的心，有另一种境界。《理想国》的洞穴之喻，就是说明这一点。

柏拉图就这样地建立了他的形上学。并且在西洋成为哲学的真正开山大师。他的哲学是在西洋用正底方法底哲学的正宗。

亚力士多德爱他的老师，但尤爱真理。他对于柏拉图有不少底批评，大多是由于不明，或者是不赞成，柏拉图的哲学中底形式主义的成分。亚力士多德的哲学中，也有形式主义的成分，这是我们所承认底。照亚力士多德的说法，形上学是以"有"为研究对象底学问。他说：有一门学问，专研究"有"及因"有"是"有"而有底性质。这就与别门学问不同。别门学问，没有普遍地以"有"为"有"而研究之者。它们取"有"的一部分，及此部分所有底性质而研究之。如算学即是一例。照他的说法，形上学研究"有"以求其第一原理及最高原因。这就是求一切存在底事物的第一原理及最高原因（《形上学》第 101 页）。形上学普遍地以"有"为研究的对象。也就是普遍地以一切存在底事物为研究的对象。既是如此，则其研究以甚么为出发点，即是一个困难底问题。因为一门学问，于研究其对象时，对于其对象，不能先有所知。别门学问于研究其对象时，对于其对象，虽先无所知，但对于其对象以外底别底事物，则可先有所知。形上学既以一切事物为对象，则研究其对象时，必是对于任何事物，皆先无所知。但一切研究，皆必须有先已知底前提为出发点。形上学不能有这种出发点，它将如何出发？（同上书，第 992 乙页）

亚力士多德为形上学发现了一个出发点，这就是矛盾律。这个律说："一个同一底性质，不能于同一时间，在同一方面，属于又不属于同一主体。"（同上书，第 1005 甲页）亚力士多德不以为形上学的出发点，是任何对于实际事物底知识，而是一个逻辑底规律。这就是他的形上学中底形式主义的成分。照我们前面所说，哲学史中大哲学家的形上学，都有形式主义的成分，亚力士多德自亦不能例外。

照此所说，亚力士多德的形上学的出发点，也是"对于极平常底判断，作简单底分析"。我们以同一名字，称不同底事物，这就表示此不同底事物，有同一底性质。在这一点，亚力士多德与柏拉图是相同底。照同一律，一事物如有某性质，它就有某性质。照矛盾律，一事物如有某性质，它就不能不有某性质。如果亚力士多德以矛盾律为形上学的出发点，柏拉图可以说是以同一律为形上学的出发点，矛盾律是同一律的另一种说法。

一事物有某性质，此事物即属于某类。此某性质就是某类事物之所以为某类事物底要素的表现。要素亦是"有"。这也是亚力士多德的形上学所主张底。亚力士多德的形上学中，也有类型说。他的类型说与柏拉图的类型说中间底一个主要底不同，就是柏拉图并不以类型说作为对于事物存在底积极底解释。而亚力士多德则以其类型说作为对于事物存在底积极底解释。

照亚力士多德对于事物存在底解释，每一事物的存在，都靠四种原理或原因。一是材料。例如铜是一个铸像的原因，银是一个剪刀的原因。此种原因，名为质因。一是形式，这就是一类的要素或类型。此种原因，名为式因。一是发生动底动力。例如制造某物者，是某物的原因。此种原因，名为力因。一是事物的所为。例如健康是散步的原因。我们问为甚么散步？回答如此可以健康。此种原因，名为终因（同上书，第1013甲页）。就天然底事物说，此四因可以归纳为二因，就是质因与式因。形式是一种好，好能引起动，而自身不动。天然事物的生长变化，就是其式因所引起底动。其生长变化是其式因所引起底，所以其式因就是其力因。天然事物的生长变化，其目的就是要得到其形式的好，使其质因的可能，成为现实。所以其式因也就是其终因。形式是能引起动底，这是柏拉图所没有说，而且也不说底。因为如此说，就是要以类型说，作为对于事物存在底积极解释。

因为有此不同，所以亚力士多德常批评柏拉图的类型说。照他的批评，柏拉图所说底概念，对于感觉底事物，没有甚么贡献。因为概念不在事物之内，所以对于事物的存在，及对于人的对于事物底知识，俱无帮助（同上书，第1079乙页）。这些批评，就说明我们以上所说底，柏拉图的类型说与亚力士多德的类型说中间底不同。柏拉图说要素是"有"，对于实际，并无肯定，并没有说甚么。亚力士多德说要素是"有"，则对于实际，有所肯定，是说了点甚么。

实际底世界，如何发生，事物如何生长变化，柏拉图认为是不能确定地说底。在《理想国》中，柏拉图以为对于概念底知识，是确切底知识。在《泰米阿斯》对话中，讨论及实际世界的发生时，柏拉图以为对于这一类底问题，是不能有确切底知识底。在这篇对话中，泰米阿斯说："苏格拉底，关于上帝及世界发生底问题，在许多不同底意见中，如果我们不能有确切底及一致底观念，这是不足为异底。我们若能得一种或然底说法，其是真的可能，与别底说法相等，也就够了。因为我们必须记着，说话底我，及作裁判者底你，都不过是人而已。所以只能接受或然底说法，不必再进一步追求了。"（《泰米阿斯》第29页）对于实际有所肯定底命题，与对于实际无所肯定底命题，有种类的不同。柏拉图对于这一点分别很清。他的形上学，大部分是空灵底。亚力士多德的形上学，有些地方，是将他的老师的形上学的空灵部分，加以坐实。经此坐实，亚力士多德的形上学，即近于是科学了。他是科学家，较多于是哲学家。西洋有许多门科学，都推原于亚力士多德，这并不是偶然底。他是西洋科学的开山大师；而他的老师，则是西洋哲学的开山大师。

（原载冯友兰：《新知言》，商务印书馆1946年版）

1893—1964

汤用彤：亚里士多德哲学之大旨

凡哲学家无古无今，其学说均资前人思想而有生发，亚里士多德之哲学固亦如是。盖哲学究恒有进步，虽其问题常相同，而实义则绝非全似。且每一问题经一次之解决，此方面变为稍易，他方面变为更难。亚里士多德之解决柏拉图之困难，亦犹柏拉图之补足苏格拉底之缺点，亦犹苏格拉底之对待前人之学说。陈述不同，而其情形固相类也。

希腊哲学托始于一极简单问题，即问世界事物至繁，何者为其一极简之解说；吾人经验甚广，何语可以概括之。由此而有许多之答案。Thales① 视水为原质，万物悉为其所变；Anaximenes② 则以世界为空气之现象；而 Pythagoras③ 另倡新说，反二氏之主张，弃物质解说，而归所有现象于数，其意数者万物所同有之性质，凡生存事物，盖无不可以数或量表出之。惟苏格拉底以前诸哲学家甚少如氏之搜讨于感觉界之外者，类皆研究自然，其解决世界秘密恒于物

---

① 泰勒斯——本文脚注中人名和其他专有名词的翻译皆为编者所加。
② 阿拉克西美尼。
③ 毕达哥拉斯。

质方面求之。故亚里士多德称彼等为物理哲学家。Democritus①及原子学家尤甚,其意以为物质本为不可分之原子所构成,世中事物以原子配合之不同而形以殊。原子为物构成之本质,而万物仅为原子各种之变化。

久之而他项问题发生。前此哲学以万物即已成为经验之材料,为直接所知,并必系吾人所能知。不久而知识之性质成为哲学家问题。Democritus 有感觉知识与理性知识之分别,Empedocles②谓能知之心与所知之物中间有相似处。此相似即为知识之界限,除此以外,吾人经验不能及。其言实含真理。而 Eleatic③派 Xenophanes④与 Parmenides⑤,谓感觉均经吾人纳诸一系,加以存在性,非此则不能存在为理性知识之境界。言之虽粗,而摄至理。更有进者,则 Anaxagoras⑥证有理性不但为内知之源,且隐为外物之根基与支配者。

因此,希腊哲学渐变本质问题为知识问题,始问何为存在,后究何为知识。洎乎苏格拉底及诡辩家则更自外境之搜讨,流为内性之研究,少对于物之构成,而多对于思之构成加以玄想也。

---

① 德谟克利特。
② 恩培多克勒。
③ 爱利亚。
④ 克塞诺芬尼。
⑤ 巴门尼德。
⑥ 阿那克萨戈拉。

诡辩家主张以一主观体为知识之准则，知识于主观体为相对的。一物之所以被知者，对知之之心而言也。故 Protagoras[①] 曰：人为万物之准则。其意盖谓万物自体中无标准，必经人考察解释之而后有意义。此种学说用之不慎，必至流为僻言。引申之，无物之自体为真为伪，物之真伪心理为之也。如是则无论何等意见之价值，悉赖乎发此意见之人。而此人意见与彼人意见之价同而应绝无相违之事，由此而信仰为不足轻重矣。他人之以为伪者与我之信仰无碍，而他人之意见遂无足注意矣。

因反对信仰乏标准之说，苏格拉底于是乎建知识中有不变之部分。人之概念绝非漂荡不定之现象，如诡辩家所说。无论一辞经如何之引用，必有一遍及观念为之根据。据芝诺芬（Xenophon）及柏拉图之所传，苏格拉底恒搜求每物之意义，常示普通人之谬处在用字无恰定意义，而以遍及之观念与其特殊之表现相混。于是氏之方法，乃在求名辞之通义，可以谓之为归纳法。例欲发现美之真义，则取"美人"、"美景"、"美质"诸事，定其何相为同有，可施之诸事而均通者，指之为"美"。故亚里士多德曰：苏格拉底在哲学历史上之贡献，一在其归纳之方法，二在其搜寻普遍之定义。

苏格拉底既黜诡辩派怀疑之说，然于氏未死以前，而尤为难决之诡辩说又作。唯名主义（nominalism）与个人主义（individualism）盛行一时。而 Cynic 及 Megaric 二派，不信有普通或遍及之物，个

---

① 普罗泰戈拉。

人以外无有何物，而个人与个人之中，则亦毫无关系。此种学说，可用之论理，或见之实行。论理方面则仅许有相同断定，不能言"人是善"，仅能言"人是人"、"善是善"，此在论理名为唯名主义。在本质论为原子论，而在伦理则为个人主义。而此自私之个人主义，乃 Cynic 及 Cyrenaic 二派所公认者。虽 Cynic 以德、Cyrenaic 以快乐为人生之目的，然 Cynic 主张自满自足之德与 Cyrenaic 之主张快乐，同为当时自私自利之流弊。二派均以自足自满为人生之要旨。二说均不能出个人以外，均不知个人之自己成就须于个人外求之，其哲学中均缺乏个人性与遍及性之调和。

柏拉图起而欲补此缺。补之之方在以概念（ideas）为实在（real）。此项学说亦因人生之需求而成。亚里士多德解说柏拉图概念主义之起源，甚饶趣味。推其言则 Heraclitus[①] 之流弊在偏重感觉，柏拉图因此而知应为感觉以外之知识留地位，与康德因休谟之偏重经验而求经验外之根据情形正复相同。据亚里士多德之言，柏拉图承认 Heraclitus 万物流动之说，进而立说谓恒变之物绝不能为经验上之材料，而受思想之支配。然则物之被知，必另有根据，故柏拉图立新说曰：Heraclitus 之说仅限于感觉及现象。如为知识上之材料必出感觉以外，故感觉现象界之外，必另有一思想世界。盖感觉必须有统系而后乃能有知识，完全之感觉必须连言说而去之。一有言说，即出个性感觉之外，而使多数感觉生连属关系。有此连属

---

① 赫拉克利特。

关系，可证个性以外必有遍及之物，个人之所以被知、所以生存，乃因其为人也。一物之所以为美，乃因隶于美之概念也。

以此而柏拉图解决当时之困难，Cynics 及 Megarians 等谓命题（proposition）不能成立，遂为妄言。盖每物之所以被知与其所以存在，悉有关于较大之全体，例如，苏格拉底不仅为苏格拉底，且为一人、一善人、一哲学家等。因是哲学之目的，在讨论多数不同概念之相符相违。推究（dialectic）为哲学家之职，旨在研究物之异同。演绎与归纳、定义与分划均合用之。多赅备于一，而一则施用之于多。故哲学之终点，在多中见一，一中见多，感觉之多仅可用思想之一解释之。

以此柏拉图解决特殊与遍及之关系，而此说在伦理上之实施则尤注重，古今哲学家固未有欲真适实用之如柏拉图也。故对感觉现象所起主观知识，即须变为实质之真知。小忠小信仅拘守外界法律，亦应化为对于义务之真知灼见。氏在其所著《理想国》（从今人通译之名）一书中，证明人之所以为人，必合其与他人、国家、社会之关系观之乃得明了。柏拉图又推用其概念说，而谓每一善举、每一福事，悉惟善之概念是赖。行为合于此理想，乃有真道德之价值。

然柏拉图既明知识须有遍及，存在亦赖遍及，而于二者之关系则少明文。据其所言，则思想世界与感觉世界似截然为二，构成万物之遍及似在各个万物之外也。

因救此失，而亚里士多德立说遂异。柏拉图用遍及解说个物，亚里士多德则依个物以说遍及。对于抽象普遍经验以外事物均加以正当之审虑，每一观念氏必使之经事实实用之解释，故其学说中无处不注重具体之表示。（1）推广此义，而论理学中遂有三段论式。三段论式者，用一中间之观念，使一较小普遍意思与一较大普遍意思相连属，如是而吾人可由特殊渐进于遍及。故无论何科学，非顾及其特有之特律，则研究不能精。（2）推广同义在本质论，氏遂主张世界本质不可得之于抽象之遍及，但须于不定性之物质与确定之形式相合而成。易言之，即自未发之本能达已完全成就之动作，其间历程即为世界本体之表现。（3）推广同义于心理学得同样之结果。灵魂非部分调和之谓，亦非数目之抽象体，实乃身体之实义（truth），故恒与身体为俱有。（4）推同义于伦理学中人生之目的，即非专注于善之抽象并绝对之概念，亦非沉于Cynic之自私个人主义。人生之目的，盖在使人性得于社会中有完全与正当之成就。

论理学显为亚里士多德所特创。苏格拉底首定观念之功用，柏拉图始有命题之学说，亚里士多德完成知识之分析而有三段论式。三段论式之特点，在依一观念而发现意义之普遍性质，并且该观念必广于意义而狭于普遍性质也。故科学之目的，在发现此种观念，所谓中端（middle term）是也。故中端者，放宽而统一吾人之知识者也。进而广言之，则氏之三段学说，乃证明所有思想均赖遍及之真理，而所有知识或演绎或归纳均依普遍（general）之命题始得完成。约翰·穆勒反此说，主张思想悉自特殊（particular）至特殊，其举例曰：村妇因其女之如何病愈，而敢为邻人之儿下药。常人之思想，初不赖普遍之主题也。推此主张，则如村妇之饮水，向未有元素之分析，则氢氧二气合为水，不亦无其事耶。而化学之分析与论理之分析不同为虚妄耶。顾审亚里士多德所论，则此种浅说均立推倒。氏之言曰：于比喻或举例，似以一特殊情事，推另一特殊情事，不知此种理论之成立，仍在变换此特殊情事为普遍之命题。简言之，则理论之所以有生发，须换事实为遍及，三段论式特此理之扩大耳。

论理学既用此理于思想，本质论亦用之于事物。本质者，非抽象之遍及。论理学中广被之总类（genus）与特殊之差别（differentia）合而为别类（species）。本质论中，未成之物质（matter）与已定之形式（form）合为实质。柏拉图理想主义注重常，注重不变。亚里士多德认定物之当然，承认自然界有变迁，有生命自本能至实现，自可能至实有，自隐存至显著，自非有（nonbeing）至存在（being），均为变迁，恒为进步。根据本质论原理，乃有心理学。氏之本质学说，实定其对于灵魂之主张，其视身体及灵魂之关系，与物质及形式、或能力及实现之关系同，故灵魂为身体之终的（entelechy），为身体之完就，虽非身体组织最终之结果，然乃一种形式（form），身体机能依之而有意思、有实义。以是氏讨论心理现象时，未尝忘却与其俱依之生理情状。

亚氏虽知生理及心理之密切关系，而绝未尝视物理之条件与心理情状为无分别，亦犹其未尝视一观念之心理来源与其本体性质可混为一。其哲学中恒自两方研究知识：(1) 吾人对物之知识；

（2）上帝之创造心理对物之知识（论理学中之归纳法与三段论式亦与此相对）。故在历史上为末，或在本质论中居先。进化最终之步度，或为该进化原有先天之条件。故思想或理性，虽感觉记忆及印象所合成，似属最终，然在论理上则居最先，盖为运用知觉及记忆之要件也。苏格兰一精深神学家之言，正得亚氏之旨，其言曰："思想为世界最要之条件，而吾人所有思想及知识，均根据于超人之思想或自觉（self-consciousness），而此超人之思想，则所有思想者及思想境界均概括在内。"（见 John Caird, *Philosophy of Religion*，第 158 页）

同样理由亦用为道德之要点，思想之生活遂为人类最高之生活。氏得此结论亦由详细究讨。初则意在避 Cynic 之个人私利与柏拉图之不适实用之遍及主义（universalism）。人之幸福在人性之平均完全发达，人性既不纯属理性，亦不纯属感情与欲望，乃兼二者而有之。德者中（mean）也，要在用诸感情及人欲得当，不许趋于太甚，惟在不太多亦非太少，因此而道德有时只为表面之适合。然亚氏立说，无论为伦理学或其他科学，常显批驳柏拉图于先，而隐引用之于后，故人之真义务究为思想之生活，盖灵魂者固即此思想之所构成者也（此偏柏拉图说故著者云云）。

但思想之生活，非全离常人平日情状之谓，故其伦理学谓吾人所欲之不朽生活，非在现时以外，盖理想必只得之于实在中。而政治学为伦理学实验之所，二者应同为一大学科。至善不唯当为个人所取，亦当为全国所用。道德家之理想，亦当为政治家之理想。虽亚里士多德不常注意各学科中之关系，顾于国家有道德之意志，则言之甚晰。于国仅为保护生命财产而勉强集合之说，则攻击不遗余力。而社会之实在目的，在其分子之所共之道德福利，则言之尤深切著明。亚氏又常详言音乐，而明悲剧对于道德之影响。吾国（**译者按：此虽指英国，然谓为现在之中国亦无不可**）现若是放弃美术，不整顿戏曲，若国民果服膺亚氏斯言，或可思过而速改也。

至若亚氏学说之真价值，则非此短简绪言中所可言及。唯其立说中必有为近世哲学所超过者，如康德在其三批评论（critiques）中，对于经验条件、责任基础所具卓见，若求之于亚氏所著本质论（metaphysics）中必不可得。亚氏于伦理学中德之研究，亦甚不圆满。视德为二极端之中态，易流于板滞之人生观。不知道德责任之无际，且如Pythagoras之徒认善为有限，虽此狭隘之道德标准，有思想生活为最善之说（**然亦涉私利**）可以纠正，然比之神旨犹为不及。"汝其臻至善，即如天父之至善。"（**见《马太福音》第五章四十八节耶稣第一次布道语，译者注**）神言如是，与吾人至广无穷之理想，此理想因为无限而不能实现，故吾人对之灵魂愈知卑虚而不高傲也。

虽近世思想多有超于亚氏断案以外者，然其著作不能谓为对于学者遂无价值。氏之纯粹科学学说或无价值，如天文或化学之论著，恒月新日异，常因新发明而成为无用。但研究人生，如果欲悉人性问题之性质，恒可用前人所读之书。学者如果欲知本质及生命之意义，当经历柏拉图与亚里士多德之经验。

复次凡此经验记在异国文字（指希腊文，谓非英文也），亦是利益。哲学实为不可传授之物，一经传授，即没本真。哲学问题之价值，在其无一定答案，须必个人亲自领会。凡物理科学，众人所可同有，而哲学道德之真理，须人人心印以自力得之。而此种讨论之练习，得诸古人较得诸今人尤易。盖读古人之书，恒经翻译之劳，翻译非在字句而在思想，实为最良之教育，绝非今文书所能有也。夫研一科学当首悉其最初，而逐步视其问题发达之顺序，则亚里士多德之书，必永为伦理及哲学之最好着手处。吾人对真实外界之知觉，是否出于理性，抑出于感觉；遍及实质是否根于个人，抑或反是；身体动作是否心理作用之前因，抑或心理乃身体之实据；最高生活是否在实用，抑属玄想；思想之发展，是否与道德进步并行；国家是否仅为保生命财产而集合，抑发展正义之道德组织；美术是否人类生活偶然之事，抑为要素；凡此困难，今日仍亟待解决。而研究亚氏学者，均承认氏于此类问题，给吾人以极好之教训也。

（原载《汤用彤全集》第5卷，河北人民出版社2000年版）

临大合...

第二篇 古印度哲学

古印度哲学四讲

1937—1946

1893—1964

汤用彤:《印度哲学史略》绪论

　　印度有史之初，其人民所礼之神，如普霜（日神之一）、第亚（天神）是上天神；如因陀罗（雷雨神）、华塔（风神之一）是气象神；如须摩（原是草汁，能醉，用于祭神，复神视之，后遂衍为月神）、阿耆尼（火神）是大地神。（此外有祖先神如阎摩是。）盖大都感于自然之象，起禳灾祈福之心。所求非奢，所需甚简。百姓乐生，乏深忧患，信巫觋，用桃符，重祠祀，崇吠陀。婆罗门教于焉托始。其道德虽留野蛮遗风，然神多严正，民知畏法。今读其颂神歌辞，了然可睹。若哲人晚出，探宇宙之本，疑天神之妄，则皆特出，匪其常轨。是曰印度教化之第一时期。继而民智渐增，旧教衰颓，僧侣败度，迷信纷起，轮回之说、悲观之教既张，而吠陀时代乐生之精神遂至全改。于是祭祀之用，不在敬神造福，而在解脱灭苦。学理几研，苦行致力，亦为前此所罕有。而小乘佛教暨尼犍子六师学说，则更指斥经典（《吠陀》），别立门户，即如《奥义书》，名为承婆罗门之正统，但其中高谈玄理，吠陀诸神地位盖亦已大衰。是为印度教化之第二时期。自时厥后，各宗重智慧解脱，争相辩难，学理益密。以是五顶、雨众，渐成一家之言，龙树、世亲，又专弘大乘佛教。谈量谈理，则求因明。总御总持，则精瑜伽。他若胜宗、顺世、明论、声论，亦俱大成。虽其时婆罗门神教并未中断，六论诸派，降及近代，亦未全亡。然自阿输迦至商羯罗，实为印度哲学极盛时代。商羯罗者，居此期末叶，吠檀多宗之大师也。印度论者谓其智深言妙，遂灭佛法。实则其时释氏尊宿零落，僧伽染异教之颓风，后且受回纥之摧残，遂至大法东移，渐成绝响，婆罗门之势乃再盛耳。佛陀以来，早有凭吠陀之余烬而崇拜诸天（谓梵天等如兽主外道是也）者，约至世亲以后，此风大盛，后遂演生所谓印度教。此则印度教化已自第三时期而入第四时期矣。印度教者，宗派复杂，惟大要尊礼三身，谓梵天、韦纽天及尸婆天。尊后二者之徒党尤盛。其教外借数论或吠檀多之说，内实不重智慧，而笃信神之威权，故常盲从，不用理解，主感情，薄理性，大类基督教之所谓信仰。此乃逐时风而大变，是为笃信说。承继瑜伽，密教大盛，悉檀记字，因字字而达心性之源；身分焦膈，因部部而合天地分位。如翁（Aum）声于神为尸婆，于身为前额。郎（Lam）声于神为大地，于身为颈骨。其持颂之烦琐，不能备举，是为密咒说。等而下之，更有精力说。精力者，为湿婆天等之妻，用以代表天之精力。印度教学理，大都杂采六论学说，附会而成宗义，殊少新说也。加以回教侵入，混合失真（有名之混合教名塞克），遂成印度教化之最近时期。迨于现代，志士迭出，一方颇受欧西之教化，然仍多有欲改进旧风，复兴旧教，如佛教之研究，即其一端。此即印度教化又将另辟一新纪元也。

复次，依地言之，印度文化虽非全出乎雅利安人，然究以之为主干。雅利安人早居五河，势力南渐，占有印度河流域（*其民族由此得名*），其足迹恐罕能及马鲁斯塔拉沙漠以东，而两海（*阿拉伯海及孟加拉湾*）则《黎俱吠陀》似未闻知。及至梵书时代，势力逐移恒河上游，包括"中国"区域，约即佛陀行化之地。其文化之中心，如婆那拉西，如舍卫城，如毗舍离，如巴塔里甫多罗，而在印度河之塔克施拉，则亦以学术著（*尤长医学*）。然当其时，婆罗门势力约仍在西方，而沙门外道则弥漫于恒河中流。降至阿育王之后，婆罗门诸宗盛于东方，而优禅尼国为法相佛教发祥之地，一切有毗婆沙师，则势力更被其西。至若般若之兴，则恐与南印度有关。再后尸婆与韦纽之密教，则起自南印度，北趋而为印土之主要宗教焉。

印度学说宗派极杂，然其要义，其问题，约有共同之事三：一曰业报轮回，二曰解脱之道，三曰人我问题。

业报轮回之说，各宗所同信（*除顺世外道等*），然未见于《黎俱吠陀》，论者遂谓是义乃雅利安人得之土著。但轮回有二要义：一为身死而灵不灭；二为惩恶劝善，颜夭跖寿，均在来生受报。此二义《黎俱吠陀》中俱已有之，故亦可谓轮回之说系循雅利安人思想进化之顺序，匪由外铄。夫因业报而定轮回，轮回则不能脱离生死苦海。有生则死，有欲生之心，则万障俱张，则不能常乐我净，故出世之说兴焉，此其影响一也。泰古之人以罪恶为尘垢（《*阿闼婆吠陀*》*有洗罪之说*），即耆那教亦以业为补特迦罗（*物质*）。若胜数诸论则谓业为势用，而业之种类（*黑白等*）、期限（*有尽无尽等*），亦为冥想之资，此其影响二也。印度宗派详论何为真我，因有析知识行为享受与知者作者受者为二事，遂生何物轮回之研讨。盖仅有神我轮回，则人受生后必恒有知者等、知识等，必遂无根据。且数论等谓神我是常，无缚无脱，实不轮回。故轮回者，恒于神我之外，别立身体（*物质*）、知识（*精神*）之元素。即如数论之轮回者，为细身：（1）细身人相具足，受生后为身体之元素（*此种变迁，名曰相生*）。（2）细身为有（*犹言心理状态，业缘属之*），熏习乃成人心理之元素（*此种变迁，名曰觉生*）。神我之于细身，绝为二物。细身轮回，而神我固仍超出生死也。吠檀多亦信真我是常，以知者与知识对立，故亦有细身说（*稍与数论异*）。唯佛教立无我义，人生轮回遂徒依业报因果之律，念念相续，无轮回之身。盖佛陀深信一切无常，其轮回一义以无常为骨干，则实能知轮回说之精义者也。此其影响三也。

从无始来，人依业转，脱离苦海，自为急义。解脱之旨虽同，而其方不一：曰戒律，自持严整，清心寡欲，因欲望为烦恼之源也。戒律之极曰苦行，毁身练志，刈尽瞋痴，自沙门之无量苦身法至近世之三杖涂灰皆是也。曰禅定，修证之方，在外为苦行，在内为禅定。屏绝世虑，心注一处。自证本源，以达不可思议之境界。曰智慧，印度智慧，绝非西洋之所谓理智，乃修证禅定之所得。人生烦恼根本无明，智慧为其对治。各宗多主智慧解脱。戒律禅定终的均在得智慧，以其断惑灭苦也。曰信仰，笃信神权，依之解脱。或因祭祀（*此指印度教祭祀*），或用密咒，希图往生极乐世界（他

若神权治病求福等，则目的非在解脱）。凡此五者，皆解脱之方。惟见仁见智，意见分歧，曷能枚举，兹之所言，粗及其略，未能一概论也。

自我一名，在梵为我（Ātman），或神我（Puruṣa），或命（Jīva），均指不变，是常之主宰，颇似世俗灵魂之说。夫有鬼论初民同信，而印人学理中真我之搜求，实基于俗人鬼魂之说。真我是常，亦有藉于灵魂不死之见。俗人对于灵魂无确定之观念，故学术界讨论何谓灵魂之疑问甚烈，如《长阿含经》之第十七布吒婆楼与如来争辩何谓灵魂。而《梵网经》（《长阿含经》误译梵动）中历数关于神我诸计，或谓我是色（犹言物质），四大所造，乳食长成；或谓我是无色（非物质），为想（犹言知识）所造；或谓我亦非想等，系发知识行为或享受之本（故有我为知者作者受者诸名），而非知识行为或享受所构成（如数论谓我为知者，而一切知识则属于觉我慢等）。异执群出，不克备举。再者，宇宙与人我之关系为哲学之一大问题。在印度诸宗，咸以解脱人生为的。宇宙实一大我，真我真如，原本非异，故其研究尤亟。吠檀多谓大梵即神我，梵我以外，一切空幻。梵我永存，无名无著。智者知此，即是解脱。僧佉以自性神我对立。神我独存，无缚无脱。常人多惑，误认自性。灭苦之方，先在欲知。欲知者智慧之初步也。以及戒律、苦行、禅定、祠祀，要其旨归皆不出使神我得超越苦海，静寂独存，达最正果也。

夫目的既在离生死苦，超越轮回，以谋自我之解脱，故谈理所以得究竟，智慧有待于修证。印度诸见——原音达生那（Darśana），如印人马达伐之《摄一切见集》，实为一部哲学史。今不曰印度诸见史而仍曰哲学史者，因旧译佛经"见"字单指邪见也，非西洋之所谓哲学，亦非其所谓宗教也。据今人常论，治印度学说有二难焉：国情不同，民性各别，了解已甚艰，传译尤匪易。固有名辞（或西洋哲学译名）多不适用，且每易援引泰西哲学妄相比附，遂更淆乱失真，其难一也。学说演化，授受复杂，欲窥全豹，须熟知一宗变迁之史迹，更当了然各宗相互之关系。而印度以通史言，则如纪事诗已难悉成于何时；以学说言，则如佛教数论实未能定其先后，其难二也。而著者未习译事，见闻浅陋，生懼百忧，学殖荒芜，曷足语此。唯念中印关系，近年复渐密切，天竺文化，国人又多所留意。唯因历年来曾就所知，撮拾中印所传之资料，汲取外人近日之研究，有文若干篇，起自上古，讫于商羯罗，今复删益成十二章，勉取付印，或可暂为初学者之一助。至若佛法典籍浩博，与我国学术有特殊之关系，应别成一书，本编中遂只稍涉及，未敢多论焉。

（原载汤用彤：《印度哲学史略》，独立出版社1945年版）

1893—1964

汤用彤：印度哲学之起源

印度最古典籍首推《黎俱吠陀》。《吠陀》所载多为雅利安民族颂神歌曲。雅利安种来自北方（确实地点尚在讨论。旧说指为帕米尔，近则考为奥匈捷克国境）。其入居印度五河流域，证以 Boghaz Koï 之刻文，似在四千至五千年前之中。自时厥后，种族繁殖，势力侵入五印全境，思想变迁，衍为一特殊文化。以是印度一语非指政治之一统，而代表一种文化，如希腊一字，代表特殊精神，固非指纯一民族或统一国家也。

《黎俱吠陀》尊崇三十三天，而以因陀罗为最有威力。密多罗及法龙那则较正直，人民信仰极笃，顾其旨在求福田利益，主收实用，绝少学理。虽印土婆罗门大都尊《吠陀》，而其诸宗哲理之兴起，不在继《吠陀》之宏业，而在挽祠祀之颓风，不在多神教极盛之时，而在其将衰之候。自佛陀至商羯罗（公元 800 年）学说蜂起，究其原因，盖有数端。

一

世界各宗教，类皆自多元趋于一元。太古之人，信精灵妖鬼之实有，于是驱役灵鬼之方繁兴，其方法寄于人者谓之巫觋；其方法托于物者谓之桃符；其于祭祀，皆以其所持，求其所欲，实含商业性质。（凡具此性质之歌曲，多见于《阿他婆吠陀》。是编虽晚出，而思想有较《黎俱吠陀》尤古者。）人之于神，实立于对等或同等地位，顾鬼神既可用之害人，自亦可因之自害，由是而生恐惧，而生敬畏。人之于神，不敢驱而须求，不事威逼而在祈祷，其于祭祀，固有交换授受之心，而福善祸淫实信仰之要素。其时之神，若因陀罗（雷雨之神），有家室，具肢体，乘车争斗，游乐饮宴，其性质固不高于人也。然其威力渐驾群神之上，人对之越极为卑逊，此外若阿耆尼（火神）、若法龙那（司世界之秩序）、若须摩（原为醉人饮料）及吠陀宗教诸大神，征其地位，则印度宗教已由多魔教而进为多神教。

宗教根本既在笃信神之威权，遂趋于保守而进化迟迟。其初当人民道德幼稚时代，神之性质自以人为标准，故民蛮尚斗而因陀罗之神尊，尊其残暴也，民俗贪饮而须摩之草神，神其能醉也。其后文化增进，民德渐高，然宗教以尚保守，神之性质遂形卑下。此种现象，在《黎俱吠陀》中已可索得形迹，如其卷十之一百十七篇，仅奖励人为善，而毫未言及神，盖似以神之德衰，非可凭准也。卷十之一百五十一篇为颂信神之歌，论者谓当时盖信仰渐弱，作者有为而言（如卷二之十二，即谓因陀罗神之存在，有否认之者）。及至佛陀出世之时，对于吠陀宗教之怀疑者更多。神之堕落，几与人无殊。弥曼差学者解说祭祀之有酬报，非由神力，数论颂释力攻马祠之妄（见《金七十论》卷上），而非神之说（或称无神 Atheism），不仅佛教，印度上古、中古各派几全认之。

人民对于诸神之信仰既衰，而遂有一元宗教之趋向。论者谓埃及之一元趋势，在合众神为一，犹太之一元宗教，始在驱他神于族外，继在斥之为乌有，而印度于此则独辟一径，盖由哲理讨论之渐兴，玄想宇宙之起源，于是异计繁兴，时（时间）方（空间）诸观念，世主 Prajāpati、大人 Purusha 诸神，《吠陀》诗人叠指之为世界之源。盖皆抽象观念，非如《吠陀》大神悉自然界之显象，实为哲理初步，而非旧日宗教之信仰也。此中变迁关键，大显于初期之奥义书中。《奥义书》者旨在发明《吠陀》之哲理，而实则《吠陀》主宗教，甚乏哲理之研讨。诸书（《奥义书》有多种）所言，系思想之新潮，顾宇宙起源之玄想，在《黎俱吠陀》中已有线索，其中虽无具体之宇宙构成学说，然其怀疑问难，已可测思想之所向，此诸诗作者，不信常人所奉诸神创造天地，而问难日与夜孰先造出，世界为何木（意犹谓何种物质何种本质）所造。类此疑难散见颇多，而以卷十之一二一篇及一二九篇等，至为有名。其一二一篇曰（原为韵文，今只求意义之恰当，未能摹仿原有音节韵律）：

太古之初，金卵始起，生而无两，万物之主，既定昊天，又安大地，吾应供养，此是何神？俾吾生命，加吾精力，明神众生，咸必敬迪，死丧生长，俱由荫庇，吾应供养，此是何神？徒依己力，自作世主，凡有血气，眠者醒者，凡人与兽，彼永为主，吾应供养，此是何神？神力庄严，现彼雪山，汪洋巨海，与彼流渊，巨腕远扬，现此广漠，吾应供养，此是何神？大地星辰，孰奠丽之，天上诸天，孰维系之，茫茫寥廓，孰合离之，吾应供养，此是何神？两军对峙（指天地），身心战栗，均赖神力，视其意旨，日出东方，照彼躯体，吾应供养，此是何神？汪洋巨水，弥满大荒，蕴藏金卵，发生火光，诸神精魄，于以从出，吾应供养，此是何神？依彼神力，照瞩此水，蕴藏势力（指金卵），且奉牺牲，缠此上天，诸天之天，吾应供养，此是何神？祈勿我毒，地之创者，明神正直，亦创上苍，并创诸水，明洁巨伟，吾应供养，此是何神？（本篇共有十阕。第十阕显为后人窜入，故未译。）

怀疑思想之影响有三，夫人以有涯之生命，有限之能力，而受无尽之烦恼，生无穷之欲望，于是不能不求解脱。印土出世之念最深，其所言所行，遂几全以灭苦为初因，解脱为究竟。降及吠陀教衰，既神人救苦之信薄，遂智慧觉迷之事重。以此，在希腊谓以求知而谈哲理，在印度则因解决人生而先探真理。以此，在西方宗教哲学析为二科，在天竺则因理及教，依教说理，质言之，实非宗教非哲学，此其影响之大者一也。宇宙起源之说既兴，而大梵一元之论渐定。大梵者，非仅世之主宰（如耶教之上帝），亦为世之本体。（西方此类学说名泛神主义。）其后吠檀多宗以梵为真如，世间为假立，此外法是幻之说也；僧佉以梵为自性，世间为现象，此转变之说也；至若弃一元大梵而立四大（或五大）极微，如胜论顺世，则积聚之说也；至若我法皆空，蕴界悉假，则精于体用之说也。是脱多神之束缚，亦且突过一神（**大梵乃泛神论非一神论**）之藩篱矣。此影响之大者二也。《吠陀》诸神势力既坠，而人神之关系亦有变迁，由崇拜祭祀，进而究学测原，吠檀多合人我大梵为一，僧佉立自性神我为二，胜论于五大之外，别有神我，大乘则于法空之内，益以我空，诸派对旧日祈祝之因陀罗阿耆尼，均漠然视之。此其影响之大者三也。

二

印度阶级之制，不悉始于何时，吠陀时代，阶级是否已存在，尤为聚讼之点，顾阶级之原则，实不但吠陀初期有之，且恐远溯可及雅利安人侵入印度以前。盖民人既信鬼神，自有僧侣，既尚战争，自有酋长，僧侣之魔术，非人人所可擅长，酋长之威力，恒历久不废，于是而世袭之僧侣与贵族，遂各与平民有别。初则此种分别未进化为固定种姓，如《黎俱吠陀》虽有婆罗门、刹帝利诸语，然据其所言，则帝王可为僧侣，牧童亦可参与战事，其非指固定之种姓，似可断言。及雅利安人征服印土，黑色土著遂降为奴隶，其后遂成为第四种姓，而武士平民亦渐成确定阶级，而婆罗门之僧侣乃居其首，著述经典，教育青年，几全出其手。其中笃信潜修者固多，而败德逾检者亦不少，其释经（谓《吠陀》之书）曰：婆罗门那几全务求节末，徒重仪式，其拘执形式文字，常极为无谓，其道德则如蛮人，观祈祷祭祀为魔术，上天之福田利益，固不视人之良朽而授与也。以故僧侣之为人作道场，其目的惟在金钱酬赠之丰，常见于记载，毫不为怪。黄金尤为彼辈所欣悦，盖金有不死性，为阿耆尼（火神）之种等也。（见婆罗门那书中）而凡人施僧以千牛者，得尽有天上诸物［《金七十论》谓马祠说言尽杀六百兽，六百兽少三不俱足，不得生六为戏（指男女戏乐）等五事，其意亦与此同］，僧人之蔑视廉耻，盖也甚可惊也。

《黎俱吠陀》（如十之一〇三及十之八二）中，固已有人斥婆罗门人之逢场作戏，徒知谋生，降及佛陀时代，祭祀尤为智者所唾骂，而其索酬特高，亦为常人之所痛恨，于是乃另发明苦行法，以代祭祀，毁身炼志，摒绝嗜欲，于贪字务刈之净尽。其用意初固非恶，而其末流，则变本加厉，致旨不在除欲，而仅在受苦。《杂阿含》有曰：

常执须发，或举手立，不在床坐，或复蹲坐，以之为业。或复坐卧于荆棘之上，或边橡坐卧，或坐卧灰土，或牛尿涂地，于其中坐卧，或翘一足，随日而转，盛夏之日，五热炙身，或食菜，或食稗子，或食舍楼枷，或食油滓，或食牛粪，或日事三火，或于冬节冻冰亲体，有如是等无量苦身法。

苦行昌盛，遂成为学说，尼犍子派是也。此派以"大雄"为祖，大雄乃尼犍子若提子之徽号，尼犍子师事勃沙婆（中国旧译勒沙婆，"勒"字系"勃"讹）守五戒之说。五戒者，三宝（闻信修）之极顶也。此派重业力，谓一切事物悉凭因果业报，故《维摩诘经注》（及《百论疏》卷三等）有曰："其人起见，谓罪福苦乐，尽由前世，要当必偿，今虽行道（此必指常人之道，非尼犍子之道），不能中断。"人生解脱之方，全赖苦行，苦行在印文本义为烧，业力虽强，固可烧断也。

神之德衰而有宇宙之论（如前节所言），僧之德衰而兴苦行之说（如本节所论），举天人之所崇拜、所仰望者均衰，故厌世之说起。厌世以救世者，释迦是矣，厌世以绝世者，六师是矣（尼犍子亦六师之一），绝世者轻蔑道德，故其论佛家恒斥为颠狂。六师之一，有答阿阇王之言曰：

王若自作，若教人作，斫伐残害，煮炙切割，恼乱众生，愁忧啼哭，杀生偷盗，淫泆妄语，窬墙窃贼，放火焚烧，断道为恶，大王行如此事，非为恶力。大王若以利剑脔割一切众生，以为肉聚，弥满世间，此非为恶，亦无罪报，于恒水南岸脔割众生，亦无有恶报，于恒水北岸为大施会，施一切利人等利，亦无福报。（见《长阿含经》卷十七）

极端绝世之学说，为顺世派。顺世为佛教及外道所同诟病，其教无解脱之方，谓人聚四大而成取，命终时，地水火风悉散而人败坏，知识亦全消灭，人生正鹄在享肉体快乐，日月不居，稍纵即逝，故有言曰："生命如在，乐当及时，死神明察，无可逃避，若汝躯之见烧（火葬），胡能复还人世。"行乐而外，绝无良方，火祠吠陀，苦行者之三杖涂灰，均为懦弱愚顽谋生之法，至若依智立言，尤为无据。夫论说赖乎比量，而顺世仅立现量，否认比量，一切世间生灭变迁，非由外力，悉任自然，人类行为，悉不能超出自然法律之外，顺世遂亦名自然因派（此上据14世纪印度学者Madhva之《诸见集要》所述）。

若此绝对厌世之说，至斥《吠陀》为妄论，僧侣为下流，则其兴起必为道德败坏之反动，尤必由痛恨婆罗门作伪者之所提倡，盖无可疑也。

三

印度哲学各宗，盖亦不仅在革吠陀神教之败坏，亦且受灵魂人我学说之影响，依宗教进化程序言之，灵魂为神祇信仰之先导，世界各国之所同有。雅利安持有鬼之论，不知始于何时，然其未入印土之前即信此说，则可断言。暨时代演进，其说呈二现象，一为俗人之迷信，二为明人之学说。

迷信类皆落于僧侣之掌握，用以为谋生之具，我佛如来甚微妙，大法光明，此诸卑行，均深痛绝。如经所说（下节录《长阿含经》卷十四）：

如余沙门婆罗门食他信施行遮道（二字系直译，遮道系谓横行，横行指畜生，引申之为卑鄙，故遮道法者谓卑鄙之法也）法，邪命自活，召唤鬼神，或复驱遣，种种厌祷，无数方道恐热于人，能聚能散，能苦能乐，又能为人安胎出衣，亦能咒人使作驴马，亦能使人聋盲喑哑，现诸技术，叉手向日月，作诸苦行，以求利养，沙门瞿昙无如是事。

如余沙门婆罗门食他信施遮道法，邪命自活，或为人咒病，或诵恶术，或诵善咒，（中略）沙门瞿昙无如此事。

如余沙门婆罗门食他信施遮道法，邪命自活，或咒水火，或为鬼咒，或诵刹利咒，或诵鸟咒，或支节咒，或妄宅符咒，或火烧鼠啮能为解咒，或诵知死生书，或诵梦书，或相手面，（中略）沙门瞿昙无如此事。

鬼魂之术既多，鬼之种类亦繁。就《正理论》所说，有无财少财多财之鬼，无财者有炬口针咽臭口三类，少财者有针毛臭毛大瘿，而多财者则有得弃得失势力。《长阿含经》云，一切人民所居舍宅，一切街巷四衢道中，屠儿市肆，及邱冢间，皆有鬼神，无有空者。（上详《翻译名义集》卷六）

学理中真我之搜求，实基于俗人鬼魂之说。真我是常，亦有藉于灵魂不死之见，俗人对于灵魂无确定之观念，故学术界讨论何谓灵魂之疑问甚烈。如《长阿含经》之第十七，布吒婆楼与如来争辩何谓灵魂，而《梵网经》(《长阿含经》误译梵动）中，历数关于神我诸计或谓我是色（犹言物质）四大所造，乳食长成，或谓我是无色（非物质），为想（犹言知识）所造，或谓我也非想等，系发知识行为或享受之本（故有我为知者作者受者诸名），而非知识行为或享受所构成（如数论谓我为知者而一切知识则属于觉我慢等），异执群出，姑不备举。

宇宙与人我之关系，为哲学之一大问题，而在印土诸宗，咸以解脱人生为的，故其研究尤亟。吠檀多谓大梵即神我，梵我以外，一切空幻，梵我永存，无名无著，智者知此，即是解脱。僧佉以自性神我对立，神我独存，无缚无脱，常人多惑，误认自性，灭苦之方，先在欲知。至若瑜伽外道重修行法，正理宗派重因明法，而要其旨归皆不出使神我得超越苦海，静寂独存，达最正果也。

四

业报轮回之说，虽为印度著名学说，而其成立甚晚。在《黎俱吠陀》中，已有报应不死之说，而无依业报以定轮回之想。当时思想，以人之生命为神所授与，死则躯壳归于土，常人之魂恒附系于丘墓间，而善人之魂还居天上（在最上之天为阎王之世界），摒绝嗜欲，清净受福，惟逢家祀亦来受享，子孙之福利亦常不能去怀。恶人则身体深沉土中，其鬼魂被弃置极暗之地。至若地狱之详情，轮回之可畏，当时雅利安人似未梦及。

论者谓轮回之说，雅利安人得之土著，故在其入居五河之前，人民乐天，及入印度，乃渐厌世，此说虽有可疑议（轮回之说有二要素，一为身死而灵不灭，二为惩恶劝善。颜夭跖寿，均有来生为之留余地，此二点《黎俱吠陀》已俱有之，如上段说。故现有谓轮回之说非出自土人，而系循雅利安人思想进化之顺序所得），然印度厌世主义之受轮回说之影响，实甚合理。夫宗教重不死，而印人尤喜静寂常住，然事与望违，如佛告比丘："世间无常，无有牢固，皆当离散，无常在者。心识所行，但为自欺，恩爱合会，其谁得久？天地须弥，尚有崩坏，况于人物，而欲长存？"（录东晋译《般泥洹经》）烦恼生死，悉为业果，无常之苦，根据轮回，此所以印土诸宗，莫不以尽业缘，出轮回为鹄的。质言之，则皆以厌世为出世之因，悲观（谓世间为苦海）为乐观（谓究竟可解脱）之方，世谓印度民族悲观厌世，实非恰到之言也。

印度宗派既有析知识、行为、享受与知者、作者、受者为二事。于是有何物轮回之问题发生，盖仅有神我轮回，则人受生后必但有知者等、知识等，必遂无根据。且数论等谓神我是常，无缚无脱，实不轮回。故轮回者，恒于神我之外，别立身体（物质）、知识（精神）之元素。即如数论之轮回者，为细身：（1）细身人相具足，受生后为身体之元素（此种变迁，名曰相生）；（2）细身为有（犹言心理状态，业缘属之），熏习乃成人心理之元素（此种变迁，名曰觉生）。神我之于细身，绝为二物。细身轮回，而神我固仍超出生死也。吠檀多亦信真我是常，以知者与知识对立，故亦有细身说（稍与数论异），诸宗易知，且待后述。

唯佛教立无我义，人世轮回遂徒依业报因果之律，而无轮回之身。顾佛之立说根本，初与外宗无异。盖最初宗教信灵魂不死，嗣后学说遂俱言神我是常，神我既不变，而知识行为享受为非常，故诸宗遂析之为二。佛以为人为五蕴积聚，五者之外，无有神我，亦

如轴不为车辋,不为车辐,毂辕轭等均非是车,必待合聚,乃有完车,然人生各部悉为无常,无常即非我,如佛告阿难:

阿难,此三受,有为、无常,从因缘生,尽法灭法,为朽坏法。彼非我有,我非彼有,当以正智,如实观之。(中略)如来说三受,苦受、乐受、不苦不乐受。苦乐受是我者,乐受灭时,则有二我,此则为过。若苦受为我者,苦受灭时,则有二我,此则为过。若不苦不乐受是我者,不苦不乐受灭时,则有二我,此则为过。(摘录《长阿含经》卷十《大缘方便经》)

色想行识,自亦如是,夫诸外道,或不以色(物质)为我,色变幻非常故;或不以行为为我,行为变幻非常故;乃至不以感情知觉智慧等为我,俱非常故。顾犹立知者,实不知思想以外,何有知者之可言,且以因果言之,知者亦何非无常。外道主无常即非我之义,而推论不彻底,如来所见实独精到。亦复乎尚矣。

五

印度哲理之起源,当首推此四因:(1)因吠陀神之式微,而有宇宙本体之讨论;(2)因婆罗门之徒重形式,失精神,而有苦行绝世之反动;(3)因灵魂之研究,而有神我人生诸说;(4)因业报轮回出,而可有真我无我之辩。凡此四者亦皆互为因果,各宗于中选择损益,成一家言,固甚烦杂,非短篇所可尽述也。

本篇所及，仅就学说，以明印度哲理进化之迹，他若历史事实上之原因，固亦有足述者：（1）为民性富于理想、重出世观念，希腊之人富于哲理，犹太之人最重出世，而印度民族兼而有之；（2）为奖励辩难利己利他，即帝王与学者问诘，亦不滥用威力，当依义理（如《那先比丘经》有智者议论、王者议论之说。智者以理屈，王者以力服，弥兰王则慨然取智者议论之法）。相习成风，异计百出，印土哲理之能大昌至二千年者，言论自由之功固不可没也。

（原载《学衡》第30期，1924年6月）

雷海宗：印度教之成立

在笈多王朝时，婆罗门教又逐渐恢复了它的势力。但此时的婆罗门教与佛教兴起以前时的婆罗门教在性质上有所不同，它是古代的婆罗门教的一种新的发展，为区别两者起见，历史上称后期的婆罗门教为印度教。

印度教可说是古代婆罗门教与大乘佛教的混合体。它是在最严格的维持种姓制度的基础之上，加入了大乘佛教的消极厌世接受现状的思想而形成的，并为婆罗门人所控制的一种宗教。印度教不但将种姓制度重建起来，而且更将它严格化烦琐化，在四大种姓之内，又分记出许多小种姓。故此后在印度社会上发生作用的种姓制度不再是原来的四个大的种姓，而是分记出来的无数个小种姓了。

印度教约在500年成立，它的成立代表着婆罗门种姓在政治上的胜利。因为从形式上看，印度教与古代婆罗门教最大的不同就在婆罗门与刹帝利这两个种姓的地位互相调换了。婆罗门种姓压倒了刹帝利种姓，变成四种姓中的第一种姓。这种变化是在婆罗门教与佛教的斗争中发生的，而这种变化又因下层种姓的接受而成为事实，婆罗门人在对佛教的斗争中为争取广大群众的拥护使用了一种策略，他们到各地去向贱民进行宣传，假托神的意旨宣称，凡是拥护婆罗门人的人，神都可以使之进入种姓之门，并且进入种姓之门后，仍允许保持其原有的信仰。同时，婆罗门人又乘机宣扬婆罗门种姓应高于刹帝利种姓。大批贱民因此进入了种姓之门，而给予他们种姓地位并保障其地位的婆罗门人自然也受到了他们的拥护。婆罗门人即以这种手段战胜了佛教，在宗教上建立起印度教的绝对优势，并且使社会上承认了他们是第一种姓，在政治上取代了刹帝利的地位。印度教成立的过程，实即婆罗门种姓与刹帝利种姓进行斗争，并取得胜利的过程。

印度教特别尊崇的神祇有三个：即梵王（Brahma）是开发（创造）的神；湿婆（Siva）是破坏神；毗湿纽（Vishnu）是保存的神。三神所代表的是一种循环的思想，这种思想企图说明宇宙万物的变化不过是这三个阶段的循环往复，并没有本质上的变化。这样，就肯定了一切现存的社会制度虽也不断的发生演变，但其根本的性质是不可变易的，使人民安于接受现状。这是印度社会经过几度动乱后，其最后取得胜利的统治者所建立的思想体系。除以上三大神外，印度教对其他宗教迷信一概兼容并包，因此它所包容的神祇的数目多到无法计算，有人说印度教的神比印度人还多，这种说法当然不符事实，不过印度教的神的数目的确为世界上一切宗教之冠。

印度教的经典共有三种：一种是史诗，有《摩诃婆罗多》（*Mahabharata*）与《罗摩耶那》（*Ramayana*）两篇长诗，这两篇史诗最早出现于公元前 2 世纪时，但在笈多王朝时开始完成初步的定本。诗中包括有许多历史故事和古代的神话传说，而更重要的是包括有印度教的许多神祇和印度教的中心信仰。其中尤以《摩诃婆罗多》史诗的"婆戛瓦基冈"（Bhagarad-gita）神颂，充分表达了印度教的全部思想。第二种是《原神记》（*Purana*），它是一本神谱，其中历述了各种神的来历与其所掌管的职务，以及印度教的教义与礼拜仪式等。

第三种是《摩挈法经》（*Manava Dharmasastra*）。摩挈是印度古代神话中的一位半人半神的英雄。婆罗门人假托此书是他所写的，《摩挈法经》制定的形式颇似近代国家的法典，但宗教色彩非常的浓厚，它的目的就是用宗教的名义，而以法典的形式具体而烦琐地规定了每一个人的地位身份以及人与人之间的关系，规定了人民生活的各个方面。《摩挈法经》对印度人民的现实生活和思想发生了极大的影响。

《摩挈法经》主要的内容是对种姓制度应有的根本认识。认为种姓是与生俱来的，不但在原则上不能更改，就是在施行细节上也丝毫不能变动。种姓不能变更，只能分化。因此，印度各小种姓不断分化的结果，其总数达到两三千之多。而种姓又是与各种职业相联系的，同一大种姓之内分散于各地方从事同一种职业的人又各自组成一个小种姓。婚姻也只能限制在同一小种姓之内，并且个人的社交生活也不能越出自己种姓的范围，不同种姓的人不得互相接触，不得在同一个房顶下居住或同桌而食。各种姓皆设有种姓公会，监督各种姓中人的活动，使之严格遵守种姓制度的各种规则，如有触禁章者，轻则由婆罗门人代其"清洗""罪行"，重则逐出种姓之门。除此之外，法经还规定了其他许多重要条例：如种姓中人不能与贱民接触，甚至贱民的影子碰到婆罗门人身上，婆罗门人即刻要洗涤身体；如对母牛的崇拜，印度人认为母牛是神圣的，不能强迫它工作或干涉它的行动，当然更不能宰食。因此，直到今日印度所有的母牛比任何国家都多。

《摩挲法经》的根本精神是要人从思想上接受和承认一切现存的社会制度是合理的。个人生活上的痛苦都是前生所种下的"因"所致，因此要认识今生的痛苦乃是不可避免，并且也不当求免的。如果有意避免今生的痛苦，那只有加深自己的罪恶，种下恶因，而来生将遭到更多的痛苦。一个人最高的道德即是接受忍受一切现状，等待因果转回来解决自己的一切问题。这样，以因果轮回的宗教说法来解决现世社会所存在的一切问题的结果，就是避免对现存的极端不平等的社会制度怀疑与动摇，因而大大的加强了它。

《摩挲法经》最早出现于1世纪，至笈多王朝时代始有初步定本，它是在婆罗门教与佛教斗争时间完成的。在《摩挲法经》中刹帝利种姓被降到第二位。所以，印度教的成立从统治阶级方面的关系来看就是刹帝利种姓与婆罗门种姓之间的斗争。在婆罗门人争取了广大贱民战胜了佛教，并在政治上压倒了刹帝利种姓，强迫他们承认现成事实而取得了第一种姓的地位后，印度社会从此变成了为婆罗门控制下的社会。婆罗门人施行的是一种纯粹的宗教性的统治。《摩挲法经》就是最有权威的法律，印度教教士就是实际社会政治生活的支配者。教士们的整个思想体系就是迷信，他们反对一切新的事物，新的思想，因此在教士统治下的印度，可说是愚民政策施行得最彻底的地方，社会上所存在的一切问题很少能解决或改善。因而印度社会此后乃成为了最典型的由教士所支配的社会，也就是成为了世界上一切封建国家中进步最慢的一个。

在另方面，印度教的成立标志了耆教与佛教势力在印度的最后削弱。在今日印度的耆教徒和佛教徒不过只有几十万人，6世纪以后，佛教只能在印度以外地区继续发展，并且还有了新的发展，如大乘佛教之在中国，小乘佛教之在尼伯尔、锡兰，佛教所以能在尼伯尔、锡兰发展下去，是因为这两个地方在佛教初传入时还很落后，还没有完全脱离氏族社会阶段——比较平等的社会，虽然已经有了阶级分化，阶级统治并不严酷。因此在佛教传入后，众生平等的原则基本上还符合其社会现状，以后，阶级分化日益深刻后，佛教则又成为当地统治者的统治工具。当然，随着佛教在这些地区所起作用的不同，它的教义的各方面也曾不断的分别在不同时间内被突出的强调或阉割。

自摩揭陀帝国成立起，到印度开始分裂止，前后约八百年的期间，印度社会上一直存在着的一个问题即为婆罗门教与佛教的斗争。如前所述，两教在社会和政治上所起具体影响不同。佛教利于统一，而婆罗门教则利于分裂。因为佛教所提倡的"众生平等"的口号，不会使社会上因生产关系所必然会出现的阶级区别以外再有任何人为的更深的种姓阶层区别的存在。而婆罗门教不但把一般的阶级区别正式规定下来，而且把种姓制度所引起的社会分裂现象也维持了下来，使这种分裂日益加深。而两教斗争的结果，最后是继承婆罗门教衣钵的印度教取得了胜利，这就决定了印度社会在此后必然长期地走向分裂。

当然，印度社会之走向长期分裂是有其更深的经济根源的。印度在公元前5世纪以后，社会生产曾一度发展，因而使得社会上出现了一批新兴的地主和商人,就是在这个新兴阶层的力量推动下,凭借着佛教这个武器,印度曾一度达到了统一。但是当时印度经济上的发展仍是有一定的限度的。当时无论农业手工业或是在农业手工业基础上发展起来的商业,其发展程度都不够高,生产技术也还幼稚,整个的社会生产还未提高到使印度全部成为一个大的经济单位的程度,所以摩揭陀统一后的经济发展速度不足以克服封建经济所必然存在的分散因素,使统一成为常态,像中国秦汉以后那样,从而也就使得任何封建社会都必然具有的分裂趋势占了上风,使得分裂的局面成为了常态。

印度教的胜利不过是印度长期分裂的一个标志而已。

笈多王朝之后的一千年之间,印度始终未再统一。同时,印度社会在教士统治之下始终处于瘫痪状态。社会的分裂状态,又促成了国内政治力量的削弱,使印度无力抵抗外来的侵略,故此后印度不断遭到外来势力的侵扰和统治。而转过来,外力的侵入更加深了印度社会的分裂,因为这些外族只能征服一个小区域,并且最后都同化于印度社会中,自成一个或数个种姓。因此,500—1500 年之间的印度比以前时期还要混乱和分散。这一时期所遗留下来的历史材料,除有关回教民族部分外,更加漫无头绪,所以对后人来说,这一时期中的印度历史情况也就更不清楚了。

[原载雷海宗编:《世界上古史》(油印讲义),中央人民政府高等教育部代印]

1893—1964

汤用彤：释迦同时诸外道

释迦牟尼出世之时大概在《奥义书》之末期，其时异说并出。婆罗门人宗祀吠陀，然上焉者则《奥义书》谈哲理，引进僧佉诸论；下焉者则崇魔术，演为密咒之教。至若非吠陀之嫡派，则尤繁兴，佛教与耆那教是矣。其大师之有名者，尤指不胜屈，如祭言、如商谛礼、如施伟塔克图，则见于《奥义书》；如六师、如调达，则见于佛典；均为一时所重，彼时印土之学术骤昌，究其因缘，约有四焉：

盖印度雅利安人奠居已久，民力增涨，智识渐高。礼乐文化，待年遂兴。而其时贸易交通，见闻较广。公众辩难，流为风尚。或挟金以求议论，或行之大祭场中，或争执不决，至筑屋以居，俾可长久讨究。即帝王亦奖励甚殷（见《本生经·离欲品》等，而如巴利文《那先比丘经》有智者、王者议论之说，智者以理屈，王者以力服，弥兰王则慨然取智者议论之法）。而持学说者往往足无定居，与求道者以无上方便。故教化普及，不易为婆罗门所专持，如佛陀尼犍子均出帝王阶级。《奥义书》中，婆罗门亦常低首承教于刹帝利种，当时普通民智之高，实新说盛起之原因一也。民智既高，吠陀诸神，以常留野蛮遗风，而失人民之仰望，是以建立梵天，黜多神教，而起万有一神之观念（**晚期之《黎俱吠陀》及《阿闼婆》**），甚至谓祭祀自可得福，福非神授（**《梵书》**），而于神之有无，亦三复致疑，信仰求福之念大消，而多由智慧以求解脱，原因二也。吠陀之世，重在祈福，故祭师权力特大，经时既久，僧侣滥行威权，神殿成贸易之场，祠祀作谋生之术（**婆罗门教**），纵欲乱纪，识者忧之。乃有努力（asrama）之设，苦行之教，其意无非在严定清规，禁私欲，原因三也。有鬼之论，始于黎俱时代之前。自玄想渐多，益考虑死后真我之究竟，而自轮回说兴，无常之惧骤盛。人生戚戚富贵，汲汲名利，奄忽物化，以何为宝？夫宗教重不死，而印人尤喜寂静常在，然事与望违，如佛告比丘："世间无常，无有牢固，皆当离散，无常在者。心识所行，但为自欺，恩爱合会，其谁得久？天地须弥，尚有崩坏，况于人物，而欲长存？"（**录东晋译《般泥洹经》**）烦恼生死，悉为业果。无常之苦，根据轮回。所以大变黎俱乐生之风，持悲观之说，异计群兴，均以尽业缘、出轮回为鹄的，原因四也。

婆罗门教承吠陀之余绪，保守祭祀之法。奥义重学理研究，新创解脱之智。智之道虽已多门，如吠檀多及数论之先河等。其实当时发愿出世，广立智论者，婆罗门正统外尚大有人在。希腊有梅迦斯屯尼者，以公元前 302 年受命使月护王庭，归而著一书，内谓当时印土宗师，显分二派：一为婆罗门，一为沙门。其所谓沙门，类重苦行，敝衣乞食。有执巫医占卜之术者，大不似指佛陀信徒。惟据巴利最早经典，常以婆罗门沙门并称，而未明言沙门为释氏所有之专名。则沙门者，似为当时不属于婆罗门正统者共有之名号，其行为如林住，如巫占，虽不必有异于婆罗门僧人，然究不属于吠陀之宗绪。计此时最有名非婆罗门之学统，为佛教及耆那教。依今考证，婆罗门教或较盛于西方，其东则婆罗门之化较衰，而为佛教耆那教发展之域。当是时也，非婆罗门教哲人之知名者为六师（《长阿含经》载阿阇世王曾就六师问沙门果，则六师应均为沙门）、为阿罗逻迦蓝、为郁陀迦摩罗子（佛尝问道于二人，据《中阿含罗摩经》，二师各为沙门团体之领袖），阇马力（为尼犍子之婿叛其岳父之耆那教而别立团体）及叛佛之调达（即提婆达多，义为天授。叛佛另立团体，至晋犹有存者，见《佛国记》）等。至于释迦牟尼则诸哲中之特立者也。当时贵族出家求道，世人见之，不但不以为怪，且有尊礼之者（如《中阿含箭毛经》所述）。出家者夥，其中不无借行乞以谋自活，轶出常轨者，如末伽梨·拘舍罗为六师之一，即邪命外道之首也。居舍卫城，馆于陶人妇家，持一杖乞食（故得末伽梨名），行诸种奇异苦行，至谓淫乐无害，精进无功。其初本师尼犍子，后以坏戒离去。耆那教人亦斥妇女为奴隶，诡作奇说，动世人，以谋生活。故时人谓之邪命外道。由是等事，而各宗首领常聚众设戒，为有组织之教会。（梵曰僧伽，拘舍罗反对此项团结，与尼犍子徒辩论，斥其师聚党。可知僧伽之制，非当时出家者之常规。）其时教律最严者，为耆那教。

求道既成风尚，于是宗计繁兴，散见典籍（如佛教书及耆那教书）者不少。整理发明，谈佛教史者，应详搜讨。

（一）凡沙门婆罗门，广博多闻，聪明智慧，常乐闲静，机辩精微，乃为世所尊重（见《长阿含经》卷十四）。以是辩论之律渐兴，而离支难堕负之语随出（见《杂阿含经》四八）。有散惹邪，毗罗梨子者，六师之一也，每于一事全无定见，如人捕鳝，不可捉摸（见巴利文本《沙门果经》）：

若汝问我，是否有他世，如我思其为有，我当如此说，但我不如此说。并且我不思其如此或如彼，且我不思其为不然。且我不非之。且我不说无有，或非无有他世。而若汝问我是否有化生。……是否善行恶行有结果。……是否如来死后有生。……（对于此各问我均如上答之。）

同时谓此事实，此事异，此事不异，此事非异，此在六十二见有四见（以下所陈六十二见俱依《长阿含经》文）。耆那教（尼犍子）斥为不知主义（ajnanavada），而立或然主义（syadvada）（见下）。其邪命外道之拘舍罗，亦立三句，谓同一事可是，可非是，可亦是亦非是。凡此者盖均辩论术之方式也。

（二）世间诸论尤为繁兴。

甲、有谓世间常（六十二见之四），或谓世间半常半无常（六十二见之四）。言常住者，谓一切世界均是不变；言或常或不常者，如欲界变化而梵天常住云。

彼大梵者能自造作，无造彼者，尽知诸义典，千世界于中自在，最为尊贵，能为变化，微妙第一，为众生父，常住不变，而彼梵化造我等，我等无常变易，不得久住（此段似《奥义书》，尊大梵为世主等思想）。

乙、论世间有限无限（有边无边六十二见之四）。
丙、论世间变化之原因。传说有三种（《中阿含十三度经》）：（1）宿作因论，谓一切世事皆由前定。如邪命外道拘舍罗，谓业报极强，无道解脱，一切运行均系必然，故其语阿阇世王曰："大王！无力，无精进，无人力，无方便，无因无缘众生染著，无因无缘众生清净，一切众生有命之类皆悉无力，不时自在，无有怨仇，定在数中。"（中文《长阿含经》文，且谓此段系迦旃延语，惟证以巴利文及尼犍子经，此系拘舍罗语。今从之。）此所谓数，命运之谓。（2）尊祐论，崇自在天，一切运行均依神意，婆罗门书中散见此说。（3）无因无缘论（六十二见有二见），谓世事皆出偶然，如推此说必无果报，而似富兰迦叶（六师之一）之学。如言：

大王！人若自作，或教人作；人若残伤，或教人残伤；人若罚，或教人罚；人若生苦害，或教人苦害；人若自悲伤，或使人悲伤；人若杀害众生，取非所与，擅入人居，结伴掠财、强盗、路劫，或作淫乱，或打诳语，关于此诸人无有罪恶。若用铁轮，刃利如剃刀，商割世上众生，以为肉聚，此无罪恶果报，亦无罪恶之增加。人若于恒河南岸击杀，或使人击杀，若欺压，或使人欺压，此无罪恶果报，亦无罪恶之增加。人若于恒河北岸施与，或使人施与，作祀献，或使作祀献，此无功德果报，亦无德之增加。（巴利文《沙门果经》）

此乃无因外道，似开顺世外道自然因说之先河。（上言尊祐无因二论亦见《长阿含经》卷十七《布吒婆楼经》。）此外亦有以世界事物变化之因归之神我者。由命（神我也，犹言灵魂）。有想生，由命有想灭（亦出上经），此则神我为因之说也。（此亦见于《白骑奥义书》，而上第一说亦系该《奥义书》中所言之必然外道，第三说即彼书之或然外道。）

（三）为自我或灵魂之研究。

甲、耆那教经言最著名之邪道有四：一为不知主义（已见前）；一为戒律主义（专崇戒律）；一为有作主义，谓我实有，且能作能受；一为无作主义，谓我非有，不能作，不能受。谓我非有，佛亦持之。

而耆那教经典另举有二说：第一说持我与身一。下自足底，上至发端，居于皮内为生命，即是自我，自我有生，当此身死，彼即不生。彼之时限与身躯同，命偕身尽。他人负之付诸烈火，当彼已为火烧，所存者黑如鸽之骨，而四负担者携其架床复归村中，故别于身之我实无，实不存在。说曰：

趣杀，趣掘，趣屠烧，趣烹切破坏，生命尽于是，此外无世界。

第二说亦蔑视道德，卖人伤生，在所不禁。唯言身乃地水火风空聚成，五大散灭，生命亦尽，此等说颇似阿夷多·翅舍钦婆罗（六师之一，见《长阿含经》卷十八）之言：

> 受四大人取命终者，地大还归地，水还归水，火还归火，风还归风，皆悉坏败，诸根归空。若人死时，床舁举身置于冢间，火烧其骨如鸽色，或变为灰土，若愚若智，取命终者，皆悉坏败，为断灭法。

凡此宗派，顺世外道之先河（顺世后有二派：一说身与我一，一说身与我异，惟均谓四大有灭我亦随死），断见（六十二见有七见）之极则也。

此外亦有持我与身异者，如耆那教立命句义，命者灵魂，与物质对立。而六师中之迦旃延谓身乃由七积聚而成，命亦为其中之一。其言曰：

> 大王！下说七类非所作，亦非使所作，非创生，亦非使创生，乃是无生，安住如山，坚立如柱（伊师迦）不动，无有转变，互不相触，无补于乐，或苦或乐。何等为七？谓地水火风苦乐及命为七。此七类非所作，非创生，亦非使创生，乃是无生，安住如山，坚立如柱（伊师迦）不动，无有转变，互不相触，无补于乐，或苦或乐，或无教杀人者，亦无杀人者，听者或说者，知者或释者。设

有人以利刀斫士夫首为二，无人因此害世间生命，盖利刀不过游转于七类中间耳。（巴利文《沙门果经》）

乙、何为我之本体，亦当时聚讼之点，要不外即蕴离蕴二大纲。如布吒婆楼（见《长阿含经》卷十七）与佛争辩何等是我，而陈多说：（1）谓色身四大、六入、父母生育乳哺长成，衣服庄严无常磨灭法，此等色身是我。（2）谓欲界天是我。（3）谓空处是我，乃至说识处不用处有想无想处无色天是我。而六十二见有谓我是有想之十六见（谓我是有色有想乃至我是无量想等）、无想之八见（我是有色无想至我是非有边无边无想）、非想非非想之八见（自有色非有非无想至非有非无边非有非无想），虽不必持诸见者均有其人（邪命外道言我为有想有色。尼犍子言我为有想而无色），而当时探索自我之原质可知其亟也。

（四）各宗虽俱信轮回之说，而其解释各异。

甲、轮回之期限。有谓无尽，得智慧，作苦行，可使中断。尼犍子及佛说是矣；有谓身与我是一，故身死我灭，轮回既无，期限更可不论，阿夷多（六师之一）等是矣；有谓轮回甚久（如邪命外道说），必须待其自然成熟，绝不能以智慧苦行断灭，轮回之期为八百四十万大劫，每一大劫为三十万沙拉，而每一沙拉之计法如下：

恒河长五百由旬，宽半由旬，深五十陀那，今有十三万七千一百五十七恒河，而令移去其中之沙，每百年一粒，直至沙尽时则为一沙拉(每由旬约当四英里半,每陀那约当六英尺)。

乙、轮回之程径。《奥义书》有谓善人死后循祖先之道,以至月宫享福受乐,至其善业尽,后生人间。恶人反之,须入地狱受苦。而得大梵上智者,解脱轮回,不生不死,是曰天之道。而沙门婆罗门亦设天堂地狱之说,其神话之复杂,即览佛典所载,亦当惊印土此类信仰之完备也。

丙、轮回之身。如尼犍子谓轮回为有色物,业报是矣。如《奥义书》则轮回者为无色物,因彼执我是无色也。使数论为佛时学说,则谓神我无缚无脱,轮回别有细身。佛教既主无我,故无实物轮回,不堕断见,实深微妙也。

(五)请言解脱,解脱之说,种类繁多,各宗互异。或谓及时行乐,五欲自恣,此是我得现在涅槃。此六师阿夷多等之说,而后时之顺世外道也;或谓去欲恶不善法有觉有观离生喜乐观入初禅,即是解脱。或谓灭觉灭观内主一心无觉无观定生喜乐谓入二禅,即是解脱。除念舍喜住乐护念一身自知身乐谓入三禅,即是解脱。或乐灭苦灭先除忧苦不苦不乐护念清净谓入四禅,即是解脱。(上六十二见中之现在涅槃四见。文悉依《长阿含经》。)或修无有处定,即是涅槃,则阿罗逻之说也。或修非想非非想定即是解脱,则郁陀迦之说也。当时或依瑜伽解脱成为风尚,佛重智慧亦主治心。《大林奥义书》(四之四)曰:如人知神我而悟我即彼(指神我即大梵),尚有何欲爱令彼囿于身。此即诠瑜伽义。瑜伽义在相应,明梵即我之秘可得自瑜伽也。夫离欲（瑜伽义亦作相离）静寂，专在治心，瑜伽之学也。毁形残生者在治身，苦行之说也。自其上者言之，则治身即可治心，瑜伽即苦行之一。等而下之，则苦行偏于外仪，乃戒之事，为禅之外行。瑜伽精于内观，乃定之事，乃智之基本。苦行者去欲受戒，其事已足，而沙门婆罗门乃有竞骛新奇，意以骇俗，食他信施以谋生活者（邪命外道其最著者也）。如佛典云：

常执须发，或举手立，不在床坐，或复蹲坐，以之为业。或复坐卧于荆棘之上，或边椽坐卧，或坐卧灰土。或牛尿涂地，于其中坐卧。或翘一足，随日而转。盛夏之日，五热炙身。或食菜，或食稗子，或食舍楼枷，或食糟，或食油滓，或食牛粪。或日事三火，或于冬节冻冰衬体。有如是等无量苦身法。（见《杂阿含经》）

佛经又曰：

离服倮形，以手自障蔽。不受夜食，不受杇食，不受两臂中间食，不受两刀中间食，不受两杇中间食，不受共食家食，不受怀妊家食。狗在中前不食其食。不受有蝇家食，不受请食，他言先识则不受其食。不食鱼，不食肉，不饮酒，不两器食。一餐一咽，至七餐止。受人益食不过七益。或一日一食，或二日、三日、四日、五日、六日、七日一食。（上段证之巴利文《中阿含经》三六，似邪命外道行。）或复食果，或复食莠。或食饭汁，或食麻米，或食秽稻。或食牛粪，或食鹿粪。或食树根枝叶花实，或食自落果。或被衣，或被莎衣，或衣树衣，或草苫身，或衣鹿衣。或留发，或被毛编，或著冢间衣。或有常举手者。或不坐床席，或有常蹲者。或有剃发留髭须者。或有卧荆棘上者，或有卧果蓏上者，或有裸形卧牛粪上者。或一日三浴，或一夜三浴，以无数苦，苦役此身。

是皆释迦之所不许。盖"彼戒不具足，见不具足。不能勤修，亦不广普"（上均见《长阿含经》卷十六）。欺世盗名之徒也。

智慧解脱，各宗多尚之。吠陀时代，解脱之方不在智而在法，法者祭祀。然自吠陀神衰，婆罗门哲人侧重奥义，知秘旨者乃得解脱。故其后正统六论（吠檀多、弥曼差、数论、瑜伽、胜论、正理论）莫不以智慧为主。沙门外道辩论反复，各立异说。即瑜伽修行莫不目的在得真谛。而佛家驱斥邪见，重一切智，得最正觉乃得成佛。西方哲学多因知识以求知识，因真理以求真理（knowledge for knowledge's sake）。印度人士，则以智慧觉迷妄，因解脱而求智慧，故印度之哲学，均宗教也。

解脱者，出轮回超生死之谓。无论以苦行烧除（苦行字义为烧），或以智慧独存，要在停止业力，使之无用不生。然邪命外道则唱自然解脱之说，谓命运前定，业力极强，中途不可使止，作善作恶均无效用。拘舍罗曰：

大王，无因无缘，令有情杂染。非因非缘而有情杂染。无因无缘，令有情清净。非因非缘而有情清净。无有自作，无他人作，无人可作。无力，无精进，无人力，无人势。一切有情，一切众生，一切活者，一切命者，无权，无力，无精进。定合其自有性，而变于六胜生，受诸苦乐。有十四亿六万六百生门，有五百种业，五业，三业，一业，半业。六十二行迹，六十二中劫，六胜生类，八大土地，四千九百种活命，四千九百种出家，四千九百种龙家，二千种根，三千地狱，三十六尘界，七有想藏，七离系藏，七天，七人，七毕舍遮，七池，七波秋他，七百小波秋他，七险，七百小险，七梦，七百小梦，——于如是处，经八百四十万大劫，若愚若智，往来流转，乃决定作苦边际。此中不"可作此言"曰：以戒以行以苦行以净住，我将使业未熟者熟，已熟者触已却便变吐，以如是斛量苦乐，于轮回中，不可变换，无可增减，无可多少，如掷缕丸，缕尽便住，如是若愚若智，流转轮回，乃能作苦尽边际。（译巴利文《沙门果经》）

邪命外道与顺世外道（六师中富兰迦叶及阿夷多·翅舍钦婆罗类此），虽均蔑视道德，而一则业报极强，时尽乃脱，故虽弃礼义亦可谓无恶果；一则身死命随，无轮回，无业报，故称淫乐为涅槃。二者结论虽同，而立旨实异也。

（原载汤用彤：《印度哲学史略》，独立出版社1945年版）

學大合

第三篇 西欧近代哲学
西欧近代哲学三讲

1937—1946

1937—1946

1902—1992

贺麟：斯宾诺莎的世界观

要了解斯宾诺莎的唯物论的世界观，我们首先要弄清楚他哲学中三个主要概念:(一)实体，(二)属性，(三)样式。

他所谓实体就是自然。当他说实体是自然时，是指那万物生长于其中、自身运行不息，内容丰富的、永恒无限的大自然。关于自然，斯宾诺莎写道："自然是永远和到处同一的；自然的力量和作用，亦即自然的规律和法则——万物按照它们而取得存在，并从一些形态变化到另一些形态的规律和法则，也是永远和到处同一的。"（《伦理学》，第三部分，序言）这就表达出唯物论哲学的最重要命题，如自然的客观现实性、规律性、统一性和自然是万物的本原等思想了。

他有时又把实体等同于神或上帝。当他说神是实体或神是自然时，他是想指出除哲学上的最高原则，实体或自然和自然的规律外，更无所谓神或上帝，他要教人不要再去崇拜宗教上的上帝，而须用科学态度去理解实体或自然。因为他所谓上帝或神是没有人格和意志，对于人是不能作威作福的，实质上乃是自然和自然规律的总体。

斯宾诺莎首先提出实体是"自因"的著名原则。恩格斯对斯宾诺莎的"自因"说，估价很高。他认为说实体是自因的东西，就是不承认宇宙、自然另有外因或外在的创造者，就是表现了他和法国唯物论者走的同一条道路，即"坚持从世界本身来说明世界"（恩格斯：《自然辩证法》，第8页）。恩格斯又认为："斯宾诺莎的实体是自因之说，很好地表明了交互作用。"（同上书，第192—193页）因为一切个别事物的因果的制约性，同时就表示着自然全体只受自己本身的制约。一切个别事物对其他事物的依存性，就转化为自然全体对自己本身的依存性。换句话说，他的自因说包含有辩证法因素。

斯宾诺莎把实体定义为"在自身内通过自身而被认识的东西"。所谓"在自身内"就是说自然是独立不依的整体，更无外在于它的原因。所谓"通过自身而被认识"，就是说实体或自然是自己说明自己的最高的概念，更无须假借另外超自然的概念来说明它。换句话说，一切事物（包括精神活动、思想、意志、欲望在内）都在自然之内，都可用自然的规律来说明，而自然无所不包，其大无外，自己在自己之内，自己是自己的原因。更不能在自然以外去寻求超自然的原因来解释或说明自然。因此自然并不是不可知、不可说明的东西，要了解自然必须从了解它的某些样式和某些属性着手。所以他说："现实的理智，无论它是有限的或无限的，必定理解神的属性与神的分殊，不能理解别的东西。"（《伦理学》，第一部分，第三〇命题）这就引导到他的属性论和样式论。

为了陈述的方便起见，我们先说他的样式论。斯宾诺莎对样式的定义是这样的："样式是实体的分殊（中国有'理一分殊'的说法），换言之，样式是在他物内和通过他物而被认识的东西。"这就是说，样式是实体的一特殊部分，一特殊形态；实体（自然）是全，样式是分。说样式是"在他物内"，即是说样式在实体内，是实体的一个部分，是实体的一种表现。说样式是"通过他物而被认识"，即是说，样式要凭借其他的事物才能加以把握，得到说明。样式是有原因的，要从它的原因来理解它、说明它。简言之，样式说是指自然界或宇宙内千千万万的个别事物而言。斯宾诺莎不说个体事物而说样式，而说它是实体的分殊，他的意思在强调样式是有限的、是部分、是特殊，对无限的全、实体或自然有依存的关系。

实体是全、无限、本质；样式是分、有限（斯宾诺莎也承认有"无限的样式"说，以表示无限的实体与有限的样式的结合。他曾指出在广延这一属性方面，"运动"是无限的样式；在思想这一属性方面，"神的观念"或"无限的理智"是无限的样式；此外，"宇宙的表面"也是无限样式。但是这一问题比较专门而困难，我们在此可暂不深究）、现象，两者的关系很明显。斯宾诺莎于两者之外又提出他特有的"属性"的概念，目的是在强调认识上的可知性问题。他说："属性就是知性看来是构成实体的本质的东西。"前面已经说过，他的根本观点认为我们不能从实体（自然）以外去了解实体，只能从实体的属性或样式去了解实体。但属性从人的知性看来就是构成实体的本质的东西，认识实体的属性就是认识了实体的本质，这肯定了实体是可知的。所以在《神人短论》第七章里，他曾明白指出，根据属性论就可以肯定（1）神是可知的，可以下界说的，它的存在是可以证明的；（2）神不仅有否定的性格，而且有肯定的性格。其次依斯宾诺莎说来,一物具有实在性愈多,则它的属性便愈多。今实体(自然或神)是绝对的实在,其内容无限丰富,所以实体必具有无限多的属性。不过实体虽具有无限多的属性,而为我们所发现,认为表示实体的永恒无限的本质的东西,只有两个,即思想和广延,换句话说,即心灵和物质。他肯定思想和广延是实体的属性,显然是从笛卡尔的心物二元论出发,并想克服笛卡尔的二元论。心物不是两个不同的实体,而是构成同一实体的两个属性,表现同一实体的两个方面。实体是心与物的统一体,心与物是统一于实体(自然)的。实体不是上帝所创造,实体即是有广延、有物质性的自然或神,心灵和物质乃是构成这统一的绝对无限的实体(自然)的两个属性,或两个方面。这样,他的属性论就克服了笛卡尔的二元论,并达到唯物的一元论了。

心与物是统一的实体的两面。从思想的属性去看,实体(自然、神)是有思想的东西,同时从广延的属性去看,实体就是有广延,有形体的东西。(《伦理学》,第二部分,第七命题)"观念的次序和联系与事物的次序和联系是相同的。"(同上)由于强调心与物是同一实体的两面,和观念与事物的不可分性,于是他更进而提出有些神秘意味的物活论思想,认为"一切个体事物都是有心灵的,只是程度不同"。(同上书,第十三命题,附释)这样他就达到一种泛心论,而与古希腊爱奥里亚派的物活论相接近了。同时由于强调心物是同一实体的两面及两者的次序和联系的同一性,因而他就肯定物体不能决定思想,思想不能决定物体。他认为心物既然是同一物的两面，彼此密切联系而不可分，故用不着相互影响，又因两者性质根本不同，心灵是能思想的东西，物质是有广延、有形体的东西，由于不同类，因而不能发生互相决定的关系。由此他只承认观念是观念的原因，物体是物体的原因，以观念说明观念，以物体说明物体，各自演成因果体系，不能互相说明。这样使得他的实体论，亦即心物统一于实体（自然）的学说，只是静的直观的统一，而不是矛盾发展的统一，物质世界自成一严密的因果体系，观念世界亦自成一严密的因果体系，两个世界尽管统一而不可分，但物质并不能决定心灵，心灵也不能反作用物质。这表现了物与心、广延与思想在他这里并没有达到辩证的统一。这并使得他的属性论以及他的因果论均表现出他的唯物论的形而上学的局限性，因为当他谈到事物的严密的机械的因果法则时，他只承认偶然是未经认识到的必然，对偶然未予以足够重视，没有看到偶然和必然的辩证关系。

斯宾诺莎关于身心关系的学说和他的属性论是密切相联系的。人是身与心的统一体。他说："心和身是同一之物，从思想的属性看来便叫做心，从广延的属性看来就叫做身。"（《伦理学》，第二部分，第七命题，附释及第三部分，第二命题，附释）"人的心灵有认识许多事物的能力，如果它的身体能适应的方面愈多，则这种能力将随着愈大。"（同上书，第二部分，第十四命题）"如果任何事物增加或减少，促进或阻碍我们身体的活动力量，则这物的观念就会增加或减少，促进或阻碍我们心灵的思想力量。"（同上书，第三部分，第十一命题）"我们身体主动或被动的次序在自然内与我们心灵主动或被动的次序是同时发生的。"以上这些话都表明身心密切联系统一而不可分。但他同时又认为："身体不能决定心灵使它思想，心灵也不能决定身体使它运动或静止。"（同上书，第三部分，第二命题）这种认为身心不能互相作用的思想，是提出来反对笛卡尔的身心交感说的。他说："没有人知道用什么方法或采取什么方式，心灵可以使身体运动，也没有人说出心灵能够传递多少度的运动于身体，或者心灵能使身体运动的速度如何。"（同上书，第三部分，第二命题，附释）他的基本理由还是认为身心既是统一不可分的东西，用不着谈相互影响。同时据界说，身心的性质既根本不同，也不能发生影响。因此，身体或物体的运动决定身体或物体的运动，而观念决定观念，各自成为严密的因果体系。应该注意：他只是根本否认在笛卡尔所规定的心物或心身严格区别的意义下心物与心身可以互相影响，至于一般所谓身心或心物交互影响，斯宾诺莎则了解为不同的身心（或物心）统一体之间的交互影响，即前面一个身心统一体可以影响后面一个身心统一体，此一身心一致的活动可以影响彼一身心一致的活动。他并不是根本否定了常识一般意义的交互影响。（这一问题比较困难，我将在另一篇论文中加以阐述发挥。）

从认识论方面，他又指出身体是心灵的对象，心灵是身体的观念。心灵的观念包含（反映）着身体的性质以及外在物体的性质。他又宣称："构成人心的现实存在之最初成分不外是一个现实存在着的个别事物的观念。"（《伦理学》，第二部分，第十一命题）他这种说法已明白表现出观念是身体或物体的反映,并认为身体或物体是观念所认识的对象、构成观念的内容,形成观念的物质基础。因为照他看来,观念决不能脱离物质的基础,而事物的性质和形象必然反映在观念中。这样,从身心统一的理论出发,他就在认识论上得出反映论的结论,否定了不可知论。

总括几句:斯宾诺莎认为自然(实体、宇宙)是物与心的统一体,人是身与心的统一体,世界上一切个体事物也都是物与心的统一体,个体事物与个体事物间是有因果联系的,互相依存的,所有个体事物又皆依存于整个自然或无限的实体,而无限的实体即内在于个体事物内。自然之外没有超自然的原因,在自然之内万物是互相联系受同一自然规律支配的统一体。

根据这些观点来谈人在自然的地位,他指出:人的每一个观念都是实体的思想这一属性的一个样式,依存于整个思想世界,人的每一个身体的动作都是实体的广延这一属性的一个样式,依存于整个物质世界。因此人是自然的一部分(是实体的一个样式),依存于自然,受自然整个规律的决定。人的每一个观念、感情、意志都有一系列的观念作它的原因,只是思想世界的一部分。人的每一个身体的动作都有一系列的生理的物理的活动作它的原因,所以人在自然中只是全体中的一个部分,一个样式,受全体统一的规律所支配,也就没有了意志的自由。在《伦理学》第三部分的序言中,斯宾诺莎明确指出,"人在自然中不是王国中之王国",这就是说,人在自然中是没有"破坏自然秩序","不遵循自然的公共规律"的自由，也没有超出自然规律，依自由意志自己任意创造规律的特权。所以在他看来，人的欲望、意志、情感都是有原因的，被决定的，可以用几何学方法当作点、线、面积一样去加以研究解释的。这就是斯宾诺莎富于唯物论精神的决定论。

然而，他的决定论并不是排斥自由的宿命论。在他的学说里，必然性和自由是辩证地结合着的。他认为人有理性，人是能知能思之物，人通过认识了解自然的规律，了解自己的情感欲望产生的原因和性质，在理性的指导之下依照或依靠关于必然性的知识，人就可以产生自由自主的行为。他充分提示了"自由就是对于必然的认识"这一辩证法真理。他认为奴役人的东西主要是人的情欲或被动的情感。情欲，他定义为"混乱模糊的观念"（《伦理学》，第三部分，第五十九命题，附录"论情感的一般定义"）。当你对于你的情欲有了正确观念，能克服情欲观念的混乱模糊性时，换言之，当你知道情欲的本质，认识到它发生发展的原因时，你的情欲就被克服了，不致受其奴役，而得到自由和主动的情感了。他认为人的正确观念愈多，则他的行为便愈主动，反之混乱模糊的观念愈多，则愈受情欲的奴役。斯宾诺莎提出了著名的现实的见解：正确观念引起主动的情感，混乱模糊的观念引起被动的情感或情欲，抽象的理智或意志不能克服情感，唯有主动的更强烈的与正确观念相伴随的高尚情感方能克服被动的与混乱模糊的观念相伴随的坏的情感或情欲。斯宾诺莎这里就包含着这样的意思，即对于坏的被动的情感（如贪财、好色），有了正确观念，则坏的情感就自然消失了、被克服了。反之对于好的情感，如爱真理、爱邻居的情感，愈有了正确观念，或理性的认识，则这种主动的情感就愈为加强了。

他指出：人的最高的满足在培养起自己对于神（自然、真理）的理智的爱。从对于神的理智的爱里产生最高尚最伟大的主动的情感，这是人得到自由和心灵不朽的关键。（这是《伦理学》第五部分的主题，请参看。）

斯宾诺莎强调理解自然，理解人的情欲因而克服情欲，得到自由和心灵的满足，关于认识自然，掌握真理对人的道德生活和精神修养的提高和重大意义有生动而亲切的说明。他从个人理性的道德生活出发来解除人受愚昧和情欲的奴役，而得到个人心灵的快乐、满足、自由和不朽。这种思想足以使人欣羡，其知神、爱神，陶醉于大自然的所谓"高尚超脱"的境界，这种个人与神一体与自然打成一片的境界，也就是一种直观的神秘的境界。这里包含着一种高洁的理智、科学、道德的境界，也富于诗意。斯宾诺莎的世界观之所以受到大科学家如爱因斯坦，大诗人如莱辛、歌德、雪莱等人的赞扬和喜悦，其原因在此。他所了解的"对于必然的认识"虽近似静观的直观的认识，［但］由这样得到的自由（只是顺应自然而非改变自然的自由），接近于东方玄学家所谓"万物静观皆自得，四时佳兴与人同"（程颢诗句）的境界。

（选自贺麟:《斯宾诺莎哲学简述》。原载《哲学研究》第 1 期，1957 年）

1893—1964

汤用彤:《英国经验主义》绪论

我这里所说的英国经验主义,主要是指洛克、贝克莱和休谟三个人的哲学。英国的学术与欧洲其他地方的学术不同,它的影响也不同。在17世纪到18世纪末,欧洲学术上居首位的是英国。就自然科学而言,当时英国有牛顿和波义耳;就文学而言,则有蒲柏(Alexander Pope);就思想、哲学而言,则有洛克、贝克莱和休谟。这三位哲学家中,影响最大的是洛克。他对18世纪末叶的法国资产阶级革命,对欧洲的近代史,无论在政治上和宗教上都有很大的影响,这就是他的经验主义哲学。英国的经验主义,稍后于大陆的理性主义,它们两者都是承袭笛卡尔(René Descartes)而来的新哲学。我们知道,洛克与斯宾诺莎(Baruch Spinoza)同生于1632年,两人的作风是迥然不同的。大陆理性主义哲学家的气魄很大,都是哲学系统的创造者。英国经验主义哲学家就不一样,他们的特点是头脑很清楚,思想很敏锐,长于分析,对任何问题都要详尽地、透彻地研究到最后,他们有"批判"的态度,因此,有人说,洛克应是第一个"批判哲学家"。

洛克、贝克莱、休谟三个人的学说的性质,总起来看,有如下的共同点。

他们都是自由主义者，启蒙时代的人物。首先，他们都反对当时宗教的权威（这不仅指天主教，也包括新教的权威在内），而且往往是根据理性、根据事实——经验——来反对宗教。这就是继文艺复兴、宗教改革以来的启蒙运动。其次，他们都反对王权，反对君权神授，在这方面洛克是最著名的。在当时，自由主义者也都同时是个人主义者。他们三个人都生活在英国商业繁荣、资本主义即将发达起来的时代，所以都很注意保护私有财产，认为私有财产不可侵犯。我们知道，到了法国资产阶级革命时代就提出生命、名誉、财产和个人幸福不可侵犯的主张了。我们一定要注意他们是这种性质的自由主义者。

至于在纯粹哲学上，他们三人都是经验主义者。这里所谓经验有两个重要含义：首先主要的是感觉的经验；其次特别是知识论上的经验。洛克开创的英国经验主义原本不是从讨论"形而上学"入手的。洛克的"形而上学"同笛卡尔的"形而上学"是差不多的，其背景都是当时的自然科学。他们的经验主义主要表现在讨论的方法上。他们的方法是以经验为基础，如知识的起源就着重在经验——感觉的经验。这样一来，知识的真实性、"形而上学"等等都受到了他们的"经验"的方法的影响。所以，他们的"形而上学"也就不能不与大陆理性主义不同。本来洛克并没有研究"形而上学"的意思，他完全接受笛卡尔的"形而上学"，只是因为他的经验方法，他关于知识的真实性的看法改变了，从而影响了他的

"形而上学"。

英国经验主义的第三个特点就是主观主义（subjectivism）。所谓主观主义是从他们的知识论上讲的，不是指他们在政治上、经济上如何如何说的。由于他们在知识论上是主观主义者，所以他们就使知识论发生了一个很重要的、不可解决的问题。因为洛克知识论上的主观主义，贝克莱就走到主观唯心主义，休谟就堕落到怀疑主义，最后才有康德出来解决休谟的困难。

洛克、贝克莱、休谟三个人在哲学上各有其特点和各自不同的贡献。

约翰·洛克（John Locke）对于实际事务很有兴趣，他站在国会方面反对君主，这也就是他对英国革命的态度。洛克生于1632年，是英格兰人，而贝克莱是爱尔兰人，休谟则是苏格兰人。洛克早年在牛津大学念书，他的父亲最初要他学神学，但他则选了科学——医学，他研究医学的旨趣不在看病治病，而在研究科学。他对化学很有兴趣，结识了波义耳，波义耳是近代化学的重要人物之一。他还和当时牛津最大的医学家西登哈姆（Sydenham）很好。洛克一生受两个人的影响很深。一个是约翰·欧文（John Owen），他是个自由主义者，反对宗教迫害，主张宗教宽容的精神，这对洛克有很大的影响。洛克的最早一部著作就是《论宽容异教的通讯》。他深受其影响的另一个人是笛卡尔。洛克在牛津30年，并从事政治活动，反对英王，1682年他随沙夫茨伯利（1st Earl of Shaftesbury，1621—1683年）逃亡到了荷兰。他自己说，在1670到1671年间他有一次和几个朋友讨论宗教和道德问题，彼此意见非常分歧，不能得到共同的结论。这促使他想到，像宗教、道德这样一些根本性的问题，人们是否能够解决，就需要先进行一番讨论。就是说，要先讨论一下人的知识能力，以及知识的真实性和可靠性，也就是知识本身的性质及其来源。这时他想写一本书，注重于讨论知识的真实性或界限。这就成了他的《人类理智论》的第四卷。既讲到知识的真实性，便不得不讲知识的来源，这就成了《人类理智论》的第二卷。当时关于知识来源问题有主张"天赋观念"的，他反对这种主张，就写成了《人类理智论》的第一卷。而观念的问题又牵涉到语言的问题，他因此又写了《人类理智论》的第三卷。这部著作到1690年才出版。这书是零零碎碎地写作的，既不是在同一时间，也不是在同一地方写作的。所以他在该书的序言中指出，这书有很多地方重复，不是一气呵成的。洛克晚年住在伦敦，1704年去世。

乔治·贝克莱（George Berkeley）是一个宗教家、主教，比洛克小五十三岁。他1685年生于爱尔兰，后在都柏林上大学。他和洛克相反：洛克著作的写成与出版均在晚年，而贝克莱最重要的著作都是在二十八岁以前写成和发表的——1709年作《视觉新论》；1710年作《人类知识原理》；1713年作《哲学对话三篇》。《对话》把他的《原理》通俗化了。后来他到过法国、意大利等地。他不满意当时的欧洲大陆和英国社会，梦想美洲有最好的地方。1728年他横渡大西洋，到美国的罗德岛（Rhode Island）住了三年，想在那里办一所大学，终归失败，失望返国。但由于他对美洲的幻想，写了一首颂扬美国的诗。故美国西岸旧金山有个城市就以贝克莱命名，现在即为加利福尼亚大学的所在地。贝克莱到晚年还写了两部比较大的书，即《阿尔西弗朗》(*Alciphron*)和《色丽斯》(*Siris*)。这两部著作已经有很浓厚的宗教色彩和神秘主义色彩。他于1753年逝世。贝克莱虽然是主教，但在早年却有相当强的事业心。他也认识牛顿。他在大学任职时的笔记 *Commonplace Book* 也是很重要的书。

大卫·休谟（David Hume）1711年生于英格兰。早年聪明，很早就想做一个作家，特别是对哲学有兴趣，想在著作中表现的心很切。他在二十五岁前就开始写作《人性论》（1734—1737年）。这是英国哲学史上最伟大的著作之一。但因他急于表现自己，所以写得很烦琐、复杂，对一个问题讲得深刻而晦涩，一个论证接着一个论证，彼此没有弄得很清楚，因此非常难读难懂。加以他的著作虽然没有提出一个新的系统，但的确有新的看法、新的批判的观点，而社会上是不容易接受他的这些新看法、新观点的。由于这个原因，他的这一著作出版后读者甚少，他为此感到灰心。以后他的事业也不顺利。1744年他想谋取爱丁堡大学教授的职位，也失败了。后来他做过教师、秘书等工作。在著作上，他改变方向，写了一些比较通俗的关于政治、哲学、宗教等等的论文，其中也有好的、重要的。由于以前的失败，他很注意吸引读者，但这些论文也还没有产生结果。1748年他出版了《人类理智研究》的著作。他的《人性论》一书本来分为三部分：第一卷论人类理智，第二卷论情感，第三卷论道德。1748年将第一卷重写出版，这就是《人类理智研究》一书。

后又将第二卷写成《论情感的四篇论文》一书。第三卷则写成了《道德原理研究》一书。这些书在文字上都比过去写得好,他认为《道德原理研究》是他最好的著作,文字是写的最好的。《人类理智研究》一书对康德产生了很大的影响,但《人性论》的很多重要问题在这本书中都去掉了。如《人性论》第一卷有四个部分,第二部分论空间和时间,在《人类理智研究》中就没有;第四部分是批评过去的哲学家的,有重要的文章,在《人类理智研究》中也压缩得很短了。他在《人类理智研究》中加了两段讨论宗教问题的文字,因为这是社会上所注意的、通俗的问题。而《人性论》中第二、四部分最难读,他就压缩掉了。《人类理智研究》出版以后,已没有人重视休谟的《人性论》了。在《人类理智研究》中休谟的立场并没有改变,他最重要的著作仍是《人性论》第一卷的第一、四部分。由于这些著作的出版,休谟渐渐地知名了。到了五十岁左右他又研究历史,写了部头很大的《英国史》,此书风行一时。他五十多岁随英国驻法大使去法国,和法国及大陆的知名学者往来,他在法国也相当有名。1763年他结识了卢梭。这时卢梭已发表了《爱弥儿》、《社会契约论》,这在当时都是很革命的书。卢梭也因此为当时的反动人士所痛恨,在法国待不下去,后来就到德国去了。休谟设法把他接到了英国。但卢梭这时精神已不正常,到英国后常常同休谟吵架,两人终于分手。1776年休谟写了篇自传,同年就去世了。

  洛克、贝克莱、休谟三个人的哲学是有共同的时代学术背景的。这就是:自由主义、经验主义和主观主义。

一、自由主义

自由主义一方面是反抗权威——宗教的权威、政治上的权威、思想上独断的权威；另方面即是发展个人主义。这就是说，自由主义是从个人出发，反抗权威，反抗国教、王权，积极地发挥个人的自由。这是个人主义的时代，反抗权威是以个人的发展为根据和出发点的。这个时代注重分子、部分，注重特殊的东西。艾尔德曼（Erdmann）的哲学史（§274）说这个时代是瓦解或分裂的时代（the period of disorganization）。在这个时代里，不注重全体，不注重社会的共同生活、共同计划，而只注重个人的自由、权利和利益。这种精神在那时表现在各个方面，我们可以把它叫作个人主义或个体主义（individualism）。当时自然科学中新建立起来的近代化学，其根本的主张是"原子主义"；生物学也是从细胞、纤维出发；物理学注重分子。自然科学的出发点是注重个体，不从全体出发，这也影响了心理学。对人的心理的研究，当时在英国也很发达。贝克莱、休谟的著作都是关于个人心理的，都是从单个的单位出发，如同化学从原子出发一样。这个单位或者叫"观念"（idea）或者叫"印象"（impression）。当时心理学上最发达的一个派别就是联想主义（associationism）。洛克、贝克莱、休谟都讲联想（*洛克最初没有讲，到《人类理智论》第四版也加了一章论联想*）。因为当时的心理学是从个体出发，讲各个单位，故需把各个单位联合起来，这就得讲联想了。在政治上当时是注重排他主义（particularism），表现为极端自私自利的个人主义，国王很多是荒淫无耻，不顾公共生活，如法国国王路易十四，只顾自己，不顾大众。当时政治理论所注重的是个人的生命、财产、幸福等等，而实际政策所赏识的则是所谓"放任主义"。这种精神也就是当时的民主主义的精神。这种精神是洛克学说里很重要的东西，对后来的法国革命和北美革命都有影响。在道德、学问方面也是注重个人，尤其注重个人心理的发展。当时英国道德学家沙夫茨伯利（3rd Earl of Shaftesbury，1671—1713年）主张以个人的情感和冲动作为道德的根据，而哈奇生（Francis Hutcheson）的道德学说则以个人的良心为根据。那时最动人的书是曼德维尔（Bernard de Mandeville）的《蜜蜂寓言》（*The Fable of the Bees*），它描写了蜜蜂的社会，说蜜蜂都追求享受时，团体就非常发达，采集的东西也就很多。从蜜蜂的社会影射到人类社会，说由于人的贪心，所以人就去劳动。劳动的原因不在乎满足，而在乎不满足。故个人坏时，国家就强盛。"个人的罪恶就是公众的好处。"社会的发达表现为个人任其性而为。这本书充分表现了当时个人主义的发展。个体主义、特殊主义、部分主义，都是个人主义精神的表现。宗教上也是一样。那时宗教有两个极端（*除传统的宗教派别外*）。一方面是自由思想家（free thinkers），如英国的托兰德（John Toland）、柯林斯（Anthony Collins）等人的宗教观。但广义讲来，好多宗派都与自由思想家的宗教观具有相同的性质，即主张把宗教的基础建立在个人的理性上，不过说法不同，有的叫"内在的光明"（inner light），有的叫"内在的理性"，有的叫"宗教的直觉"，反对权威，特别是教会的权威。注重个人，注重"自然的光明",这就出现了"自然神论"(deism),它是当时最有影响的宗教理论,主张宗教从个人的理性出发,宣称宗教决不是教会及教皇的意见和命令。清教主义(puritanism)也是注重个人,主张宗教根据个人的力量,主张勤俭、节省、自己克制自己,主张"清白"(purity)。所以他们都认为宗教并不是神秘的东西,如托兰德的著作就叫《基督教并不神秘》。这些人讨论的问题都是说不可思议的事情是没有的,上帝启示的学说都受到了怀疑。另一个极端的派别,不像上述那个极端那样注重理性,而是注重神秘(mystics),如亨利·摩尔(Henry More)、库德华兹(Ralph Cudworth)。他们受中世纪神秘主义的影响,纯粹主张上帝的权威、力量,而反对教会的权威、力量。因此,这一派也和主张理性的那派一样是根据个人反对教会的权威。总之,当时在宗教上也是主张从个人、部分、特殊出发。17、18一直到19世纪的风气就是如此。但是,这并不是说这些学说完全不注意联系、全体,将一切都看成孤立。不是这样,只是就他们注意的和作为出发点的来看才是如此。他们注意在个体、个人、部分,他们都从这些东西出发,那时只有斯宾诺莎一个人注重全体,从全体出发。这种情况是同当时个人主义、自由主义的风行有关。这种个体主义也就是经验主义的来源,因为经验主义部分地就是以个体主义的本性为根据的。

二、经验主义

在17、18世纪,哲学思想已经开始脱离中世纪了。虽然当时学校里念的还是中世纪的书,学校教育也尚未摆脱中世纪的传统,但思想上却是要推翻中世纪的思想。中世纪思想的特点是叠床架屋,分析很细,理论琐碎。近代想纠正这个偏向。从文艺复兴以来,欧洲学术界就特别注重简单,由简单到复杂。如笛卡尔就反对中世纪经院哲学的三段论式的推理,认为这不能解决问题,他的方法就更直接、简单。中世纪的"形而上学"非常烦琐,每件事情都给一个解释、一个原则,不知道找出共同的原理原则以解释同一类的对象。在近代就知道从共同的事物中找出共同的原理,从而做出简单的解释。这方面最好的范例就是几何学、代数。这种精神与个体主义、经验主义又是相一致的,它影响了两个学说。一个是英国的唯名论(nominalism),一个是两个培根所代表的新兴自然科学思潮。远在14世纪英国的威廉·奥康(William of Occam)就有所谓"奥康的剃刀"(The Razor of Occam),要削除一切在理论上没有用的东西(原理、原则等):"假如我们能用少的去解释时而用了多的去解释,那就是无谓、无聊。"从这种精神出发,好多中世纪的东西就被说成不过是玩弄名词,认为中世纪那些不必要的东西只是名字,而不是真正有这种对象,所以它们应当予以取消。这就使哲学、科学脱离了宗教的束缚。这种情况的出现同自然科学的开始发展有关。当时自然科学的方法已开始不注重叠床架屋的名字,而注重事实;不注重在理性上的创造,而注重在考察事实、观察事实。早在奥康以前的13世纪的罗吉尔·培根(Roger Bacon)和16、17世纪的弗兰西斯·培根(Francis Bacon)就是这样的。他们反对中世纪的经院哲学，反对演绎。弗兰西斯·培根不但对三段论式的逻辑，就连数学也不怎么相信，而主张归纳，主张从观察事实入手，注重科学的规律、原理。总之，第一，这时的风气是注重简单，所以就注重事实、经验。第二，认为名词、原理，不必要的就不要去用，用多的不如用少的，这样就发生了唯名论，看到许多事情不过是名字，而不是对象。第三，自然的研究主张从事实出发。这是经验主义的基础。

三、主观主义

根据上面所讲，当时学术的背景是经验主义，从这里我们就可以看到这个时代的第三种精神即主观主义。所谓主观主义是指在关于外界的知识的学说中注重人的主观（human subject），注重人的方面。人的单位是个体，所以人是个体这个事实就成了出发点。例如，笛卡尔的"我思故我在"就是从个人出发的。到了莱布尼茨的单子论，单子不是物理的单位，而是心理的单位，它完全是主观的，没有窗户，自成天地，即使一切别的都毁灭了，这单位还是存在。这就是注重单个、个体到了极端。主观主义在行为方面最极端的表现就是与莱布尼茨同时的卢梭。卢梭完全注重自己，提倡绝对的个性自由，宣扬以个人为中心，一切行为均以个人的感情、兴趣、意志、利益为出发点，是最大的自私自利的人。他说他没有别的，他的特别之点就在于他有 unique，即在于他是独一无二、与众不同的。

知识论上的主观主义与当时自然科学的观点有密切的关系。近代心理学上有所谓"生理的相对主义"（physiological relativism），它是近代自然科学采用的基本观点，而这个观点本来也就是从常识出发的。我们对于对象有一知觉（percept），如在对象与知觉之间置一蓝镜或黄镜，我们就有一蓝色或黄色的知觉；同样地，对象经过人的眼睛（感官）就得到一种由感官而来的特色。这样，对象和知觉就都是相对的了，即是说它们是根据于我们生理上的构造，是经过我们的感官而多方面改变了的。从这个意思就推出来，外界的对象不是我们心理的对象，可是这个心理的对象也不是我们的知觉直接得到的，而是经过我们的生理构造所改造过的。因此，我们所知觉的不是外界的对象，而是对象的代表。自然科学根据这种观点建立起科学的基本理论，认为人所听到的声音，从对象上来讲不过是声波经过感觉器官的改造后的声音，我们听到的是声音，不是声波，虽然声音是根据于声波的。伽里略说热是物理的一种运动，但热的知觉却犹之乎感觉上所有的痒一样，并不是在物理的对象上有此痒，这就是生理的相对主义。从这种生理的相对主义就产生了知识论上的主观主义，即认为我们对外界的知识是限制在主观之内的学说。正因为如此，所以主观主义也被称为心灵主义或精神主义（mentalism）。心灵主义引起的最重要的后果就是数学的宇宙观（the mathematical conception of universe）。它要求把我们知觉的世界和失去了精神方面或心灵方面的影响的（despiritualized）世界分开。精神方面的影响是指属于知觉的东西（*如色、声、香、味等感觉性*

质），只有摆脱了精神方面的影响的世界才是真正客观的物质世界。物质世界是由物质构成的，而物质的本性或本质属性是广延性或可以计算的性质。物质是在空间里运动的，这种物质的运动也是可以计算的。所以，物质世界或物理世界就是一个可以由数学计算的东西。显然，从哲学上看，这种数学的宇宙观基本上就是一种主观主义了。它虽然不否定物质世界的客观存在，但认为我们通过知觉所得到的都没有客观实在性，都不是客观世界本身的性质，世界的物理性质或世界的各种客观实在的性质是只有理性即数学才能予以确定和认知的。按照这种看法，物质世界的存在在笛卡尔这类哲学家那里，由于他们主张理性是我们知识的基础，还不致发生问题。但到了经验主义那里就不同了，经验主义把理性放在第二位，于是物质世界在哲学上就发生问题了，就是说，物质世界便动摇了，要归于毁灭了。到了休谟，就更走到了极端，不仅物质世界没有了，我们只在人的主观内兜圈子，不能离开人的主观的范围，甚至连我们自己的自我（ego）也成了问题。

上述生理相对主义、心灵主义、数学的宇宙观都是近代科学最有影响的学说，并为当时的哲学家如笛卡尔等所普遍接受。依据生理的相对主义或心灵主义，外部世界当然就不是靠我们的经验能知其存在的了。通常我们以为靠经验可以知道外部世界的存在，实际上我们所见到所听到的并不是外部的对象，而是经过我们的生理构造所改造过的心理的对象。因此，例如，在笛卡尔那里，对象（object）这个字是指知觉（percept），在洛克的《人类理智论》里这个字是指观念（idea），都不是指外界的物质的对象。我们断定物质的对象或外部世界的存在，不是从经验上来断定，而是以理性为根据的。物质的世界有变化，这种变化提高到规律，便是自然律，它以因果性（causality）为根据，而这也不是从经验来的，而是由理性得到的。另方面，在知觉之内还有自我，自我不是自然科学的对象，但自我的存在，据笛卡尔所说，也不是以经验为根据，而是根据理性，"我思故我在"。物质实体的本质是广延，其余的知觉等于对象是属于人的心理方面的。故前者为"第一性质"，后者为"第二性质"。这种分别也不是根据经验，而是根据理性的。

一开始我们就指出，英国经验主义和大陆理性主义都是承袭笛卡尔而来的新哲学。那么，从笛卡尔到休谟的哲学进程究竟是怎样的呢？

笛卡尔是近代第一个哲学家。他接受了自然科学关于宇宙的基本看法，又接受了文艺复兴的精神——反对过去的权威，反对教会的权力，注重个人的理性。这就是近代精神的开始：一方面是自然科学的世界观，一方面是人的发现。这样就构成了笛卡尔的哲学。这学说传到了英国，英国的经验主义者首先是洛克，继承了这个学说。洛克本人虽是相当温和或调和，但他也反对权威，政治上反对王权，宗教上反对教会，经济上主张自由竞争，在思想上则认为不能不经过检查、批判而随便地听信别人。洛克（*其他英国经验主义者都一样*）并不讨论宇宙观，不研究"形而上学"。但他研究自然科学、知识和人的心理，在这种研究中他以为一切论证都应以经验为根据。这样,他一方面主张全部接受自然科学、笛卡尔的宇宙观,但另方面又主张要根据经验,一切要有经验的根据。我们知道,笛卡尔的宇宙观,他的"形而上学",他关于自我、外部世界、因果规律等等的客观存在的论断都不是以经验为根据,而是以理性为根据。现在,洛克要求一切立论都要以经验为根据,这样一来,他就发现笛卡尔的"形而上学"有好些是有问题、站不住脚的。所以,外部世界的问题在洛克那里就已经发生了。到了贝克莱那里,他发现第一性质和第二性质之间并没有绝对的分别,而由于广延(extension)发生问题,实体(substance)也就随之发生了问题。因此,贝克莱在他的第二部著作《视觉新论》中就放弃了实体。到了休谟,他认为古代哲学是根据实体来的,近代哲学是根据第一性质和第二性质的分别来的。他对实体和第一性质都发起了攻击,他还非常彻底地认为因果性作为一个理性的原则当然也是没有经验的根据的。这样一来,他就使因果性发生了问题,而由于因果性发生了问题,自我也就随之发生了问题。总之,笛卡尔的宇宙观的"形而上学",经过洛克经验主义的批评,经过贝克莱的主观唯心主义,到了休谟的怀疑主义,就整个儿地破产了——物质垮台了,物质的实在垮台了,因果规律靠不住了,连心理的自我也都垮台了,人类知识再也没有出路了。与此同时,从洛克到休谟的这种经验主义的知识论,这种对知识的经验主义的批判,也就不能不随着一起破产。这样,康德就不得不出来重新检讨或批判地考察一番,看看人类知识到底有没有出路。

简单地说，近代开始时自然科学和笛卡尔的宇宙观和知识论本来是以理性为根据或基础的。当这学说传到了英国以后，由于洛克等人主张一切要以经验为根据或基础，因而这种宇宙观就不能不发生变化。这是我们所要阐明的主要意思。

根据这个基本的思想，我们在探讨洛克、贝克莱和休谟的经验主义哲学时，首先是要讨论他们的知识论（特别是关于他们讨论问题的方法，他们关于知识的来源和构成的观点），然后是这种知识论之用于"形而上学"的几个主要范畴上：外部世界、上帝的观念（上界）、内心的自我、空间和时间、因果性等等，正是在这里出了毛病，发生了问题。再次是他们用这种知识论于知识和世界的关系，都各有他们的真理论。最后归结到讨论如何由大陆理性主义和英国经验主义的对立而达到康德的批判哲学的问题。

（本文为听课笔记，后辑入《汤用彤全集》第5卷，河北人民出版社2000年版）

1893—1964

汤用彤:《欧洲大陆理性主义》导言

一、理性主义

在康德以前,欧洲的哲学,一为英国的经验主义,一为大陆的理性主义。这里所说的理性主义就是理性主义的哲学。

"理性主义"这个词现在还在用,但在以前,16 至 19 世纪,它是常用词。而且理性主义有很多意义,它的用法我们不太知道,但念书时,我们能知道如何用的有:

(一)普通的用法:如在文化的别的方面所用的。

在 17 至 19 世纪,人们常用理性来进行批评,特别是来批评坏的。批评总以理性为指导,理性是与自由思想、启蒙,特别是对当时宗教的破坏的态度相联系的。不但理性主义者是如此,就是英国的经验主义者也是如此。不但笛卡尔是自由思想家,洛克也是自由思想家。参考 H. 勒克(Lecky)的《理性主义史》(*History of Rationality*)。但宗教上有的是信仰,而不是理性,对这些的批判为理性主义。

(二)所谓真正的理性主义,它有两个方面:

（1）以理性为根据，对一切东西的解释都要理性化，不但每一件事要有一个解释，而且要给它一个理性的解释，故只有理性才是标准，以理为宗，不合理性的为虚妄。由这方面看，经验就没有地位了。

（2）在本体论、形而上学理论中的理性主义。理性主义在宇宙和本体论上有它的地位：①理性等于上帝，在古希腊是至高无上的主宰。②理性的对象与实在的同一。看到宇宙的实在，它一定是理性的对象。

例如，物质等于广延，而广延是理性的对象，讲到实在就是讲到理性对象中的实在。

数学所得到的是理性主义所承认的。

贝克莱：物质＝广延；

洛克：物质＝固体性。

贝克莱证明了广延不是经验的，而是理性的。

我们这里所讲的"理性主义"不是作为一种方法，而是要认为：理性的对象与实在是同一的。

这种哲学是与近现代科学同步发展起来的，但新哲学是受到科学的影响的。

二、新哲学的背景

（一）学［经］院主义。笛卡尔、斯宾诺莎、莱布尼茨的理论都与学院派有关系，现在有很多人研究这种关系，如吉尔森（Gilson）

研究笛卡尔与学院派的关系，伍尔芙森（Wolfson）研究斯宾诺莎与学院派的关系等。

笛卡尔为欧洲新哲学最初的一个人，其新何在？其新在于：中世纪的哲学中也有很多很好的哲学家，有很多人对哲学有很大的建设，但中世纪学院派的整个哲学有一个毛病，就是有很多成见，有很多没有经过考察的先见，这是培根所反对的思想上的偶像。但培根进行反对的根据，至少有一部分是经验。对于培根，笛卡尔是很佩服的。他听到培根去世，很惋惜。但笛卡尔与培根是两样的，因培根是英国经验主义的开路先锋。笛卡尔像培根一样，反对偶像，但他是根据另一个观点来反对，即根据从很明白清晰的观念出发演绎出来的整个哲学系统来推翻成见。

从另外一方面说，笛卡尔是整个地接受了当时的自然科学学说，这就是关于数学的宇宙学说。照这个学说，整个宇宙为机械的，一切东西都可还原于广延以及它的变相。广延有很多变化，因为它的形式、可分性、运动不同。人的身体也是如此。一切自然现象的变化都是它的部分之间关系的变化或就是形式的变化，这种部分之间的关系的变化是量的变化，而不是性质的变化。

（二）怀疑主义。在笛卡尔以前，法国因为新旧之争，在思想界流行怀疑主义，尤其是在文学界更为厉害。这对于笛卡尔有很大的影响。怀疑派的主要人物是蒙田（Montaigne）及其门徒沙朗（Charron）。科学的起源固然根据经验，但也是从对感觉经验的怀疑得来的。感觉经验是大家共有的，但大家都以为理性靠不住。所以蒙田不但对于感觉怀疑，而且对于理性亦加以怀疑。他只相信他自己是最靠得住的。沙朗写过一本名为 *On Wisdom*（《论智慧》）的书，整理了蒙田的思想，以为一切都是值得怀疑的，但对 self-knowledge（自己的知）认为是不可怀疑的。笛卡尔的"我思故我在"显然是受了他们的影响。

（三）科学思想——二元论。从方法上讲，用理性解释世界是对的，但科学研究的结果往往产生二元论。科学研究的对象是物质。科学说：物质、身体都研究清楚了，并得到了正确的结论。但心灵（mind）、灵魂（soul）等就能弃之不顾吗？显然，心灵、灵魂、上帝与科学冲突，在这冲突中自然而然地产生了二元论。

自然科学发达以后，对心理活动和身体活动便有了完全不同的看法，由此产生的心身二元论（dualism of mind and body）的思想，是最影响笛卡尔哲学的了。从科学的发展可知，心理活动（mental activity）与身体活动（bodily activity）是不一样的，身体活动是和外界的（external）物理活动（physical activity）一样的。威廉·哈维（William Harvey）证明血液循环与外界的物理活动是一样的，外界的物理活动与身体活动是有连续性的，中间没有隔阂。

在中世纪，当时的学者认为，一切物理的变化要按照人的身体的变化去解释，皆有生、传、衰、灭。在自然科学发达以后，最重要的便是说明了：物理的变化是不生不灭的，是不可以依照人的身体的变化去解释的。故有人说，科学把物理的世界从人的变化中解放出来，而成了一个"不生不灭的自然界"，这样，物理变化就与生物的动作的性质不相同了。再往后，则将人的身体活动也划分到物理变化的范围中去，除了心理活动以外，一切东西都有一个性质，就是连续。这样就把心理的活动逐出物理世界之外。物理世界的一切都是空间——时间的变化，一切物理变化只是部分的变化（change of parts），心理活动则是超越空间、时间之上的。所以，心理变化与物理变化是不一样的。

因此，科学家们大都持二元论的主张：从人看，有身体与心理的分别；从宇宙来看，则是精神与物质的区别。

这种学说最重要的问题是对于外界对象的知觉问题。

伽里略（Galileo）在讨论人的身体的感觉时，就提出过这样的问题：我们如何知道外界？物理的东西与我们接触后，如何变成我们的心理活动？

科学家的影响促成了哲学上二元论的建立。

正因为心理与物理的世界是两个世界，所以我们对于世界的认识亦与常识不同了，"我们不能够直接地知道对象"。即：①知觉是间接的（perception indirect）；②对象是独立的（object independent）。例如热，我们所知的不是热的物质，而是感觉材料（sense data）。

我们真正的知觉对象是感觉材料而不是真正的外界。

这种学说相信外界是独立存在的，故这种学说叫作表象实在论（Representative Realism）。它在心理的世界外，承认有个独立的超心理的东西存在（extramental）；我们对于外界只是间接的知道，而不能直接知道；我们只知道一物的代表，而不知其本体；心理的对象与外界物理对象并不是一个。

这种学说有一定的主观主义的色彩,因此,发生了很多问题:心理的东西因人的不同而不同,故我们有什么理由可以说两个不同的人所知的外界的对象为一个?

（本文为听课笔记,后辑入《汤用彤全集》第5卷,
河北人民出版社2000年版）

学 大合

第四篇
康德、黑格尔哲学
德国古典哲学三讲

1937—1946

1895—1990

冯友兰：康德的批判法

休谟的经验主义及怀疑论把康德从"武断的迷睡"中唤醒。但康德是拥护形上学底。他创立了一个形上学的新法，这就是他的批判法。

康德的名著《纯粹理性批判》的本来底目的，就在讨论形上学的方法，在其第二版序言中，他说："这是一个讲方法底著作，不是那学问（形上学）的系统的本身。不过这个著作，也同时对于那学问的限制及其他内部组织，制定了一个全部计划。"他又写了一本书。题名为《任何将来底形上学的前论》（以下简称《前论》）。这部书实是《纯粹理性批判》的一个缩本。它的题名意思是说，任何将来底形上学，都必须合乎他的这部书所提出底先决条件。

在《前论》中，康德先讨论形上学的性质，他说：一门学问的特点，在于其所研究底对象，与别底学问不同，或其知识的来源不同，或其知识的种类不同，或此三者均有不同。

就形上学底知识的来源说，康德说：形上学一概念，即涵蕴其知识不能是经验底，其原理不能从经验得来。它们不能从外面底经验得来。若其如此，它们即是物理学。它们也不能从内部底经验得来。若其如此，它们即是心理学。它们必须是先验底知识。（《前

论》，Paul Carus 英译本，第 13 页）

就形上学底知识的种类说，康德说：形上学底判断，正常地说，必须是综合底。我们必须分别，有关于形上学底判断，及正当底形上学底判断。有关于形上学底判断之中，有许多是分析底，不过这些判断，只能作为形上学底判断的工具。形上学底判断，是形上学的目的之所在。这些判断，都是综合底。因为有些关于形上学底概念（例如本体），从简单地分析这些概念而来底判断，亦是有关于形上学底，例如本性是只存在为主体者，这是一个分析判断，我们用如此底分析判断，以求一个概念的定义。不过这一种分析，对于经验底概念，亦同样适用。所以这种分析，不是正当底形上学底，虽然所分析底概念，可以是形上学底。这种分析，是各种理性底学问所同有。形上学如为一门学问，必须有其不同之处。比如说，事物中底本体，是常有底。这是一个综合命题，是正当底形上学底命题（同上书，第 22—23 页）。

照着这两个标准，所谓正当地形上学底判断，必须是先验底而又是综合底。这种判断底可能，康德以为是不成问题底。因为照他的看法，纯粹算学及物理学底命题，都是先验综合命题。他的问题是：这种命题若何可能？

纯粹算学中底命题之所以可能，因为这些命题并不是对于概念作分析，而是对于时间空间作一种综合底构造。时间空间是一种知觉的形式。所以纯粹算学中底命题，都是先验底。所有底经验，都必须经过时间空间的形式，所以纯粹算学中底命题，都是客观地有效底。

一个判断，若是只对于作这个判断者有效，康德说是主观底有效。若是对于任何人都有效，康德说是客观地有效。说一个判断是客观地有效，就是说它是必然地普遍底。客观地有效，及必然地普遍，是相等底名词（同上书，第56页）。

所有底经验，皆必须在知解的范畴之下，始能成为经验。所以没有不在范畴之下底经验。范畴不是从经验来底，所以是先验底。纯粹自然科学中底判断，都是经验判断。这种判断中，有这种范畴，以为其成立的条件，所以这种判断，是先验综合底判断，它的有效，是客观底，必然底。康德的说法，正与休谟相反。照休谟的说法，科学中底概念规律是从经验得来底。照康德的说法，经验是从这些概念规律得来底（同上书，第73页），知解并不从经验中得到规律，而是为经验制定规律（同上书，第82页）。

一切先验综合原理，都不过是可能底经验的原理。与物之自身无关。只与作为经验的对象底现象有关。纯粹算学与纯粹自然科学，都只与现象有关（同上书，第73页）。纯粹算学的安全及确实，是在于它的自明。纯粹自然科学的安全及确实，虽然是从知解的纯粹来源生出，但也靠经验及在经验中底证实。形上学是与纯理性的观念打交涉底。纯理性的观念是不能在任何可能经验中得到底。因此它的客观底真实（就是它不仅是空想），及形上学的肯定的真假，是不能在经验中发现或证实底（同上书，第91页）。

每一个经验，只是可能底经验的全体的一部分。但可能底经验的绝对全体，并不是经验。而这却是理性的问题。仅只提出这个问题，就需要与知解范畴不同底观念。因为这些范畴只能用于经验之内，只与经验有关。理性的观念的目的，在于完全，在于可能底经验的全体的统一，所以它就超越了任何经验（同上书，第92页）。

知解中有范畴，理性中有观念。所谓观念，就是必然底概念，其对象不在经验中。知解的概念出现于经验中，其原理亦能为经验所证实，但理性的观念不在经验中，所以也就是经验所不能证实，也不能否认底命题。所以这些观念最容易不自觉地走入错误底路。其错误在于以思想的主观条件，作为对象的客观条件；以满足我们的理性底假设，作为武断底真理（同上书，第117页）。以仅只是理性的观念，作为客观底对象（同上书，第99页）。这就是所谓理性的辩证底使用，由此生出武断底形上学。

理性的第一个超越底观念，是心理底观念。理性要求完全，所以它为每一个客词，找一个主词（*这就是说，为每一个性质找一个主体*），它所找到底主词，仍可为客词。它就再为它所找到底主词找主词。如是依次找去，至于无穷。因此我们不能执定任何一事物，作为最后底主词。我们的知解，对于所谓本体，也不能有所思。因为知解用思，必依概念，依概念底思，所得只是客词。所以知解决不能思及绝对底主词（同上）。

有些人以为，在我们之内有所谓"我"或所谓灵魂，或所谓思想的主体。在我们之外，有所谓物体。"我"是内底直觉在时间中底对象。物体是外底直觉在空间中底对象。有些人以为这都是所谓本体。但是所谓"我"及所谓"物"既是在时空之内底,即是在经验中底。它们即只是现象,不能是绝对的主体,不能是本体,不能是物之自身(同上书,第103页)。

所谓灵魂常存,是不能证明底。因为所谓常存,只是就可能底经验说。生命是可能底经验的主观条件。所以我们只能推论灵魂在我们有生命的时候常存。因为一个人的死,是他的可能底经验的终结,我们只能证明一个人的灵魂在他活着的时候常存,不能证明于他死后常存,但是后者正是一般人所希望底(同上书,第101页)。

理性的第二个超越观念是宇宙论底观念。因为理性的观念是超越经验底。当成命题看,是不能以经验证实或否认底。所以在形上学中,有些矛盾底命题,虽相反而彼此皆不足以相胜,这就是康德所谓矛盾对立。照康德的说法,在形上学的宇宙论中,有四矛盾对立。其第三就是所谓自由与必然的矛盾对立。

照康德的说法,所谓自由必然,若都是就其现象说,或都是就物自身说,则第三矛盾对立中两方面的命题的矛盾,是不可避免底。但若自由是就物自身说,必然是就现象说,则这两个方面的命题的矛盾,是可以避免底(同上书,第111页)。

一个原因,发动一个结果,这个原因,又为其原因所发动,这就是所谓必然。但是一个没有原因底原因,虽然发动结果,而其本身却不为另一原因所发动。这就是所谓自由。被发动者总是在感觉世界中,但没有原因底原因,则可视为出于物之自身。我们假设,物之自身,可对于现象有所发动。其所发动者,是在自然的因果关系中，但发动者则是自由底。所以必然与自由，可以归于同一事物，而不相矛盾。因为这是就不同底关系说，一方面是把它当成现象，一方面是把它当成物自身（同上书，第112页）。

我们人有一种官能，能使我们的行为，为其所当为。这种行为就其亦是现象说，亦受自然的必然的支配。但就其只依理性而为其所当为说，这种行为是不受支配而是自由底。

理性的第三个超越观念，是神学底观念。理性要求完全，所以它要求有一最初底，完全底"有"，以为一切事物的可能及实在的根据。这最初底，完全底有，就是所谓上帝。关于上帝的存在，一般底形上学家及神学家有三种证明，也就只能有三种证明。这三种证明是：（一）物理神学底证明，（二）宇宙论底证明，（三）本体论底证明（《纯粹理性批判》，史密斯英译本，第500页）。证明虽有三种，但究其来源，物理神学底证明，还是依靠宇宙论底证明。宇宙论底证明，还是依靠本体论底证明。所以如果上帝存在的证明是可能底，本体论底证明是唯一底证明。（同上书，第524页）

所谓本体底证明，是从上帝的观念，推论上帝的存在。这样推论，大致是说：上帝是绝对地完全，绝对地必要底。既是如此，所以它必定存在。康德说：我们可以对于一个概念，作一个文字底定义，说它是一个甚么，其不存在是不可能底，我们这样办，是没有甚么困难底。但是这种办法，并不能使我们知道，所以使一事物的不存在为不可想象的条件。这种条件，正是我们所要知道底。惟有知道这些条件，我们才可以决定，我们是用这个概念思想点甚么。

如其不然，用这个概念，我们实在是甚么都没有思想。（同上书，第501页）

一个绝对地必要底"有"的概念，如果我们拒绝了它的存在，我们也拒绝了这个"有"及其所有底性质。这并没有甚么矛盾。"上帝是全能底"，这是一个必然底判断。如果我们已承认上帝存在，我们就不能不承认它是全能底。如果我们说没有上帝，那也就没有"全能"及任何别底客词。这些客词是与其主词同时被拒绝了（同上书，第502页）。

"存在"并不是一个真的客词。这就是说，它并不是一个甚么东西的概念，可以加上于一个某东西的概念。它只是一个事物的建立。譬如我们说："上帝存在"，我们并没有于上帝的概念上，加上甚么，只是建立这个主词及其所有的客词，只是为我们的概念，建立一个对象。概念与其对象的内容，必须是一致底。一百个真底钱并不比一百个可能底钱多一个。但是我如果有一百个真底钱，我的财政状况，必与我只有一百个钱的概念，大不相同。因为一个事物的存在并不分析地包括于我的概念之中，而是综合地加上于我的概念。但是概念中底一百个钱，并不因为有了存在而其数目有所增加（同上书，第505页）。笛卡尔就是用本体论底证明，以证明上帝的存在。他的精力是枉费了底。我们不能仅靠观念以增加我们的智识。正如一个商人不能靠在他的账上加几个圈，以改善他的地位（同上书，第507页）。

武断底形上学武断地肯定上帝存在，灵魂不灭，笼统地肯定意志自由。这都是理性的错误。这些错误,起于理性底辩证底使用。康德说:我们对于理性底批判工作,就是要在原则上决定理性的使用的界限(《前论》,英译本,第121页)。界限与限制不同。界限是一个积极底观念。它表示界限之外,还有些甚么,不过不在界限之内。限制是一个消极底观念,只是一种否定,只是表示不完全。我们的理性,在它的界限上,看见有物之自体的余地,不过关于物之自体,我们不能有观念。这就是说,我们被限制于现象(同上书,第122页)。

界限是属于界限之内底,也是属于界限之外底,这就是说,它是界限之内底甚么的界限,也是界限之外底甚么的界限。所以对于界限底知识,也是一种积极底知识。理性有了这种知识,它即不自限于这个界限以内,也不超过这个界限以外。但只要决定界限以外底与界限以内底,二者之间底关系。这是对于界限底知识,所最宜于作底。这是理性在经验中,完全底,最高底应用(同上书,第133—134页)。

理性带着它的先验原理,只能使我们知道可能底经验的对象。关于这些对象,我们只能知经验所能知者。不过这个限制,并不能阻止理性领导我们到经验的客观底界限。领导我们到有关于有些甚么,它不是经验的对象,但是所有底经验的根据。不过理性不能使我们知道那些甚么是甚么,但只表示它在经验中底,完全底,最高底,应用而已(同上书,第134页)。

界限以外底虽不可知,但为使我们对之有某种观念起见,我们不妨对之有所假说。不过于说时，我们须知我们的假说，只是假说，只是一种象征底说法，只是与言语有关，并不是与对象本身有关（同上书，第129页）。这种假说的根据，是由于类推。例如我们说，世界是最高底理解，及意志的作品。我们若以此说为真底，则即是所谓拟人主义。但我们若以此说为假说，我们如此说，不过是说，一表，一船，或一军队，与表匠，造船者，及司令官之关系，有如感觉世界与"不可知"之关系。我们也并不是说，其关系真是如此，不过是说，对于我们感觉世界与"不可知"之间，关系是如此。如此说，则即是象征底拟人主义，不是拟人主义（同上）。

又例如我们可以假说，世界的存在及其内部组织，是由一最高理性来底。如此假说，不过是说，这个最高底原因，对于世界底地位，有如人的理性，对于人的作品底地位。最高原因的性质，是不可知底。我们不过是将它的结果（*世界之秩序*）及其结果之合理性，与人的理性的结果，相比较。这两种结果，都是我们所知底，所以我们也称这个最高底原因为理性，这也不过是如此假说而已。并不是将人之所谓理性，或其他我们所知底甚么性质，作为最高原因的性质（同上书，第132页）。

康德说：休谟说"不要将理性的使用，武断地带到一切可能底经验以外"。此原理外，另有一原理，休谟未及注意。这就是："不要以为，在理性的眼中，经验的地域，是一个自限底范围。"把这两个原理联合起来，《纯粹理性批判》，在武断主义与怀疑主义中间，得了一个真正底中道。武断主义是休谟所反对底。怀疑主义是他所要以替代武断主义底。这个中道,并不是如别底中道,只于两极端各机械地取一部分。这个中道,是照原理确切地决定底。

纯理批判是形上学的方法。康德说:批判,也只有批判,包含有,整个底,已证明已试过底计划,及一切方法,为完成一个科学底形上学所必需者。用别底方法,走别底路,是不可能底(同上书,第140页)。

纯理批判,也是批评形上学的标准。康德说:要人放弃形上学的研究,正如要人,为避免吸入不净底空气,而停止呼吸。将来总是要有形上学底。不过形上学没有大家公认底标准。所以每一个能反思底人,都有他自己的形上学。以前所称为形上学者,皆不能满足批评底心。但完全不要形上学,亦是不可能底。所以《纯粹理性批判》,要试建一个批评形上学的标准(同上书,第142页)。

其实《纯粹理性批判》,实在已建立一新形上学。这就是武断主义与怀疑主义中间底一个形上学。康德说:批判对于各派底形上学底关系,正如化学与点金术底关系。正如天文学与星相家的天象学底关系(同上书,第140页)。

康德并不是反对形上学,也不是要取消形上学。他是从休谟的经验主义中,救出了形上学。在西洋哲学史中,他为形上学立了一个新方法,这就是我们所说,形上学的负底方法。他对于科学算学底理论,都是对于科学算学的有效性,加以限制,为形上学的对象,留一地步。形上学的对象,是不可知底。一知就成了科学算学的对象了。不可知所以亦不可思议,不可言说。但是说它不可思议言说，已经是对于它有思议言说了。这就是用负底方法讲形上学。

不过这是我们的看法。康德对于这一点，并没有充分底自觉。他并没有明说："不可知"是形上学的对象。他对于上帝存在，灵魂不灭，意志自由，三大问题，有很大底兴趣。在《纯粹理性批判》中，他以为，肯定上帝存在，灵魂不灭，意志自由，固是理性的辩证底使用；否定上帝存在，灵魂不灭，意志自由，也是理性的辩证底使用。因为肯定固是肯定，否定也是一种肯定。形上学的任务是讲上所说底假说，而同时又知其为假说。照这一方面说，康德还是用形上学的正底方法。他不自觉地发现了形上学的负底方法。也正因为是不自觉地，所以他没有充分利用这个方法。

海格尔自以为他发现了一个真正底哲学方法。他说：经验科学的方法，是尽其力之所能，对于其所有底材料，作定义及分类。纯粹算学的方法，是只关于抽象底东西，及量底决定者。斯宾诺莎、吴尔夫及另有些人，误以纯粹算学的方法，应用于哲学。因此以后哲学没有发现它自己的方法。哲学于没有方法的时候，只可借用算学的方法，或求助于经验科学的方法，或逃避于反对所有底方法。逻辑的本身，显示可以成为哲学的真正方法者。逻辑的内容的内部底，自发底运动所取底形式，对于这种形式底意识，就是方法。海格尔说，在他的《心的形态学》里，他将这个方法，应用到一个具体底东西，那就是意识。意识的每一样式，于实现它自己之中，取消了它自己，以它自己的否定，作为它自己的结果，如此进步为一较高底样式。我们欲使科学进步，我们必须知道一个逻辑底格言，那就是：否定是否定，也是肯定。一个自相矛盾者，不是消释它自己于抽象底无有，而是消释它自己于它自己的特殊内容的否定。这否定不是一个包罗一切底否定，而是一个确定底甚么的否定。这个确定底甚么，取消了它自己。所以这个否定是个确定底否定。所以结果包括了它所自来。结果是一否定，因为否定是一确定底否定，所以结果是有内容底。这是一个新底概念，比它以前底概念较高较富底概念。因为它否定了，反对了以前的概念，它也就因此更加充实了。它包括了以前底概念，它所包括底比以前底概念多，因为它是以前底概念及其反对的统一。顺着这个路线，概念的系统，建筑起来，以不可遏止底趋势，至于完成。绝不需要，也不容纳，外来底因素（《大逻辑学·绪论》，英译本，第64—65页）。

这就是海格尔的有名底辩证法。他说，这个方法，在其细节，也许有可以修正或再发挥之处，但是他知道这是一个真底方法。这个方法，与它的对象及内容，是没有分别底。凡不合乎这个方法的途辙底，都是不正确底。因为这个途辙，就是事物本身底途辙（同上书，第65页）。

海格尔虽称这个方法为哲学方法，但并不是我们所谓哲学方法。照我们所谓方法的意义，这是一个哲学原理，并不是一个哲学方法。若果它是一个哲学方法，它的途辙，不能就是事物自身的途辙。它是"若何知道事物自身的途辙"的方法。

海格尔的《大逻辑学》的第一章的题目是："逻辑学必须用甚么开始？"在这一章里，海格尔所讨论底，是我们所谓哲学方法。

他说：直到近来，人才觉得，在哲学中找一个开始，是一个困难。有这个困难的理由，及解决这个困难的可能，近来已有很多底讨论（《大逻辑学》，英译本，第79页）。海格尔也要解决这个困难。在解决这个困难中，他表示出他所用底哲学方法。

他说：哲学所用以为开始者，必须是在纯粹底知识范围之内底。所谓纯粹底知识，就是"自由地为它自己存在底思想"（同上书，第80页）。纯粹知识的内容，即是纯粹底有。纯粹底知识，就是仅只是纯粹地抽象底知。纯粹底有，就是仅只是普遍底有。有只是有，没有别底决定或内容（同上书，第81页）。哲学的这个开始，只需要一个决意，决意把思想当成思想。这个开始，必须是一个绝对底，或者可说是抽象底，开始。它必须不需别底先决条件，必须不是间接底，必须不要别底以为其基础。而其本身即是这个全学问的基础。它必须是个直接底甚么，或可以说，简直就是直接的自身。它不能有任何与非它自己底"他"有关底决定。所以它自己不能有何决定或内容。如果如此，那就有分别而是间接了。因其无分别，不是间接，所以是纯粹底有（同上书，第82页）。

海格尔说：绝对底真理，必须是一个结果。哲学中底前进，实在就是后退，就是回到它的开始。在哲学中，开始底也就是最后底，最后底也就是开始底（同上书，第83页）。海格尔的这些话的形上学底意义，我们不论。就方法说，所谓纯粹底知识及纯粹底有，都是我们对于事实上底知识及事实上底有，作逻辑底分析得来底结果。纯粹底知识是仅只是知识底知识。纯粹底有是仅只有底有。这都是事实上所没有底。我们对于具体底事物，作逻辑底分析，去其所有底分别（即所谓决定），这就得到纯粹底有。对于具体底知识，作逻辑底分析，去其内容，只剩纯粹底有，为其内容，这就得到纯粹底知识。所以纯粹底有及纯粹底知识，都是逻辑分析的结果。逻辑分析的最后所得，又是哲学的开端。

在他的《心的形态学》中，海格尔也讨论到我们所谓哲学方法。在这部书的绪论的结尾，海格尔说：在说明这部书所要探究底以后，还要说一点怎样进行探究的方法。这部书所要探究及考查底，是知识的真实。在作探究及考查之先，我们似乎先需要有些先决定底，以为标准。因为考查就是应用一个先决定底标准于所考查者，将所考查者与标准比较，看其是否符合，以便决定其是否正确。但是因为我们所考查底是知识，所以我们不能有甚么先决底，以为标准（《心的形态学》，英译本，第139页）。同时也正是因为我们的研究的对象的性质，所以不需要于意识之外，另识甚么先决底，以为标准。意识在它自身中，供给它自己的标准，我们的探讨，就是将它自己比较它自己（同上书，第140页）。意识在一方面是它的对象的意识，一方面也是它自己的意识。它意识甚么是真底，也意识它知道甚么是真底。这个同一底意识，决定并且知道对于对象底知识，是否与对象相符合。这个对象固然只是如意识所知者。意识似乎不能到其所知的后面，知其对象的本身。因此似乎不能以对象的本身为标准，以考验知识（同上书，第141页）。假使此二者能够比较，而见其不相符合，意识似乎必须变更其知识，以迁就其对象。但是其知识若变更，其对象也就随之变更，因为知识就是对于对象底知识，而对象也就是属于这个知识底对象（同上书，第142页）。经过这个程序，所谓对象的本身，就不是对象的本身，而只是如意识所知者（同上书，第143页）。因为意识所知者，只是如其所知者，所以意识知道甚么是真底，而又知道它知道甚么是真底。

海格尔于此所讨论底方法是反观法。上一段所说，海格尔所讨论底方法是逻辑分析法。海格尔的形上学，也用此二种方法，但不是严格地用此二种方法。他的有名底辩证法，不是用逻辑分析法可以得到底，也不是用反观法可以得到底。至于说有宇宙底心，自然及历史都是宇宙底心的发展的表现，更不是用此二种方法所能得到底。

康德以为"世界是最高底理解及意志的作品"，"世界的存在及其内部的组织是由于最高底理性"，都只可作一种假说。假说只是假说，但是海格尔将此种假说坐实。他将康德的假说坐实，正如亚力士多德将柏拉图的类型说坐实。坐实即对于实际有所肯定，不合乎空灵的标准。

（原载冯友兰：《新知言》，商务印书馆1946年版）

1902—1992

贺麟：黑格尔

黑格尔于 1770 年 8 月 27 日，生于德国南部之苏边区（Swabia）。他比歌德小二十一岁，比费希特小八岁，比谢林大五岁。歌德是德国中部人，而性亦中和；费希特是北方人，而性亦较严厉；黑格尔是南部人，与席勒和谢林都算是小同乡。据说苏边地方的人有种特性，就是一方面工于实际打算，一方面又虔诚信天，且富于玄思与幻想。以年龄及接受康德学说之先后论，费希特均在黑格尔之先。不过本文目的在叙述他们当国难时的经过与态度，而黑格尔是当时法军侵德之被难者，费希特乃事后的救难者，故以先叙黑格尔为较适宜。又因据普通关于艺术的分类法，多以诗歌为时间的艺术，以散文及小说为空间的艺术，而认戏剧为兼时空的艺术。故依逻辑次序，似宜先叙代表时间艺术的生活的歌德，次叙述其性格代表空间艺术的黑格尔，然后方及其性行代表时空艺术之合的费希特。还有一层：要领略诗歌，我们有时只需读其一二首或一二句即行，但是要了解一篇散文或欣赏一个剧本，我们就非明了其整个的结构，或全体的关系不可。所以我们要想了解黑格尔及费希特处国难时的态度，我们须得通观他们全部生活之前前后后。不然，假如仅就事论事，恐怕难免仅见其偏不见其全，而不能看出该事之意义与价值。

我们说黑格尔的为人是散文式的，意思是说他这个人是足踏实地，平常无奇，不好高骛远，不浪漫，少风浪。但我们须知这种性格的人每易流为凡近，甚或变成卑鄙的俗人。而黑格尔于平常中庸之中，复有其奇特伟大者在，因此就特别值得我们注意了。若仔细追溯起来，我们可以察出黑格尔这个寓奇伟于平常之中的人品，实很有深长的渊源的。原来黑格尔生于德国浪漫高潮的狂飙文艺的空气中，自幼即喜欢希腊的文艺。苏封克里士的《安体恭尼》一剧，他在中学时代即曾两度译成德文。后来进图宾根大学时，又与艺术的理想主义哲学家谢林及诗人荷尔得林（Hölderlin）为友。荷尔得林更是一个著名的希腊迷，于是他们共同研究希腊的悲剧及柏拉图的对话。诗之为物，本来是有传染性的。因为他的友人作诗，而这位论文式的黑格尔也跟着做起诗来。他的诗并不全是打油诗，而其谈泛神和人神合一的道理实谈得很深。他平时于席勒的《论美育书信集》及《大钟歌》（*Das Lied ron der Glocke*）一长诗最赞赏服膺有心得，颇受其影响。

至于黑格尔对于歌德的人品与文艺，尤其有深刻的欣赏与亲切的接触。他自1801年在耶拿当讲师以来以至于晚年，皆不断地与歌德有来往关系。于1825年他有信给歌德说："我返观我全副思想进展之历程，实际见得你处处皆在此纤维中。……我内心中反对抽象的倾向因受你的教训而益趋强硬，而渐导入正轨。"所以歌德对于黑格尔最大的影响，即在于使他的哲学思想渐趋于具体而有内容。黑格尔平日简直把歌德的人格与生活当作一个哲学问题来研究，要想追究出一个所以然的道理来。他所创造的新的活的哲学范畴与理论，其目的可以说是在使我们借以认识了解歌德式或浮士德式的人品与伟绩。克罗克纳说："黑格尔只需把歌德为人的经历，用哲学的方式写出来（Hegel brauchte nur philosophisch zu formulieren, was Goethe menschlich gewesen ist）。"此说虽未免过分，但至少足以见黑格尔与歌德的关系之密切了。此外黑格尔最喜亚里斯多番里士（Aristophanes）的喜剧和莎士比亚的悲剧。而于莎翁尤特别用过一番功夫。彼于八岁时，即有友人以魏兰译莎氏全集见赠。黑格尔之理想不离现实和现实具有理想处，盖颇得力于莎翁。他的《精神现象学》一书，许多人公认中间有很多地方是颇富于诗意的。据说此书若不因为其中的哲学术语太多，在德国文学上是要占一地位的。而且在此书中，他描写时代精神之隆污升降，思想样法之变迁转移，简直是用的戏剧笔法。而且从他遗集里的几厚册《艺术哲学演讲录》看来，尤足以见得他对于东西方的艺术之研究与识见，和鉴赏力。至于说到贯注黑格尔全哲学系统的矛盾思辨法（dialectical method 普通采日译作辩证法。兹拟改译作矛盾思辨法，理由详拙著《黑格尔学述》译序。所谓矛盾思辨法者，即以子之矛攻子之盾的辩难法，亦即觑出事物中冲突矛盾之点，而调解其冲突矛盾以求有机统一的思想方法。亦可称于相反中求相成，于殊途中求同归之方法），据最近黑格尔研究家哈特曼（Nicolai Hartmann）说，并非干燥的形式逻辑，乃是一种艺术。他说，矛盾的思考只能与艺术家的天才相比：一方面非呆板的方法，不能模仿的，另一方面却又有其定律与必然性，一如艺术的创造（见所作《黑格尔》一书，第 18 页）。据此，我们可以知道黑格尔的朋友，思想、著作，和思想方法，都是富于诗意或艺术意味的。所以虽然他的生活缺乏诗味或剧味，但至少他的精神富有诗的或艺术的陶养的。若用中国旧话说来，我们可以说黑格尔是"有诗教"的哲学家。

此外使黑格尔寓伟大于平常的本源，就是他的宗教修养。黑格尔的父亲曾当过牧师。而他自己在大学所专修的是神学。他最早的著作是一本《耶稣传》及其他几篇关于宗教的东西，主旨在使宗教合于理性〔参看狄尔泰（Dilthey）著《黑格尔少年历史》一书〕。至于他死后才出版的《宗教哲学演讲录》及所附加的门人笔记三大册里，我们更可以知道他对于东西洋的宗教涉猎之博、用力之勤和造诣之深了。我们可以说，他的思想是希腊精神与希伯莱精神的结晶，是理智与宗教的有机合一。而他心目中所谓宗教，大体是指中国所谓"礼者理也"的礼教。在《哲学全书》里，他说过："哲学的对象与宗教的对象，大体上是相同的。两者的对象都是真理。就其最高的意义而言，天（gott）就是真理，而且唯有天才是真理。"（拉松本第31页）所以与其说他是虔诚信仰宗教，不如说他是竭力维护中国所谓天即是理，礼即是理的礼教。譬如他说："道德生活乃政治的心髓或实质。政治乃道德生活的组织与实现。而宗教又是政治与道德生活的根本。"（见《哲学全书》拉松本第464页）这里所谓宗教，亦大体是指有理性基础的礼教。因为如果宗教是指遗弃人伦的出世宗教，则此种宗教决不能为政治与道德生活的根本。所以我们可以说黑格尔不仅有诗教的熏陶，而且他注重"礼教"的学养。因为他有了诗礼的陶养，于是便有了内心裁制，不能像那些狂飙时代的浪漫主义者那样狂诞奔放，出些奇特而不近人情的行径以惊世骇俗。黑格尔为人之所以散文式在此，其平常处在此，而其伟大处亦在此。其实不仅黑格尔个人如此，大凡平常中行之人，其能脱去凡近，免于下流，以登高明之域，而有奇伟之绩者，皆诗教与礼教交养并陶，有以使然。

黑格尔因为有了艺术及宗教（或诗教与礼教）的基础，但他既不欲作诗人，亦不欲作维持礼教的宣教师或道德家，而他最终的目的乃在作一个慎思明辨的哲学家，所以他对于哲学的性质也有特殊的认识：他认为艺术宗教哲学三者皆是绝对精神的表现，但三者中哲学是艺术与宗教的综合。因为哲学能于艺术宗教丰富复杂的内容中，求出一贯的精神的识度（geistige Anschauung），而成为自觉的思想（参看《哲学全书》第五七二节论哲学一段）。换言之，据黑格尔看来，哲学是艺术生活与宗教的结晶。也可以说哲学所以集诗教与礼教的大成。这种有大气魄的话，恐怕只有像黑格尔这样与"绝对精神往来"，融艺术宗教哲学为一体的人才说得出来。而黑格尔所谓哲学，其主要部分就是"理则学"。（Logik 兹从孙中山先生译为"理则学"，见"心理建设"第三章。我个人偏见，以为"逻辑"二字如欲义译，应以译为理则学为最善。理则学三字含有研究推理或思想的法则，原则，方式或范畴的科学之意。）而他的理则学，乃是研究纯粹理念的本体论或道体论。我们也可称之为"理学"或"道学"。他的理则学（或理学）上的最高范畴（或本体），就是他所谓绝对理念或绝对精神，也就是他所谓"太极（Das Absolute）"。而太极就是绝对真理，同时也就是"心"或绝对意识。因为黑格尔从认识论的立场，根本认为心与理一，心外无理。（请参阅拙译《黑格尔学述》附录一，拙著：《朱熹与黑格尔太极说之比较观》①一文。）所以黑格尔的理学，同时又是"心即理也"的"心学（Idealismus）"或唯心哲学。总结起来，我的目的在指出黑格尔思想所取的途径。用新名词讲来，是欲融汇艺术的及宗教的经验，以建设他的形而上学或唯心哲学。若用旧名词讲来，则黑格尔是欲根据诗教及礼教的陶养，以成立他的理学或心学。换言之，至少我们可以说黑格尔是维护并理性化西洋的诗教与礼教的人，同时也是西洋的理学或心学集大成的人。

黑格尔的心学或理学的最大特色，就是他并不蹈空谈玄。其所以然之故，就是因为：（1）上文已经说过，他自己本来就是一个足踏实地的散文式的人。（2）他的唯心的哲学，是有了经验的事实和科学的根据的。（3）他的全部思想，是彻始彻终建筑在他的紧严的矛盾思辨法上。记得詹姆士曾分哲学为"厚的"与"薄的"两种。厚的哲学是指有充分的科学事实与经验材料的哲学而言。薄的哲学是指只凭枯燥的逻辑分析及空洞的主观玄想的哲学而言。他虽然素来反对黑格尔，但亦不能不承认黑格尔的哲学是很"厚"的。黑格尔的自然哲学，虽是他全部哲学中似乎比较薄弱的一部分，但亦足以表示他对于当时的自然科学有了"赶得上时间"（up to date）的知识。

据我们所知道的，当黑格尔在大学研究神学时，他同时又选

---

① 见本书 293 页。——编者注

习一种解剖学的功课。因病告假家居时,他又自己作植物学的研究。他的科学方面的朋友也很多。他听过爱克曼(Ackermann)的生理演讲,且打算把一本法文的生理学书译成德文。他与谢尔福(Schelver)研究过植物学,与同乡友西贝克(Seebeck)讨论化学,与卡斯勒(Kasner)探讨医学。他曾经参加过地质考查的旅行,游历哈尔慈(Harz)山脉及哥廷根一带。此外他又屡次被举为各处科学社的会员及名誉会员。他对于歌德的颜色学也曾细心研究,且曾亲身实验。有人且曾亲眼看见他有一天伏在书室中的地板上,望着窗口,观察颜色与光的关系。难怪歌德有一次对耶拿大学一位教授叫作保罗的闲谈,谓就数学与物理科学而论,黑格尔实优于谢林。当他初到耶拿大学时,致函歌德,表示愿担任植物学的课程,但未蒙允许。而他对于数学曾有很深的研究,更是无可疑的。1805年冬季和1806年夏季,他都曾在耶拿大学讲授过"纯粹数学"的课程。他在课程指导书内已宣布于1807年夏季再继续讲授"纯粹数学"一科,但因耶拿之战,把他的教授饭碗也附带的打破,竟没有教成功。听说他关于数学还著有专书,不过可惜稿本至今没有人替他整理出来。至于他的历史知识,特别文化史如哲学、宗教、艺术史等知识之渊博,几乎可以说无人能及,而他能够从如许纷繁散乱的历史事实中去求出一个一贯的条理来,成就他"通古今之变,成一家之言"的历史哲学,更没有人不承认他有极充实的事实的和科学的——历史科学的——根据。

至于黑格尔所用的哲学方法,我于上文已略为提及,就是矛盾的思辨法,即是以子之矛攻子之盾的方法。此法一方面是一种艺术，非呆板地可以学习模仿，而一方面又有其紧严性与必然性，一如音乐中音调之高下疾徐皆有一定准则，不可丝毫移易的。此法贵在用慧眼观认出事物间矛盾冲突之点，然后于殊途中求同归，于相反中求相成，以达到有机合一的真理或实在。此法也可以说是从远处或全局着眼，以解除并调解局部间之矛盾冲突，使之各如其分各得其所的方法。黑格尔对于此法之特别妙用，在于觑出精神生活及历史事实中矛盾冲突之点，而解除之，以求得贯通一致的历史识度。他又惯于用之以分析哲学上的范畴。譬如他最能于有中看出无来，无中看出有来，而成立他有无相合的有限存在（dasein）说。他又看出物不能离心而独立，心亦不能离物而独立。物无心则盲，心无物则空，因而成立他的心物合一的学说。他又知道生中有死，死中有生，因感得生死之矛盾性与相对性，而求得超脱生死，解决生死问题之至理，叫作"死以求生"。他每次解除一矛盾而求得一综合，便获得一正反合的三分范畴。普通人只看见黑格尔一串一串的三分范畴之呆板无聊。殊不知他每一正反合的三分方式都是每一次发现矛盾，征服矛盾的收获。因为真理既是由于调解矛盾的双方而获得，所以他求得的真理总是带有似非而是的"矛盾隽语（paradox）"，如"我即非我，非我即我；为己即所以为人，为人即所以为己"。又如"当下赤裸的见闻，即是最空虚的见闻，最具体即最抽象"等，都可算作矛盾的真理（dialectical truth）。中国的哲学家虽无有紧严的矛盾思辨法，但老子也有矛盾思辨的艺术天才，所以他知道"正言若反"，竟谓"真理好像是矛盾的"的道理。因此他发现，许多如"后身身先，外身身存"，"大智若愚，大巧若拙","不自大故能成其大"等矛盾的真理。王阳明也有"有而未尝有是真有也,无而未尝无是真无也"的矛盾隽语。而黑格尔所发现的最根本的矛盾真理,就是"死以求生"一语。据开尔德(Edward Caird)说,"死以求生"(to die in order to live)一语,足以代表黑格尔学说全副的神髓,亦足以代表耶教最高的精义,盖耶稣之死于十字架,三日后而能复活的神话,即是死以求生的至理之具体的象征,亦即是牺牲肉体,保持精神,杀身成仁,舍生取义的至理之具体象征。

总结起来,我上面所讨论的结果,可分五层:

1. 黑格尔的艺术学养——他的诗教。

2. 黑格尔的宗教学养——他的礼教。

3. 黑格尔合艺术与宗教为一体的客观唯心论的哲学——他的理学或心学。

4. 黑格尔哲学的科学基础——自然科学,数学,最基本的乃是他的史学。

5. 黑格尔的矛盾思辨法,和用此法以求得之代表他的精神和耶教精神的人生至理——死以求生。

我想耐烦的读者,如果从篇首细读到这里,一定忍不住要生气地责备我道:

据你所标的这个题目,说要告诉我们黑格尔处国难时的态度。然而你说了一大篇,尽说些抽象的哲学,连国难二字提都不提。我知道原来你乃在故意假借新颖的题目以引诱我们来听你谈干燥无味的黑格尔哲学。我们真是上了你的大当!谈黑格尔哲学还罢了,你又复附会一些诗教礼教,心学理学的一套陈腐古董,更使我头疼!总之,闲话少说,请即赶快直截了当,归到本题,告诉我黑格尔处国乱时的态度究竟如何:当法军占领德土时,黑格尔曾打电报没有?曾发宣言没有?他曾公开演讲若干次?他抗法救国的标语如何?想来,至少他曾散过传单无疑?不然,他总少不了要发出一个重要的快邮代电,以表示他爱国赴难的决心,而解释别人对他的误会?诸如此类的问题,请你快快答复。

那么,我只好答道:

我总觉得用中国哲学史上的名词及学理,以解释西洋哲学,实最正当的办法。至少总比不批评地辗转抄袭生硬无当的东洋名词,甘心作学术界贩卖劣货的商人的办法,要适当多了。至于说到黑格尔对国难的态度,我须得首先告罪一声,然后答道:

我早已重言申明黑格尔是一个很平常的足踏实地的散文式的人,像你所举出那些轰轰烈烈的壮举,当然是他所望尘莫及,万做不到的。据我们所知道的:当1806年普法战事将爆发时,他正忙于写他的《精神现象学》一书,欲借以卖点稿费来维持生活。拿破仑于是年10月14日打到耶拿,而他的《精神现象学》恰好于10月13日晚夜半写完毕。这倒是很凑巧的事,不过有些神经过敏的人故意把这事神话化,说黑格尔于炮火声中得天神保佑与启示,居然把《精神现象学》杰著完成云云,未免有些无聊。第二天清晨两军快要开战前,法军已开始抢劫,有几个兵士竟撞入他的住室,加以种种威吓。黑格尔于无法可想之际,忽发见一个法兵带有"荣誉军"三字的胸章,于是黑格尔便操他素来谙熟,在福兰克府当塾师时颇受东家赏识的法语,用理性来打动他道:"向一位带荣誉章的军士,一个毫无抵抗的文人总该有要求以礼相待的权利。"他果然因此得免于难。及战事正烈时,黑格尔于百忙中把《精神现象学》的底稿,塞在衣袋里,便逃往耶拿大学校长的住宅里躲避,因为该宅有法兵保护。到战毕时他还亲眼看见拿破仑骑着马耀武扬威地打耶拿城中走过。几天后黑格尔于致友人的信中,对于拿破仑尚表冷笑式的同时又极诚挚的钦佩之意,并祝他万福,称之为志在制驭世界的"马背上的宇宙精神(Weltgeist auf dem Pferde)"。但是我们须知道当说此话时,黑格尔心中也许自负的暗忖道:"你是马背上的宇宙精神,但不才乃是书室中的宇宙精神呢。我们且看宰割世界的思想的人,与宰割世界的地皮的人,谁的功绩较为悠永伟大吧!"过了很久之后,黑格尔对人说道:"拿破仑以盖世的天才来掠取武力的胜利,实正所以表示徒恃武力之究竟不值一文钱。"我们要知道黑格尔本来是一个同情法国革命力争自由平等的先觉之士,当他在大学时代,他曾与谢林诸人组织了一个政治团体,鼓吹革命,还遭学校当局的干涉。有一天他同谢林等两三人,还偷着跑到图宾根附近的一个园地上,去种植了一棵"自由树"。但是他却认为武力及恐怖政策非实现革命理想的工具。所以他之反对和轻视拿破仑,实具深意,非同小可的。黑格尔有一位朋友对德国前途深抱悲观,黑格尔曾有信安慰他道:"只有知识是唯一的救星。惟有知识能够使我们对于事变之来不致如禽兽一般之傻然吃惊,亦不致仅用权术机智以敷衍应付目前的一时。惟有知识才可以使我们不至于把国难之起源认作某某个人一时智虑疏虞的偶然之事。惟有知识才可以使我们不致认国运之盛衰国脉之绝续仅系于一城一堡之被外兵占领与否，且可以使我们不致徒兴强权之胜利与正义之失败的浩叹。"听说黑格尔为爱国心所激发，也曾写了两本小册子，说明德国衰弱的原因及复兴的途径。但因找不到出版处所，因此从未发表过。战乱后他承友人介绍在斑堡（Bamburg）借办报以糊口。但在法人监视之下，言论不得自由，他连发表社论的机会都没有，只能记载些官样文章的事实以塞责。但他与朋友写信还要说俏皮话。他说："我现在阅历既深，才知道真正奉行圣经中的教训，就是先寻着了衣和食，天国自会加上与你。"

据此足见我虽尽力描摹黑格尔处国难时的态度，充其量也不过如是而已。就是：

（1）对胜利者拿破仑表示佩服，（2）与朋友写信发牢骚说俏皮话，（3）作小册子不得发表，（4）当新闻记者不敢作社论，还有（5）向着军人讲礼义，（6）抢起稿本避难……如是而已。此外他对于当时德国的大难，实在没有什么了不起的态度，如刚才所假设的那位读者所悬想，足以供我们大书特书的。就是因为这个原故，我才借题发挥，谈谈他们的哲学思想。但我现在须得取庄严郑重的态度申明的，就是黑格尔全副的热情，志气与精神，差不多尽贯注在他的学说里，而并未十分表现于外表的末节上。所以我相信聪明的读者当不难从他的学说中或从他的著作的字里行间去认取他爱国的思想和态度。而且我相信我们不但可以察出他爱国的思想和态度，其实，小之他对于解决个人精神的难关的态度，大之他对于应付世界的来日大难的态度，也不难认取：他注重诗教，使人有美的陶养；注重礼教或宗教，使人有道德的陶养（宗教为道德之本，道德为政治之本）；注重确认理性的无上尊严有征服一切不合理的事物的最后能力的理学，与从内心深处出发以创造自由的理想世界的心学，注重科学知识，特别注重文化历史的研究，以明了祖国的民族精神，立国根本，以及古圣先贤所遗留下来的国粹或文化之所在；注重根据殊途同归，相反相成的原则，从远处大处及全局着眼，以解除并调解局部间的矛盾冲突，使之各安其分各得其所的思想方法，并注重据此方法以求得的"死以求生"或"死中求生"的信心、希望、拼命精神与人生至理。这就是黑格尔认为对个人，对国家和对世界的大难应持的态度，而且这就是黑格尔个人彻始彻终，数十年如一日，所身体力行，可以质诸天地神鬼的态度。

（选自贺麟：《德国三大哲人处国难时之态度》，原载《大公报·文学副刊》第 198—200、203—204、213、227 各期，1931 年；后加以修订增补，于 1934 年印成单行本）

贺麟：黑格尔学派的分裂与费尔巴哈

一、黑格尔学派的分裂

黑格尔哲学系统与方法的矛盾具体表现在黑格尔派分裂为黑格尔右派（亨利克思、伽布勒、歌歇尔等）与黑格尔左派或青年黑格尔派上面。这个分裂反映着德国资产阶级内部政治上分化成保守和激进的倾向。黑格尔右派抱住黑格尔保守的体系，想从里面作出反动结论来，如承认上帝创造世界，上帝是有人格的存在，灵魂不灭等，以维护宗教和普鲁士的君主政治。黑格尔右派在哲学上反映了当时德国资产阶级保守集团的政治要求，是现存制度的热烈拥护者。

另一方面，在德国资本主义关系的增长，黑格尔所谓"市民社会"政治上的民主，自由主义派的壮大，革命事件的酝酿的影响下，有其反封建、反现存制度的代言人。青年黑格尔派就在哲学上反映了这一趋向的政治要求。恩格斯写道："当黑格尔在他的法哲学一书中宣称君主立宪是最高、最完善的政体时，……他就宣布了德国资产阶级取得政权的时刻即将到来。他死后，他的学派没有停止在这一点上，他的门徒中最激进的一部分，一方面对一切宗教信仰给予严酷的批评，使基督教的古老建筑根本动摇，同时又提出了德国人从所未闻的大胆的政治原则。"①

青年黑格尔派的哲学思想与政治的联系,大致如此。

但是他们的进步性是不够彻底的。他们只反映了1848年革命前夕进步资产阶级或中等阶级的政治要求,对于1848年的革命运动他们没有参加。因而自1848年以后,他们在哲学上的活跃性也就降低了。

他们政治上的软弱性和不彻底性在哲学上表现在:第一,他们并没有真正地批判了黑格尔的唯心论(虽然他们已喊出批判黑格尔的口号),他们还跟随黑格尔把一切现实世界看成是自我意识的产物。第二,他们以理智的超出群众自豪,以贵族式的轻蔑态度对待人民,并从唯心论观点努力证明历史的进程依赖于"有批判的思维"的个人。

他们的进步意义和主要贡献表现在他们对于宗教的批判上面。

施特劳斯(1808—1874年)在1835年发表《耶稣评传》,从左面去发挥黑格尔的宗教思想,第一次引起黑格尔学派的分裂。他指出圣经中关于耶稣的许多奇迹的故事都不是真实的事实——心理上、物理上不可能的事实——而是神话,这些神话是由于作者受传统教会、宗教情绪的感动,在不自觉的过程中编造出来借以象征地表达多数信徒所感觉到的宗教情绪。这就肯定了一个客观的"实体"(是在下意识状态中的黑格尔的"绝对理念")作为宗教情绪和神话的来源。这书的出版,使得他失掉了图宾根大学的讲师位置。

---

①《德国的革命与反革命》,人民出版社1962年版,第12—13页。——本文脚注皆为编者所加。

布鲁诺·鲍威尔（1809—1882年）于四五年之后，写了三卷书批判施特劳斯，主要反对他关于神话的假定，认为说神话起源于受教会精神的感动，不自觉地产生出来的象征过程，实无异于旧的"灵感说"。他指出《圣经》故事是有意识的有实际用意的产物，是有目的的捏造。这些故事的来源虽说是虚构的，但也足以供给我们一些历史的报道。因为通过这些艺术的（人为的）作品，我们可以得知那个时代的状况。这书的出版又使得他失掉了波恩大学讲师的地位。布鲁诺·鲍威尔所强调的是自我意识的作用。他和施特劳斯虽都属于黑格尔左派，都受到反动派的迫害，但他们对神话、《圣经》故事的解释都持着对立的学说，而且这不仅是宗教思想上的对立，还包含着在世界观方面，不自觉的精神"实体"还是自觉的"自我意识"是主导力量的问题。

爱德加·鲍威尔（1820—1886年）的宗教和政治思想更为激进，他更强调自我意识，从消极、否定方面去发挥辩证法的作用。他曾参加政治革命工作，坐过监狱，被迫逃往英国避难。他是君主立宪制的敌人。他反对任何国家，只要那种国家还给宗教保留有地位。如果没有无宗教的国家，那么他就根本反对国家的存在。他强调人不复是"政治动物"、"顺民"，而乃是社会中一个自由分子、个人。不要国王、不要婚姻，无私有财产，无民族，也无民族特殊性，无任何道德的束缚。

他和布鲁诺·鲍威尔的见解基本上相同。由批判宗教、批判政治进而持"纯批判"主义，批判一切，为批判而批判。他把辩证法作为无条件无目的地否定一切的工具。他所肯定的"自我意识"是一种"自我神圣化"的否定一切、轻蔑一切的"自我","自由人"。他说,自由人必不能假定任何东西有绝对价值。我们肯定一个东西,是为了否定它。自由人甚至不能绝对肯定无神论。一个东西一经被承认便停止其为真理。他提出"打倒公式"的口号。他撰写文章,但他认为一个著作受到群众的欢迎,是最坏不过之事。这充分表示出他轻视群众、人民的高傲态度。他喜欢以主观上否定一切,摧毁一切的境界或情绪自慰、自己欣赏。他写了许多册书谈法国革命。以"内心的贫乏招致毁灭"来说明历史事变所遭受的失败。他把黑格尔辩证法的"内在矛盾"解释成"内在贫乏",完全抹杀了否定中包含肯定的积极意义。他这种主观唯心论,注重孤立的"自我意识"、"自由人"、纯批判主义的思想,在1848年革命以前,于摧毁旧社会制度、旧权威有其一定的进步意义,但经过1848年革命之后就被抛掷在后面了。马克思、恩格斯在《德意志意识形态》里,特别在《神圣家族》(这书名应理解为"自以为神圣的鲍威尔弟兄的家族")里,对他们作了尖锐而严肃的批判。

最后斯蒂纳(1806—1856年)于1845年出版了《自我和他的特性》一书,给鲍威尔兄弟的至高无上的"自我意识"戴上一顶至高无上的"自我"的帽子,成为近代"无政府主义的先知(巴枯宁从他那里抄袭了好多东西)"。① 在这书里,斯蒂纳倒反而指责鲍威尔和费尔巴哈的宗教气味太浓厚了。他认为鲍威尔的"自我意识",费尔巴哈的"人"还仍然是至高无上的存在,是正统宗教中上帝的

---

① 《马克思恩格斯全集》第21卷,人民出版社1965年版,第313页。

鬼影，他们都忘记了"个人"才是主要的东西。只有"自我"才是真实的。崇拜理想，尊崇任何一种社会都是宗教性的。这种肯定孤立的个人的绝对权利的思想当然会导致无政府主义。

总括几句：青年黑格尔派主要是在批判宗教。马克思说："对天国的批判就变成对尘世的批判，对宗教的批判就变成对法的批判，对神学的批判就变成对政治的批判。"[①] 所以他们的宗教批判直接间接影响政治，并为1848年以后的地上（现世）的法律、政治的批判准备了一定的条件，是有其一定的进步作用的。不过他们不唯没有对黑格尔的唯心论作深刻意义的批判，反而陷于主观唯心论。他们轻蔑群众的极端个人主义及其无政府主义倾向，反映出激进的小资产阶级知识分子的局限性。所以马克思、恩格斯早年是革命民主主义者时，也可说是曾属于青年黑格尔派，但到1843年后，很快就和他们分手并展开了对他们的唯心主义、自由主义、个人主义的无情的批判了。

二、费尔巴哈

费尔巴哈（1804—1872年）是民主资产阶级的哲学家。他拥护民主共和国政体，反对君主立宪政体。在19世纪30年代至40年代期间，他在德国宣扬并保卫唯物论和无神论。1832年他曾因他的第一部著作《论死与不朽》（1830年）被认为宣传无神论而被迫离开爱尔朗根大学讲师的职位。从此以后，一直到他死时都为大

[①]《黑格尔法哲学批判》，人民出版社1962年版，第2页。

学讲坛所不容。他隐居在柏林附近一个乡间，从未参加过社会活动。1848年的革命他也没有参加。只是在1848年冬，应海岱山大学学生之请在海岱山市政厅大会堂作了"宗教本质"的演讲，共三十讲，1851年才整理出版。革命后他几乎没有写过任何著作。费尔巴哈的暮年生活非常凄凉。马克思曾在1843年和他通过信，批评谢林的学说。他在晚年也阅读过马克思和恩格斯的著作。1870年他参加了德国的社会民主党。恩格斯曾在他的墓地发表演说。

他的著作除上面提到了两种外，以1841年出的《基督教的本质》一书最著名，解放的效果特别大。恩格斯说这书在当时使"大家都很兴奋：我们一时都成为费尔巴哈派了"。[①] 此外还有《宗教的本质》（1845年），《未来哲学的基础》（1843年）等。他的著作对马克思和恩格斯有着很大的影响，促进他们扬弃黑格尔的唯心论的体系，过渡到辩证唯物论立场。

费尔巴哈曾经是黑格尔的热烈信徒。他曾在柏林大学听过黑格尔两年的演讲。他曾写信给黑格尔表示敬意，接着到爱尔朗根大学完成他的博士论文题目叫《论唯一、普遍无限的理性》，是根据黑格尔的精神写成的。1828年，留校任额外讲师，还是按照黑格尔观点讲授笛卡尔和斯宾诺莎及逻辑学和形而上学的课程。读到他写的一封信，谈他与黑格尔的关系，其中一段说："我听他的演讲还不到半年，我的头脑和心情就上了正轨，我就知道我的志愿和我所应该作的了：不是神学，而是哲学！不要谵语和狂热，而要学习！

[①]《马克思恩格斯全集》第21卷，人民出版社1965年版，第313页。

不要信仰，而要思想！"他说黑格尔使他达到自我意识和世界意识。他称黑格尔为"第二个父亲"。他又说："黑格尔是唯一的人使我体会到教师是什么样子。"[①] 足见费尔巴哈与黑格尔在柏林大学的接触是使他放弃他的父亲要他学习的神学，而投入哲学专业的转折点。他的唯物论思想，他的注重自然、感性、本能、感情的思想和反对宗教的无神论思想，使他离开了黑格尔。1839年他发表了一篇论文：《黑格尔哲学批判》，最后和黑格尔决裂。所以怀疑和反对黑格尔的唯心论是使他在好些方面转变成为"黑格尔哲学和我们的观点之间的中间环节"。[②]

他说："本能曾经引导我到黑格尔，本能曾经把我从黑格尔那里解放出来。"他批评黑格尔认思维先于存在的唯心论道："凡是没有先在逻辑学里被思维过的东西，就是自然界里不存在的东西。"他反对黑格尔为宗教所浸透的国家观和哲学思想时写道："按照黑格尔的原则，国家应是神的统治（不是'民治'而是'神治'），而黑格尔的哲学主要的应是神学统治。"[③] 因此他对唯心论的批判是和他对宗教的批判密切联系着的。他指出一般唯心论，特别黑格尔的唯心论是宗教的理论基础。黑格尔绝对理念的学说和理念在发展过程中转化为自然的学说，只不过是基督教关于上帝创造世界的理性

[①] 参看费尔巴哈：《基督教的本质》两卷本，编者导言，科学院出版社（柏林）1956年版，第9—10页。

[②]《路德维希·费尔巴哈和德国古典哲学的终结》，人民出版社1972年版，第3页。

[③]《费尔巴哈全集》第4卷，1959年斯图加特版，第432—433页。

化的形式。

但是费尔巴哈对黑格尔的批判是片面的,他拒绝了黑格尔的唯心论,复抛弃他的辩证法,不能分辨出它的合理内核。足见他只是"本能地"离开了黑格尔,并不是哲学地批判掉了黑格尔。诚如恩格斯所说,费尔巴哈"是简单地把黑格尔当做无用的东西抛在一边"。①而他自己与黑格尔的《百科全书》,或系统的丰富内容相比,除了一种浮夸的"爱的宗教和贫乏无力的道德,拿不出什么积极的东西"。②

费尔巴哈对于宗教本质的分析,对建立起他的人本的唯物论,有着重大意义。他论证了上帝不过是人的本质从人身异化了并当作在彼岸的绝对的东西。宗教幻想所建立的最高存在只是人的固有本质(情感、欲望、理想、要求)之幻想式的反映。因此,肯定说:"神学即人学和自然学。"他的整个学说的中心概念只是两个,就是"自然界和人",而"那个作为人的前提或根据,为人的发生和存在所依靠的东西,并不是神,而是自然界"。③所以他鲜明地唯物论地肯定了上帝是人的产物(反映、捏造),而人是自然的产物。他不仅是使神人化了,同时也使人自然化了。他使实际的人,感性的人复活起来。他特别强调生物学和生理学意义的人。"人是他所吃的东西所形成的那样。"他强调自然环境对人的作用时写道:"皇宫中的人所想的,和茅房中的人所想的是不同的。""如果你因为饥饿、贫困而身体内没有营养物,那末你的头脑中、你的感觉中,以

---

① 《马克思恩格斯全集》第21卷,人民出版社1965年版,第335页。
② 《马克思恩格斯全集》第21卷,人民出版社1965年版,第335页。
③ 《宗教本质讲演录》,商务印书馆1936年版,第23页。

及你的心中便没有供道德用的食物了。"①

费尔巴哈唯物地解答了哲学上的根本问题,思维与存在的问题。存在是主体,思维是宾词。思维出于存在,而不是存在出于思维。存在出于自身并超出自身,存在的产生只是由于存在,存在以其自身为基础。换言之,思维和存在皆统一于存在里。

费尔巴哈唯物地解答了认识问题,批判了康德的不可知论。"感觉不是把我们与外在世界分离开,而是使我们和外在世界相联系。感觉是客观世界的形象(反映)。"

但是费尔巴哈的认识论和他的整个唯物论具有形而上学和直观的性质。他也不了解人的实践活动在认识中的决定性意义。

由于费尔巴哈的世界观丢掉了辩证法,由于他对实践作用的不理解,而不能扩大唯物论到社会现象的解释。在社会现象的解释上,他仍是一个唯心论者。他没有看见社会的物质基础,他完全以宗教彼此更替的时期来划分人类发展的时期。他认为每一巨大的历史变革都与一种宗教代替另一种宗教相联系。譬如,他以希腊罗马的宗教为基督教所代替这一点来说明罗马帝国的崩溃。

人和自然是费尔巴哈哲学的中心概念。但是他所了解的自然是直观的感性的自然,缺乏科学的规律性和生产斗争的实践性。他所了解的"人",只是一般的人,抽象的人,生物学的人,不是参加在生产斗争中的人。对人和人的社会存在加以历史的社会的研究,在他是陌生的。这种脱离生产斗争而谈直观的自然和抽象的人,正反映了资产阶级的思想。

---

① 转引自《马克思恩格斯全集》第 21 卷,人民出版社 1965 年版,第 330 页。

他不了解人的真正的社会关系是为人在社会生产过程中的关系所决定，人之能够生存只是由于在生产斗争中凭借所创造出来的工具，支配了自然，而在改造自然和社会的过程中，改造了自己，经历了他真正的历史。

费尔巴哈对于人的抽象的了解也构成了他的宗教批判的局限性。他没有意识到人是社会关系的总和，宗教也是历史的社会关系的产物，因而不能揭露宗教的阶级根源。他对宗教的斗争虽有进步的意义，但乃是从资产阶级的启蒙派立场出发。

费尔巴哈从以人本学代替神学出发，提出以人的宗教、爱的宗教去代替神的宗教。他说："一个新的时代需要一个新的世界观，……一个新的宗教。"①"我们必须拿着对人的爱，当作唯一的真正的宗教，来代替对神的爱。必须拿着人对自己的信仰，对自己力量的信仰，来代替对神的信仰。"② 恩格斯称费尔巴哈认为"爱随时随地都是一个创造奇迹的神，可以帮助他克服实际生活中的一切困难"。③ 不在阶级斗争基础上来谈"爱"，爱朋友与恨仇敌没有结合起来，这就与基督教的爱人类没有什么区别。

可以引证马克思和恩格斯在《德意志意识形态》里的几句话来结束我们对费尔巴哈的论述：

"费尔巴哈对感性世界的'理解'一方面仅仅局限于对这一世界的单纯的直观，另一方面仅仅局限于单纯的感觉：费尔巴哈谈到

---

① 《宗教本质讲演录》，商务印书馆 1936 年版，第 242 页。
② 《宗教本质讲演录》，商务印书馆 1936 年版，第 315 页。
③ 《马克思恩格斯全集》第 21 卷，人民出版社 1965 年版，第 333 页。

的是'人自身',而不是'现实的历史的人'。"①"他把人只看作是'感性的对象',而不是'感性的活动'。"②——这是说他的唯物论的直观性或静观性。

"当费尔巴哈是一个唯物主义者的时候,历史在他的视野之外;当他去探讨历史的时候,他决不是一个唯物主义者。在他那里,唯物主义和历史是彼此完全脱离的。"③——这是说他下半截唯物,上半截唯心。

总而言之:费尔巴哈的功绩在于第一次尖锐地否定了黑格尔的唯心论,指出唯心论与宗教不可分,归根到底是替宗教辩护,而积极方面是建立他自己的以"自然"和"人"为中心的唯物论,去代替以"精神"、"理念"为中心观念的唯心论。但是他完全抛弃了黑格尔的辩证法,离开感觉活动和生产斗争劳动实践,只是主观地静观地去看自然,不以历史发展、社会关系和社会斗争的观点,脱离政治,只看见了一个抽象的生物学上的人,这表现了他的科学局限性和阶级的局限性。虽说如此,但是他比法国唯物论者前进一步,在马克思以前的哲学史中起了进步作用,尤其重要的,费尔巴哈恢复了唯物论应有的权威。

(原载贺麟:《现代西方哲学讲演集》,
上海人民出版社1984年版)

---

① 《马克思恩格斯全集》第3卷,人民出版社1960年版,第48页。
② 《马克思恩格斯全集》第3卷,人民出版社1960年版,第50页。
③ 《马克思恩格斯全集》第3卷,人民出版社1960年版,第51页。

學大合聯

第五篇 叔本华、尼采哲学

德国现代哲学四讲

1937—1946

1937—1946

1903—1969

陈铨：叔本华的哲学

1860年9月21日，在德国佛兰克弗城一间小屋子里，七十二岁的老哲学家叔本华，躺在沙发上瞑目长逝的时候，也就是他哲学名誉登峰造极的时期。世界各国的人士都来拜访他；全欧报章杂志上不断登载他的名字；他的信徒们三番五次替他画像，像画好了，当神圣一般地供在屋中崇拜。他自1807年十九岁，抛弃了商业，离开但泽，到科塔求学，他对于哲学，已经下定了最大的决心。以后几十年的工夫，日夜不间断地寻求真理，真理求得了，可是世界上的人不了解他；他最仇恨的大学教授们故意不理他；他到柏林大学去演讲，没有学生听；他写好著作，再四要求，书店老板不肯替他出版；他没有朋友，没有爱人，没有家庭。这样长时期的压迫，几乎使他发狂，但是他并不灰心，更不因此减少他的自信力。一直到1851年，他已经六十一岁，时代转变了，世界才开始认识这位埋没的天才，然而暮霭苍凉，山头落日，终于不能久待了。

从叔本华的死，一直到现在，经过了八十年。在这八十年中间，世界上经过了多少人事的变迁，思想界又产生了无数的人物，叔本华的哲学也随着时代，到处发生伟大的影响。我们站在现代的立场，重新考虑叔本华哲学对于世界的贡献，我们心中不由得首先要发问：叔本华的人格文章思想，对于我们现在的世界，是否还有任何的意义？

先从他为人说起，我们不能不承认叔本华有许多缺点。如像他奇怪的性情，尖酸刻薄的态度，对人类社会的仇恨，对同行的偏见辱骂，都不容易得多数人的同情。但是在另外一方面，他求真的渴想，奋斗的精神，独立的气概，又深深引起我们的惊讶佩服。他自己早就知道，他自己哲学的天才，他自己也就坦白承认他对于人类世界的使命。凭他早年对人生丰富的观察经验，他未尝不知道，有天才的人如果要想在社会上成功，外表上一定要取一种和蔼谦恭的态度，会一些不愿意会的人，说一些不愿意说的话，做一些不愿意做的事；明明知道别人是愚蠢，也勉强说他聪明，明明知道别人是错误，也故意说他有价值；这样敷敷衍衍，随俗浮沉，自然可以讨得大众喜欢，求名求利都可以达到目的。但是这一种乡愿的行为，是叔本华生平所最痛恨。哲学家根本不是政客，求真理不是猎取功名。叔本华虽然好名，但是他所好的是实至名归的名，不是欺骗逢迎得来的名。虽然他一生受尽了社会的压迫，他并不因此改变他丝毫的主张，他对人处世的态度，始终如一。这种光明磊落的人格，在功利主义风行一时的世界，实在是太少见了。

叔本华的文章，在德国哲学史上，开了一个新纪元。通常一位德国学者，都不喜欢写通俗文字。他们一部书出来，往往除了同行几位能够了解外，大部分的人都莫名其妙。他们只求内容的深沉，不管文字的清楚。这一种传统的风气，一直到现在还没有什么改变。康德、黑格尔的难懂，我们都知道了，近代的胡塞尔、海德格又何尝容易？固然复杂的理论，需要艰深的文字，肤浅的学问，也许才要明白的语言。然而一位学者表现的技术，也有重大的关系。叔本华对古典文学早年就有准备，他学近代语言的本事，也特别惊人。他痛恨不清楚的观念，无条理的文章。人类说话本来是要别人了解的，假如别人不了解，你说话不是无意义吗？因为叔本华有充分驾驭德文的能力，有清楚的脑筋，所以他要别人懂，同时他的哲理并不因此变为肤浅，文章也并不因此降低它的风格。这种深入浅出的本事，是世界上千万的学者所没有的；尤其是现代中国的学术界，不是写一些晦涩古奥的文章让别人看不懂而自以为深沉，就是用粗野无味的俗话让别人不能忍受而自以为通俗；叔本华的书籍，对于我们真是对症的良药。

至于叔本华的思想，对于现代的意义更重大了。叔本华哲学最基本的观念，就是"意志"。意志是宇宙人生的泉源，是推动一切的力量。康德的哲学是"理性哲学"；黑格尔的哲学是"精神哲学"；叔本华的哲学是"意志哲学"，三种哲学系统，在欧洲近代思想上都有伟大的影响。

叔本华用"意志"这一个名词，不仅指外在的意志，也指潜伏的意志，不仅指人类的意志，连禽兽动物，整个自然界一切的活动，都包括在里边。他自己解释："意志是一切内心和不知觉的身体机能的原动力，构造的本身除了意志，没有旁的东西。在每一个禽兽里边，真正的元素就是活动的意志。在一切自然力量里边，活泼的冲动和意志，完全相同。一切的例证，只要我们哪儿发现什么自然行动或者原始力量，我们必须认为意志是最基本的元素。意志在一株橡树里表现自己，和在千万株里表现自己是一样地完全。"

这一种普遍的无处不有无微不至的意志，照叔本华的看法，并不是什么上帝的安排，理性的表现，倾向到任何一种最高尚的目标。意志完全是盲目的，没有目标，没有理性，我们不知道它从何处来，也不知道它从何处去。它强烈地支配一切，没有任何的力量，能够拒绝它，停止它，消灭它。

同意志相关而言，叔本华最重要的贡献，就是理智不能占人生最重要的位置。许多哲学家都认为人类和禽兽不同的地方就是：禽兽的行动完全靠本能，人类一切的感觉都能够经过他思想的过程，变成有系统的智识。所以人类是万物之灵，人类所以为人，就因为他是唯一有理智的动物。这一种"理智"提高人类的尊严，因此认为理智占人生最重要的位置的解说，叔本华认为根本不能成立。理智不过是普遍意志盲目进行的时候制造的一种工具。人类的理智，和人类其他的本能甚至和禽兽的本能，根本没有分别，因为它们和理智，同是帮助意志活动的工具。禽兽个个都有攻守的器官，高级的动物也有相当的智力，来维持他们的生命。人类的理智比较发达，也正因为他攻守的器官，幼年的抚养，生产的速度，赶不上其他的动物，所以他不能不多有一点理智，来帮助他意志的活动。

意志应当占人生最重要的位置，理智不过是意志的工具。意志是形而上的，理智是形而下的；意志是生物的本身，理智是生物的现象；意志是基本的原质，理智是生物的外形。这一个发明，叔本华认为非常重要，是哲学界一个空前的革命，是欧洲思想史上一个新纪元。

进一步解释叔本华的意思，我们可以这样说：一切的智识都要包含一个主体，一个物体，然而物体是基本的元素。因为没有物体，主体就没有思想的根据。然而物体的来源，就是意志的表现。我们分拆自身的经验，我们发现意志和它各方面的表现最重要。我们奋斗、欲望、希望、恐惧、爱好、仇恨，凡是影响我们快乐悲哀生存的元素，无一不是意志的表现，所以意志是最不可少的原因。同样在其他生物里边，感觉的基础，就是欲望和意志，欲望生命，欲望生存，欲望传种；看这些能否达到，就产生快乐和愤怒，恐惧和仇恨，恋爱和自私。人类是这样，变形虫也是这样。人类和其他生物不同的地方，就看他们智力的高下，人类虽然理智较其他生物高，但是理智并不是支配他一切行动的力量。意志是基本，理智是工具。假如我们考察禽兽各种样类，我们发现他们可以排成一定的次序，愈下降智力愈不完全，然而他们的意志，却是无论在任何种类都是一样。变形虫的意志和人类一样地完全。意志是整个的，是生物的本身，它的功用，只是欲望或者不欲望。再进一步来说，意志是永远不疲倦的，理智到相当的时候，就不能不休息。而且理智最容易受年龄的影响，年岁愈高，智力愈弱，甚至于变成呆笨和疯狂。所以身体是意志功用的一部，理智更是身体功用的一部。理智是奴，意志是主；理智顺从，意志命令；意志可以蒙蔽理智，理智不能蒙蔽意志；理智是脑，意志是心；理智有时间性，意志没有时间性。

理智的力量既然这样薄弱，意志既然占人生最主要的位置，叔本华对于哲学第三个贡献，就是他的悲观主义。意志凭着它伟大的力量，支配宇宙人生，然而意志本身的活动是盲目的，无意义的。整个人生宇宙，机械地不断活动进行，没有一定的目标。没有目标，就没有希望，没有安慰，这样已经是世界痛苦的泉源。而且一切意志都是求生存，生存不能不有意志，意志一刻活动，痛苦一刻不能解除，这样一来，生存意志痛苦，成了打不破的连环。假如我们能够消灭意志，自然可以消灭痛苦，然而同时我们又不免要消灭生存。所以整个的世界，是一个痛苦的世界，根本不应当存在。哈孟雷特在极烦闷的时候，发出根本存在的问题，叔本华看来不应当存在，同时也没有办法。叔本华极端反对自杀，自杀也不能解决问题，因为盲目的意志，已经安排好一幕人生傀儡戏，同样的力量要强迫他们演完。用自杀来逃脱人生，不是懦夫，但是反常。并且一个自杀的人，他所想逃卸的不是生存意志，只是目前不快乐的状况。在他死后，生存的意志，仍然要继续生存，也许还要取一种更不痛快的形式。

宇宙人生是无意义的，意志是盲目的，生存是痛苦的，自杀是没有用的，这就是叔本华彻底的悲观主义。叔本华要我们看清宇宙人生本来的面目，明了一切自然现象的道理，然后鼓起勇气选定适当的态度生活。我们不要骗人的宗教神话，我们不要没有根据的道德信条，我们要的人生智慧。这当然是大智大勇的生活态度。后来，尼采受了叔本华的影响，主张要有清楚观察人生的勇气，要有希腊悲剧的精神。所以叔本华的悲观主义，决不是失望颓废无聊的悲观主义。它是一种哲学的悲观主义，或者可以说是一种智慧的悲观主义。

根据悲观主义，叔本华对于哲学第四种贡献，就是伦理教训。生存的意志，是人生最大的罪恶，一个人的行为是否道德，完全看他能否压制生存的意志。假如一个人只求自己生存，牺牲别人压迫别人来达到自己生存意志的目的，他就是不道德。在另外一方面，假如一个人能够明了生存的意志是普遍的，别人生存里，也有自己生存，个人的生存，不过是一幻象，把自己的价值，看得不高，牺牲自己，扶助他人，这个人就是很有道德。世界上最大的凶犯，都是最自尊的人。一切的罪恶，都由于轻视别人的权利，图谋自己的好处，损伤别人求自己生存意志的发展。在最粗鲁的形式，是杀人放火，但是就在最文明的形式，只要有同样根据，其罪恶也不过是程度上的差异。真正道德的行为，只有明白清楚认识现象世界的罪恶，决心把它减少到最低的程度。唯一的方法，就是克己。世界上只有克己的人才是有道德的人。

即如谈到爱国主义，叔本华认为一位真正爱国肯牺牲一切的人，他一定把自己生存看轻，从个人存在的意志里解放了自己。他知道，个人不过是暂时的现象，国家是永久的真实。他自己和国家，不能分开独立，应当混合统一。只有这样的了解，才能够消灭自私自利的心肠。假如用爱国的观念,到一切人类的关系上面,一个人自然可以成为理想道德的人物。

叔本华说:"一个善人和一个恶人,所有的感觉性情完全两样。一个恶人,无论什么地方,都感觉自己和一切外物中间,有一道严峻的鸿沟;世界是一个绝对的'非我',他同世界的关系,是一种根本敌对的关系;他性情的主要元素,是仇恨、猜疑、嫉妒、恶意。在另外一方面,一个善人,生活在他自己生命同类的世界;一切外物在他不是'非我',乃是'我的重现';因此他感觉他自己和一切,都有连带的关系,对每人的祸福,发生直接的兴趣,他有信心地估计到人对他总会有照样的同情;他内心有深沉的安宁,他稳静确信的性情,使每个见他的人,都心中快乐。"

人我界限的消灭,是一切道德行为的基础。然而道德行为推到极端,就成为遁世主义。叔本华说:"当一个人停止自己和别人自尊自利的分别,看别人的悲哀就像自身的悲哀,这样一个人自然会在一切生存中认识他自己,把一切生物无尽的忧愁当作他自己的忧愁,这样他把全世界的悲哀都放在他自己的身上。他明了全体,承认一切奋斗的无用;他的认识,成全了他意志的解脱。意志离开人生,人类达到自动地拒绝、放弃、否定生存的意志。这种对世界对生存意志的厌恶,就是从德操到遁世主义的过程。"

遁世主义是对人生求永远的解脱,然而这一种境界,事实上非常困难,甚至可以说不能达到。叔本华自己也没有办法,他曾经说:"我宣传神圣的义务,但是我自己并不是神圣。"临死以前,他对他的朋友格文勒说，他本来希望能够达到涅槃，但是始终不过是一种空想。至于讲到暂时的解脱，叔本华对于思想界第五种贡献，就是他的艺术论。

一位遁世主义者，想完全否定意志得到永远的解脱。一位天才在艺术创造和静观的过程中间，也可以完全否定意志，得到暂时的解脱。艺术的创造和静观，需要对于"永久观念"的明白认识，这一种永久观念，站在现象世界和理想世界中间，就柏拉图哲学中所指的"普遍形式"或者"普遍原理"，不是一般所指的印象观念。在美的静观的时候，静观的对象，成了它同类的观念，静观的个人，成了纯粹智力的机构。静观者的人格，在这一个顷刻，消灭无形，沉浸在对象中间，与对象合而为一。宇宙的谜团揭开了，静观者自身再不受幻象的迷惑了，没有任何阻厄，使他不能认识其他一切生存中间的自我。

没有认识宇宙人生本来面目的本事，技术再精，学问再博，只能算才能，不能算天才，因为："天才就是客观。世界事物越能够从静观中清楚客观地展开本来面目，这种根本的最丰富的了解形式，世界事物越能够暂时真正地和意志对于这些事物发生的利益关系成反比例的对抗。摆脱意志的认识，是必须的条件，是一切审美的元素。为什么一位平常画家，虽然卖尽了气力，风景仍然这样坏呢？因为他在里边没有看见更多的美。为什么他没有看见更多的美呢？因为他的智力和他的意志，分离得不够开。认识和意志越摆脱得开，它也越纯洁，因此也越客观，越准确，就像最好的果子，没有生长在那儿的土味。一切拙劣工作的人都是这样,因为他们的智力太坚固地受意志的束缚,行为受意志的支配,完全作意志的奴隶。因此工作拙劣的人,只能达到个人的目的;他们产生恶劣的图画,没有精神的诗歌,肤浅可笑甚至于虚伪的哲学。他们一切的行动都是个人的。因此他们只抓住壳,没有抓住心,他们幻想他们已经比得上或者超越过他们的模范了。"

天才能够借艺术摆脱意志的束缚,他工作的价值因此也就不能拿实用的标准来判断。"正因为天才能够抛开意志的支配,从事智力自由的活动,他的作品不能帮助实用的目标,不管是音乐、哲学、图画,或者诗歌,一种天才的工作,决不是一件实用的事情。没有实用是天才工作的特性,这是它高贵的特权。其他人类的工作,是为生命维持与名利而存在,唯有天才是为自己本身而存在;他是生命的花。在我们欣赏他的时候,我们的心膨胀了,因为我们超脱了需要严重的尘氛。所以我们很少看见美丽和实用联合。美丽崇高的树木,不结果子,结果子的树木,是丑陋弯曲的小树。园中双层的玫瑰,没有生产,只有纤小无香的野玫瑰,才有果实。最美丽的房屋,不是最有用的房屋;一座庙宇,不是一个家庭。一位有难得天赋智力的人,勉强去从事一个最平常人能够胜任的有关职业,就像一个宝贵彩画的花瓶,拿它作烹调的家具。拿有用的人才和天才相比,就像拿砖头来比金刚石。"

天才是不快乐的,因为他是不自然的。他时时刻刻都想摆脱意志的束缚,去取得纯粹智力活动的自由;智力越看得清楚,它越明了自身处境的悲哀。但是在抛弃意志支配的时候，他却能够享受最高尚的快乐。叔本华说："我们最快乐的时候，就是我们在审美的时候，摆脱意志剧烈的冲动，超出地上严重的氛围。一个人的生活多么幸福，假如他的意志永远克服；不仅只在欣赏美的难得顷刻，简直完全消散，只有最后一点维持身体微弱的火星，同它一块儿灭绝。这样一个人，在许多沉痛战争以后，战胜了他自己的本性，只留下一个完全智力的生存，一面宇宙光明的镜子。没有任何事体有力量，扰乱他，激动他，因为他已经解除意志千条的线索，这些线索用欲望、恐惧、嫉妒、愤怒各种形式把我们捆在世界，把我们牵在这儿那儿，忍受不断的痛苦。他现在可以回头观看，镇静地微笑这个世界的幻术，曾经能够扰乱他的心志。现在这些幻术不关痛痒地站在他面前，就像结局了的棋子或者像抛开了的面具，只在狂欢的时候，曾经嘲笑扰乱过我们。人生和动物在他面前经过，就像一个疾驰的幽灵，一个半醒的朝梦。真实射出微光，它再也不能够欺骗；就像这样一个梦，他们最后也消逝了。"

（原载陈铨：《叔本华生平及其学说》，独立出版社1942年版。标题为编者所加）

1893—1964

汤用彤：叔本华之天才主义

天才主义为叔本华（Schopenhauer，1788—1860 年）学说中扼要之部分。其形而上学及伦理学中，在在均与此有甚深之关系。盖当叔氏时，天才问题为思想上最要之一问题，而其时天才亦极众多。如哥德（Goethe）、薛来（Schiller）、费希脱（Fichte）、两徐来格（Two Schlegel）、黑格尔（Hegel）等，均与叔氏先后并出，而康德则去其时未久，故时有"天才时代"之称。洛耶氏（Royce）在其《近代哲学精神》(*Spirit of Modern Philosophy*)中有言曰："尔时青年几无有不自以为天才者。"良非虚语也。叔氏虽未自许为天才，而其所言多暗影自身也。

叔氏性情乖急，所谓"天才近狂"（genius is akin to madness）正其人之谓也。因所著书不行销，屡与书贾为难。丹麦学会悬赏征文，氏应征落选，但彼则自印其文，大书特书为不得赏之文，以示该学会之妄。居尝畏人之害其身。在柏林时，值虎列拉盛行（黑格尔死于是），氏恐及其身，乃急逃。其言行之奇异若此。而性复傲倪，目空一切。谥费希脱为气囊（windbach）。其学说亦别开生面，异帜独标，于西洋哲学史中殆罕见其俦。故人常谓其受东方人学说之影响也。

叔氏引申康德所言，其哲学可分两方面说之，即谓一切现象（phenomena）无论为心理的或物理的，皆属于思想，心物不可偏废，二者相合，即为现象。一方面则谓世界本质（thing-in-itself）为意志，非理性所可管束，理性管束之特征，为多数及有限之个体。

凡在空间时间及因果之观念中，可谓某物为有，如言此为椁，因此椁占有空间故。此椁非古椁，因现在见故。此椁非彼椁，因接近故。因此物不可知，所知为现象，现象之能知，则以占有空间时间并有因果故。物之本质，无空间时间，且不受因果律之支配。平常人以为物之本质即为现象，是直以物如见制于时空及因果之中。然为世界本质之意志，乃图无限发展者也。以无限意志而对付此有限之现象的世界，故此世界为悲观为苦恼，氏之悲观主义，即以此为出发点者也。费希脱亦主意志之说，但费说之结果则为乐观。彼亦以此世界既属有限，意志无限，则不应以意志而屈服于现象世界之下。应鼓厥勇气，战胜物质，而后归入精神。人生最后之目的，当如是也。但叔氏一生潦倒，厌世极深，故其说亦不及费氏之强毅。是亦因天才各异之故也欤？叔氏以为欲超脱此有限之世界，只有二途：①天才；②圣才。今但言天才。夫人欲脱苦海，必须具有下列两个条件：①不受世间一切限制者；②无一切意志欲望者。

故今若有一种心理材料，能具此二个条件，即可为能脱苦之因。盖苦者以有限知识役于无限意志之谓也。叔氏意谓柏拉图所谓概念（Platonic Ideas），此概念为不受时空因果之限制，无有个性，为一普遍之概念。非单指任何物而言，乃指个物共同之性质，此概念虽与单独个物有关系，然不受时空因果之限制。所谓柏拉图之概念，为天才脱苦之利器。概念属思想，故思想对意志言，意志贪得无厌，为恶之源。天才思想必极发达，而意志则须缩减。天才未尝无意志，因思想发达之故，因而意志不如在常人之专横，陷人于苦海之中，凡一切主观的见解，均自意志中发出。唯柏拉图所谓概念，则发自外界，为完全客观的。

天才以何种心理作用而能认识柏拉图所谓概念，俾超脱此有限世界乎？此心理作用有二：①知觉或直觉（perception or intuition）。所谓知觉者，乃对于外界直接之知识，全非抽象思想。抽象思想乃主观的，天才用知觉期达最完全之客观（柏拉图概念是矣）。此种直觉之知觉，与常人在有限现象世界中所用者不同。天才之知觉，以物之不变本质为目的，不变之本质乃最客观者。故主观之意志、主观之心理遂薄弱，而天才知觉发动至极，可不有物我一切分别。②想象（imagination）。常人知物不能超乎物象以外，是因其知识不足，且少想象之故，天才知物不限于时空因果，只知其代表之形，如见日落，而可想象自然界之美，彼常人则见日落，以为入息之时，毫无高尚理想。所谓春江花月夜，天才对之，具有莫大意味，非可语乎常人者也。然而世界之物，均为有时空因果者，天才果凭何物而得其柏拉图所谓概念乎？此则于美术中可以求得之。盖美术品虽非柏拉图所谓概念，而实与之相近也。天才必为知觉及想象最发达者，故天才必爱美术。美术不限于文学之类，凡自然界之美者均属之。见一切美而生无限之快乐，惟天才为能。常人则无地不为苦所缚系，因其不能以直觉或想象以审美也。而美之中最善者为音乐，以音乐之起伏，可代表世界本质（意志）之变迁，可使全世界尽成客观。意志之在主观者，则为苦恼。今若将其变为客观，由音乐表现而出，则不觉其苦而觉其乐矣。

天才圣才，与常人之所以不同者，则以常人知识不能达到柏拉图所谓概念，常限于物象之中，而不能超脱，无地不为苦所窘也。而天才与圣才之别，则天才对意志不用压迫之法，而圣才则极力克制，使不能发生；天才以由主观发出之观念而客观化，圣才则断没一切主观的意志。因是之故，天才所得之快乐，只是暂时的；而圣才则除恶于根，故能永久解脱。

凡天才必非女子，因女子感情太重，主观观念极易发生。啼笑不常，喜怒为用。强之作毫无意志之天才，绝对不可。故天才必为身体健壮，脑力充溢者，始可当之。其余叔氏书中所道及天才之身体形状，多无甚理论根据，半悉先生之自况而已。

叔氏此说，在美术心理方面颇有价值。但亦有大缺点，如其言有意志为苦恼，而圣才抑压意志即无苦恼。试问，所用以抑压者，是否亦为意志，若为意志则焉将置之？其天才学说，亦犯同病。如欣赏美术，变主观悉为客观，应亦有意志作用。若谓主观意志为苦之因，天才所避，其运用美术心理，乃别有一种意志。如此，则意志可分为二种，是必受时空因果之限制。如是则叔说将根本推翻矣。

（原载《文哲学报》第 3 期，1923 年 3 月）

1903—1969

陈铨：尼采思想的演变

近代哲学家，对于世界影响最大的，一个是黑格尔，一个是尼采。黑格尔是最伟大的系统哲学家，他把康德以来一切相传的理想主义，造成最精密的哲学系统，对于一切问题，都给它一个总解决。虽然他的哲学非常艰深，除了少数专家而外，一般人不能问津，然而他的势力，却到处表现。至于尼采的哲学和黑格尔的哲学，全不相同。黑格尔是大学教授，他的著作的读者，都是大学范围里面的人，他做学问的方式，谨严、精密、艰深。尼采虽然做过大学教授，但是后来他不愿意做了，他宣传的对象，不是少数的同行，他做学问的方法，大部分凭他的天才和直觉。少数的同行，虽然反对他，挑剔他，然而他看透了世界人生，抓住近代文化中最精要的问题，他的著作，到处发生伟大的影响。

通常我们研究尼采的思想，不能像研究旁的哲学家那样，提出几个问题，看这位思想家有什么意见。最大的困难，就是尼采的思想，不断地成长变化，每一个时期，有他每一个时期的思想。假如我们不管他的变化，断章取义，摘录尼采几句话，就说这是尼采的思想，那么我们就会陷于矛盾、错误、紊乱。所以我们研究尼采思想的第一步，就是先划分出他几个最明显的阶段，加以简略的说明，以后提出任何问题，我们再问，尼采在某一个阶段中间，他对于这一个问题，取一种什么态度。

尼采思想的演变，有三个显明的时期：第一时期，尼采的哲学以艺术为中心，我们可以叫它做"艺术时期"。第二时期，尼采对于科学，发生极浓厚的兴趣，一切问题，都以科学为出发点，我们可以叫它做"科学时期"。第三时期，尼采摆脱科学，提倡超人，我们可以叫它做"超人时期"。

一、艺术时期

在第一个时期，影响尼采思想最伟大的两个人物，就是叔本华和瓦格勒。叔本华的哲学，有两个鲜明的特点。第一个特点，就是他的推论，都是以意志为中心。意志是宇宙万有的根源，是推动一切的力量。然而意志是盲目的、机械的，不知它从何处来，也不知它往何处去。因为生活不能不有意志，有意志即不能不有痛苦。人生的问题，就是怎样对意志求解脱。叔本华哲学第二个特点，就是艺术占人生极重要的位置，对于意志永远的解脱，叔本华提出遁世主义，然而实行非常困难，至于暂时的解脱，就是艺术。生活虽然离不了意志，然而在艺术的创造和欣赏的过程中间，人类也可以暂时摆脱意志，达到内心的安静。

瓦格勒是德国有名的音乐家，他的歌舞剧，一直到现在，还风行全世界。他是叔本华的信徒，在他的歌舞剧里边，他根据叔本华的哲学，作种种崇高的艺术表现。叔本华非常看重音乐，认为音乐是艺术的最高峰,因为音乐最能够直接地领导人类到无欲的境界。瓦格勒认为文学和音乐,都来自艺术家精神上同一的源泉。音乐家应当同时就是诗人,艺术的材料,应当从全民族精神生活采取,必须包含国民性。在瓦格勒的歌舞剧里边,没有任何个别的艺术,文学、音乐、图画、雕刻,一切不同的艺术,在这儿都得有着一种综合的表现。

在1865年,尼采才二十一岁,他在莱布慈一家旧书店里,凑巧买了一本叔本华的主要著作《意志和观念的世界》。他读完以后,立刻成了叔本华的信徒,以后虽同叔本华的主张常有出入,甚至相反,然而叔本华的影响,他永远也没有逃掉。尼采曾经说:"我是叔本华读者的一个,他们确实知道,读了他一页书,就得从头到尾读完,就得专心致志,听他嘴里讲的每一个字,我对于他的信心,立刻就是圆满的,完全的。"在1874年,尼采又说:"叔本华的谈话,是只对他自己,或者,假如你厥意想象一位听者,让他是一个儿子,父亲正在教训他,他是一种粗糙、诚实、愉快的谈话。对一个听他爱他的人说的。这样的作家是很少的,他的力量和清爽,在他第一个声音的震响,就包围我们;就好像走进森林的高山,我们在哪儿都深深呼吸一切,立刻心胸就舒服了。我们到处都感觉一种爽快的空气,一种他自己的坦白和自然,这种坦白和自然,只属于自己和自己像居家那样融洽的人,他确是一个极富豪的家的主子。"

尼采对于叔本华,非常愉快感激,因为叔本华给他精神生活,开辟了一条新的路径,叔本华教他怎么样观察世界的本来面目,看清人生真正的痛苦。尼采第一期几部最重要的著作，如 1871 年《悲剧的降生》；1871 到 1876 年《不合时宜的思想》，中间包含《大魏·司乔士》、《历史对人生的利益和缺点》、《教育家的叔本华》同《瓦格勒在摆罗》，都是叔本华影响的结果。

叔本华悲观主义的根据是意志。世界是意志造成的，世界的万事万物，不过是意志的幻象。尼采的看法，和叔本华在这一点完全相同。尼采也和叔本华一样，认为人生世界一切痛苦的根源，就是永远不能满足的意志。然而意志痛苦的解除，就是艺术的创造和欣赏。所以艺术就是尼采的理想，然而这个理想，他发现在瓦格勒歌剧中有了充分的表现。艺术家凭他的艺术，把自己和人类，从意志痛苦中解放。

但是这一种艺术理想的前提，自然是悲观主义。在人类生死存亡中间，悲观主义者看出盲目的永远不能满足的意志和幻象，不断表现各种的形式。艺术提高人类，使他自己解放自己，使他变成高贵聪明神圣。在这一种情形之下，艺术理想，是悲观主义者决不可少的工具，悲观主义是艺术理想决不可少的源泉。所以尼采和叔本华都极端反对乐观主义，因为乐观主义使我们不能看清楚人生世界的真实。在《大魏·司乔士》一篇文章中间，尼采极力反对司乔士所代表的乐观主义。

从希腊悲剧滥深研究，尼采发现希腊人也是悲观主义者，至少高贵的希腊人，如像恩伯多·克利斯都是这样。理智主义者梭格拉第是乐观主义者，然而梭格拉第代表希腊文化起首的下降。只有抱悲观主义的人，才是人类真正的导师，所以叔本华是最好的教育家。只有悲观的艺术家，才能够产生悲观的艺术，所以瓦格勒是最好的艺术家。

尼采在中学的时候，已经就欣赏瓦格勒的音乐，听了瓦格勒的《崔士谈和伊梭达》以后，他的欣赏变成热情。1868年，尼采得着机会会见瓦格勒，两人差不多一见倾心。在给他的朋友诺德一封信里边，尼采描写他第一次会见瓦格勒的情形："现在让我给你一个简单的叙述，那晚上什么事体发生：的确，我经验的快乐，是这样的难得和令人兴奋。就是现在，我也不愿再回到我过去单调的生活，我不能想任何更好可以做的事情，我只想到你那儿来，我亲爱的朋友，告诉你这些奇妙的消息。瓦格勒在晚饭前后，为我们奏音乐，他把'唱师'中间比较重要的每一段都奏过了。他仿效各种的声音，他非常高兴；他是一个特别活动特别热情的人。他说话极快，表示大量的机智，他能够使那一晚上一类集合的私人团体十分快活。我想法同他有一段关于叔本华较长的谈话。呵，你明白，对我是怎样一种快乐，听他用不可形容的热情，来谈我们的先师——他得着了他多少益处，怎样他是唯一认识音乐精华的哲学家！然后他问及大学教授们怎样对待他；关于裴亚格哲学会笑了一大阵。……在这晚的终局，他……和善地请我再拜访他，我们好一块儿讨论一点音乐和哲学。"

从这个时候，一直到1776年，尼采和瓦格勒保持最热情的友谊，他常常去拜访瓦格勒，虔诚地欣赏他，崇拜他。两人的主张完全一致，叔本华解脱的理论，在瓦格勒的艺术中间，得着了充分的实现。瓦格勒对于尼采，不但是一位亲密的朋友，崇拜的艺术家，简直是哲学家精神的结晶体。

尼采 1871 年完成的《悲剧的降生》，他献给瓦格勒，因为这本书主要的内容，是说明希腊的悲剧和瓦格勒的艺术相互的关系。瓦格勒和他的夫人非常高兴，同时也有许多人攻击尼采，说他曲解希腊的戏剧，不合语言学家的精神。学生们都接受别人的劝告，不再听他的演讲。他修辞学班上，只剩下两个学生。

社会上的攻击，并不能动摇尼采的主张。他和瓦格勒的友情，仍然保持白热的高度。瓦格勒写信给他说："除开我妻子而外，你是人生带来给我唯一的快乐。"他又说："尼采，我对上帝宣誓，你是唯一知道我奋斗什么的人。"1876 年尼采完成他《瓦格勒在摆罗》，把稿本送给瓦格勒，瓦格勒惊喜回答他："朋友！你的书真是伟大！你怎么会知道我这样清楚？赶快来，看排演，习惯你新的印象。"尼采到摆罗去了，但是心中经验了一种说不出来的失望，听过第一次排演以后，他就离开那个地方，到克林恩伯龙去藏了十日。十日以后，他再到摆罗，那时瓦格勒的名誉正到了最高峰，德国人在摆罗特别替他建筑戏院，发起节日来庆祝他。尼采在摆罗住了几天，内心起了激烈的争斗，最后他明白发现，一直到现在，他认为的理想，他崇拜的人物，完全是一种错误。他一刻也不能忍受，节日还没有完，尼采离开摆罗，永远也不回去。后来尼采说："我生活中最大的事件，是一个恢复。瓦格勒不过是我疾病的一种。"

二、科学时期

1876年，是尼采思想生涯中最大转变正式的宣布，但是并不是正式的开场。实际上从1874年起，尼采对于叔本华、瓦格勒的思想艺术，已经渐渐采取一种批评的态度，语言学家的尼采，已经渐渐转变成思想家的尼采。叔本华的思想，他虽然大体接受，然而叔本华的遁世主义，他始终没有同情。他利用叔本华的悲观主义，来反对19世纪科学的乐观主义。对宇宙人生悲观的批评，似乎是每一位诚实的人应有的责任。但是在另外一方面，依照叔本华的哲学，怜悯是最高的德操，消除意志是人生最后的目的。然而这一种思想的趋势，有一个极大的危险，假如19世纪随科学发明而来的乐观主义，使人类文化，陷于肤浅腐化，那么叔本华消除意志的悲观主义，也同样会使人类失掉人生的兴趣，趋于寂灭死亡。这一种重大危险的认识，使尼采不能不采取一种新的态度。叔本华所认为解脱生活意志的艺术和形而上学，似乎都不是根本促进人类文化的根本办法。

至于瓦格勒的音乐，他早已经感觉巴黑和伯拖奋表示更纯洁的本性，对于瓦格勒音乐的理论，他有好些出入甚至于反对的地方。他发现瓦格勒的天才和个性中间，有些时候缺少节制。然而最要紧，就是瓦格勒的歌舞剧，根本就是叔本华哲学的结晶。消除意志，摆脱人生，是他努力的方向。他音乐迷人的美丽，使我们忘记了人生世界，进入一种陶醉的状态。然而这一种趋势，根本是否定人生，是一种生命力减少人类堕落文化灭亡的不良现象。假如19

世纪欧洲的文化,已经在腐化,叔本华的哲学和瓦格勒的艺术,将更摧毁他最后的力量,使他更加腐化,走到灭亡的路径。

尼采愈考虑这一个问题,他心中愈不安,在摆罗的节日,他彻底觉悟,叔本华瓦格勒一派的思想,是离开人生,他自己的思想,是要接近人生,叔本华瓦格勒的思想是出世的,他自己的思想是入世的。尼采是文化哲学家,依他的观察,欧洲文化已经陷入腐败堕落的时期,他满心想借叔本华的哲学,来看清人生的痛苦,和一般人的肤浅浮夸,他更想借瓦格勒的音乐,来拯救世界。然而他现在发现叔本华的哲学,只有消灭生活的力量,瓦格勒的音乐,不过使人类暂时陷入麻醉的状态,他不能不抛弃一切,另寻新的办法。

在他彷徨歧路的时候,他遇着锐伊博士,两人成为很好的朋友。锐伊同尼采到意大利,在勒亚浦相处六个月,他对于尼采,有很大的影响。锐伊对于英国的思想非常熟悉,他介绍尼采研究英国的思想。英国的思想家,如像达尔文、斯宾塞尔、弥尔等人的书籍,尼采都用心阅读,然而影响尼采最厉害的,还是锐伊本人的一本书,名为《道德感觉的起源》。尼采对于这一本书,反对的情绪这样激烈,这本书反而帮助他养成自己对于这个问题的基本观念。但是锐伊因为尼采的不满,不久又写了一本书,名叫《良心的起源》。在这本书中间,尼采反对的地方,他取消了,尼采反对的主要意见,锐伊不但采取,而且从各民族各作家采集了许多有价值的引证。

从这个时候起,尼采完全抛弃第一时期的思想,踏入新的阶段。尼采现在不谈形而上学,不谈艺术,他所要求的只是真理,为着真理，他可以牺牲一切。他只凭科学的方法，一步步地研究事物的真理。形而上学，必须要摒弃在真正哲学之外。心理动机所造成的形而上学，不但不是真理，而且是真理的障碍。尼采说：形而上学是一种"处理人类的错误好像它基本真理"的科学。真正的哲学家，必须要避免"人类的太人类的"观念，从事平常踏实的研究。人类的产业，人类的价值，人类的观念，必须要取消，因为他们都是人类的，太人类的。叔本华的问题，关于世界人生的价值，宇宙的悲观主义或者乐观主义，属于不应提出因此不能答复的问题。哲学必须成为纯粹的科学。以前的哲学家，用他们个人对于问题的态度，作为不可磨灭的真理，他们都是科学家的退化。科学的哲学，就是要用科学方法，来处理宗教艺术文化和道德。这些对象，经过科学的洗刷，它们的面目和从前就不一样了。

即如宗教，在形而上学里边，它是一种超宇宙关系的结果，它自然不能说是客观的真理，但是科学把这一种非真实的性质，表示得更显明，它发现人类宗教观念心理的来源，因此宗教哲学就变成宗教心理学。在形而上学方面，宗教还有许多逃避的地方，但是在心理学方面，它没有机会可以存留。科学把一切事物都探本求源，在这儿和现在，没有任何事物能够逃避科学的判断。如像遁世主义者所达到内心神圣的境界，并不是基督教上帝的仁慈，也不是叔本华无欲的解脱，乃是人类复杂动机复杂的表现。宗教和形而上学，都把它误解了。

1880年，尼采完成《人类的，太人类的》，他自己讲他这本书：

"我在这儿，从一切不属我性情的事物，解放了我自己；这是一个危机的纪念碑，这是一个强有力的自己教育自己的纪念碑，我忽然停止我一切曾经传染我的高级欺骗，理想主义，美感，和其他的女性观念。"1881年完成《黎明》，1882年完成《快乐的科学》。这三本书，代表尼采第二时期的思想。

从艺术时期到科学时期，尼采已经从悲观主义到乐观主义，从否定人生到肯定人生，然而尼采个人的生活，在这一个时期，却渐渐走入寂寞痛苦的状态。1875年圣诞节不久，尼采的健康就毁坏了，意大利的旅行，并没有使他身体恢复。也许因为他身体不好，他以后不写文章，只写一段一段的短语。在他寂寞步行的时候，一有思想，他立刻就写下来。他说这种短语，就像山峰一样，最短的路径，就是从山峰到山峰，不过需要长大的腿。

尼采的眼、胃、头，都不使他安静，他的健康，愈来愈坏，最后差不多完全摧毁，1879年他不做教授了。他旅行意大利，身体稍好一点，他就著作。他现在成了一个寂寞无依不安定的灵魂，一会在意大利，一会在德国，从这儿到那儿，没有朋友，没有爱人，只有在寂寞中去寻求真理。他生活节俭，自己常常在酒精灯上做一点自己的饮食。到了晚上，剧烈头痛，使他不能安眠。他没有钱买蜡烛，在黑夜里一人软瘫在沙发上。清晨他长时间寂寞散步。在山边水滩，常常梦想。手中的笔记本，是他唯一的伴侣。

在这一种生活状况之下，尼采保持他的乐观主义。真理的寻求，是很难的，然而人生的意义，也就在寻求真理。尼采认为只有生理学和医学，可以作建筑他新理想的基础。他实事求是，研究自然，不问它最后的目的。然而这一种态度，就算可以寻求真理，真理对人生又有什么好处呢？艺术文化道德宗教，在科学研究之下，都摧毁了，然而科学家过的生活，又有什么意义呢？一种深沉的悲哀，占据了尼采全部的心灵。他有摆仑同样的感觉，"智识的树子，不是人生的树子！"

尼采要的是人生，然而科学的研究，仍然是离开人生。尼采渐渐感觉，他又走了错误的道路。在1882年，写《快乐的科学》的时候，尼采已经有一种转变的预备，萨亚涂斯贾的名字，第一次出现，尼采不久就走到最后超人时期。

三、超人时期

就算科学能够寻求真理，这一种真理，已经是离开人生，它同叔本华的悲观主义一样，消除意志，使人生陷于虚无之境。"太阳下去，但是我们生活的天空，太阳光明照耀，我们也看不见了！"

假如真理不能帮助人生，那么人类就应该宁肯在幻象中过生活，不应该在真理中生活。在第二时期，尼采的口号是"人生为真理"；在第三时期，尼采的口号是"真理为人生"。人生必须要想象创造，科学家却没有这样的本能，他好像一位老处女一样，到处受人尊敬，然而人类两种最有价值的本事，他却没有。

在1882年，尼采感觉非常寂寞，他想结婚，他写信给麦森布女士，"我诚恳地告诉你，我需要的，是一位好女人"。麦森布女士替他选了萨罗密女士,刚才二十岁。尼采会见她,爱她,求婚,却被拒绝了。

从此以后,尼采的生活愈寂寞,思想愈深刻,他唯一的朋友、爱人、安慰,就是他新创造的萨亚涂斯贾。他借萨亚涂斯贾来宣传他的超人主义。1884年,他完成《萨亚涂斯贾这样说》。这一本书,一般人认为是尼采最精彩的著作,代表他最成熟的思想。

在这一个时期,尼采把科学思想,完全抛弃了。然而第二时期的乐观主义,他却仍然保存,第一时期的意志观念,他又重新恢复。人类行为的基础,仍然是叔本华所指出的意志,但是不仅是求生存的意志,乃是求权力的意志。生存并不痛苦,意志更不应该消除。我们应当接受人生,使人生发扬光大进步,我们要使人类达到最高级的发展,这一种最高级的发展,就是超人。在《萨亚涂斯贾这样说》的开场,萨亚涂斯贾说:"我教你超人。人类是要超过的东西。你们为超人做了什么呢?一切的生物,一直到现在,都曾经创造超过他们自己的东西,难道你们还想做那种伟大潮流的降落,宁肯回到禽兽,不愿意超过人类吗?……超人就是地球的意义。让你们意志说:超人必须是地球的意志!我恳求你们,我的同胞,对地球忠实,不要相信那些告诉你们超地球希望的人!"

但是尼采的超人到底是什么意义呢?

第一,尼采的超人就是理想的人物,就是天才。照尼采的看法,社会的进步,是要靠天才来领袖。没有天才,人类一切的活动,就会陷于停滞的状态。19世纪科学的研究,和平民政治的提倡，使一般的超势，只求平等，不求提高，因此对于天才，无形中施以极大的压迫，使他们不能发展。尼采恨极了平庸，恨极了平等，他不要禽视鸟息的人生，他要精彩壮烈丰富进步的人生。对于人类的幸福，他要求的不是"量"，乃是"质"。千万的犀象，不及一位天才，厨房边活一百年，不及天国中活一日。历史的演进，最后的目的，就在产生天才，人类的目的，就是在产生无数出类拔萃的人物。世界最大问题，就是怎样可以产生天才，使天才能够发展，只要天才能够产生发展，人生就有意义，就有希望。

第二，尼采的超人，就是人类的领袖。人类是不平等的，智识能力永远不会相同。领袖是社会上最优秀的分子，他们的智力，既然高于群众，群众必须受他们的指挥，才能够建设伟大的事业。超人和普通人类的差异，就像人类和猴子的差异一样。猴子在人类眼光中是笑柄，普通人类在超人眼光中也是笑柄。人类不能让猴子来领导，同样超人也不能让普通人类来领导。人类应当前进，不应当后退，假如让群众来处理一切，等于我们回复到禽兽的状态。

第三，尼采的超人，就是社会上的改革家。超人不能相信社会上已经有的价值，他们自己会创造新的价值。他们要把文化上一切的价值，重新估定。我们都知道，社会上一切的事物价值，一般的群众，决没有智识勇气，来推倒反抗，只有先知先觉，才能够发现他们的缺点，从事改革。假如没有他们，社会上就要死气沉沉，毫无进展，我们不能再有"人生"，我们只有"人死"。

第四，尼采的超人，就是勇敢的战士。狭义来说，尼采是主张战争的，因为战争是无情的，然而战争的好处，就在无情，因为它淘汰弱者，使强者生存，人类社会，才可以进步。超人就是战场上的壮士，他们要战胜一切，征服一切，摧毁一切。广义上说，社会上的先知先觉，常常都被愚盲的群众误解反抗。因为他们随时要创造新价值，群众总是不愿意接受，所以他们常常都要奋斗牺牲，但是他们并没有半点追悔，哪怕天崩地裂，他们也不低头，哪怕刀砍斧伤，他们也不屈服，他们要凭他们天生的本事，打出一个新的世界。

关于尼采的超人，世界各国的学者，解释甚多，有许多人，甚至于以为尼采受了达尔文的影响，想象超人，是人类进化到某种阶段的生物。这一种误解，尼采的妹妹，曾经再三辩明，说尼采不过是作一种寓言，表示普通人类和特别天才中间的差异，并没有包含达尔文进化的观念。然而好些学者，仍然不肯相信，要把超人说得无限神奇。其实尼采著作本身各处，已经明白表现了上文四种的意义。

1886年，尼采写成《善恶之外》，1887年《道德的系统》，他最后的几部书是《权力意志》、《偶像的曙光》、《反基督》和《看这个人》，到1889年1月，尼采就疯狂了。

在这些著作中间，尼采对于旧的传统，新的偶像，尽量攻击。丹麦的批评家伯南德士，是欧洲第一位大学教授，讲演尼采的哲学。一位德国人罗尔道说，假如丹麦的父母，知道伯南德士教了他们的孩子什么东西，他们会把他杀死在街上。尼采的思想是很危险的，因为尼采的理想太高了，旧社会的势力太大了，尼采一生，到处和社会冲突，一直到今日，还有许多自命第一流的学者，认为尼采的哲学，是狂人的幻想。

然而尼采的思想，却逐渐风行。尼采所攻击的对象，一直到现在，还在那儿反抗。尼采所提倡的主义，却也得了不少信徒。中国处在生存竞争的时代，尼采的哲学，对于我们是否还有意义，这就要看我们愿意做奴隶，还是愿意做主人，愿意做猴子，还是愿意做人类。

因为尼采的著作，根本不是替奴隶猴子写的。

（原载陈铨：《从叔本华到尼采》，大东书局1946年版）

陈铨：尼采的道德观念

历来第一流的思想家，都站在时代的前面。时代认为是的，他不一定以为是，时代认为非的，他不一定认为非。他凭他超越的眼光，深沉的智识，对于社会上一切制度文化道德宗教，都要重新估定价值。在必要的时候，他不惜摧毁一切，来创造一个新的局面。

尼采就是这样一位思想家。

他的心目中，只有真理，没有感情，没有恐惧，没有任何顾虑。他最佩服叔本华。但是后来思想转变，他抛弃他了。他最爱敬瓦格勒，但是忽然发现瓦格勒的艺术不合他的理想，他和他立刻断绝关系。社会上的讥评、压迫、非笑，他完全置之不理。他一心一意，找寻世界文化的错误，和补救的方法，使人类走入光明之域。人生再不是死气沉沉腐化堕落的人生，乃是充满了热情生命有声有色的人生。

只有尼采这样的人格，和他大无畏的精神，才配得上批评传统的旧道德，建设超人的新道德。

就在尼采的生时，他的道德观念，已经受很多人的攻击。他死后这样多年，一般道学先生，提起尼采，还不能不摇头吐舌，因为他们认为尼采是反对道德，或者不道德，其实道学先生们所谓道德，和尼采心目中的道德，根本是两件截然不同的事情。

要说明尼采的道德观念，我们先要说明尼采的人生观。

在第一时期里，尼采接受了叔本华的悲观主义，对人生取否定的态度。人生是痛苦的，人类是可怜的，世界的存在，根本是一种错误，解脱的方法，就在靠美术或者遁世主义，来摆开生存意志。真正的道德，在于压制自己，怜悯他人，在别人生存中，发现自我，在自我生存中，发现别人，人我的界限解除，生活痛苦的连环，即无形消灭。但是叔本华这一种人生观，尼采不久就抛弃了。

尼采认为人生不是求生存，乃是求权力，支配人生一切的，不是生存意志，乃是权力意志。我们对人生不应当消极地逃卸，应当积极地努力。生活的意义，不在压制自我，而在发展自我，不在怜悯他人，而在战胜他人。世界必须要进步，人类必须要超过。所以叔本华消极的悲观主义，一变而为尼采积极的乐观主义。

根据这一种新的人生观，尼采不但对于叔本华的道德观念，就对于数千年来许多传统的道德观念，都要发生激烈的冲突。

人生的意义，既然在发展权力意志，那么生活就等于是一种战争。在战争中间，强者才配生存，弱者自然消灭。这一种淘汰的过程，虽然残忍，然而却是不可逃避的现象。世界人类，如果还要进步，只有靠这种淘汰的过程。然而传统的道德观念，如像怜悯、同情、爱邻居、人我合一，都是违反自然，压倒强者，扶持弱者。这样，世界不能进步，人类不能超过，人生还有什么意义呢？

对于传统的道德观念，尼采追溯它的本源。所谓"善"的观念，本来是指"高贵"、"伟大"、"勇敢"，所谓恶的观念，本来是指"弱小"、"谦让"、"柔顺"。但是由于历史的演变，弱者要保护自己，所以把原来的意义改变了。凡是对于他们有利的，就叫作道德，凡是对于他们不利的，就叫作不道德。其实道德分两种，一种是"主人道德"，一种是"奴隶道德"。现在所谓传统的道德，都是"奴隶道德"，尼采所激烈反对的，就是这一些道德观念，如像怜悯、仁爱、谦让、顾虑，都是违反自然的情操，对于奴隶们感觉舒服的观念。在另外一方面，真正合乎自然的道德，就是权力意志的伸张，强者行动，弱者服从，道德就是庞大的力量，不顾一切的无情和勇敢。

假如有人仍然攻击尼采"主人道德"，不是真正的道德，尼采有一个最好的说明。鹰认为吃羊是"善"，然而在羊的眼光看来就是"恶"。鹰当然不需要善恶的道德观念，来拘束他吃羊的行动，只有柔弱的绵羊，才需要一个禁止的规律，假如没有这个规律，他们也会创造一种规律，来保护他们。所以真正需要道德观念的人，不是强者，乃是弱者，不是主人，乃是奴隶。真正的超人，决不受任何人为的道德规律的束缚，他的行动，超出善恶之外。他照自然的条理，发展自己的力量。道德的世界，不能压制自然的世界。

道德观念，并没有神圣的来源。一切宗教的说明，都是没有证据的假设。道德观念，也不起于自然，因为自然本身，强食弱肉，本来是极不道德的。很明显的，道德观念，不发生于神，不发生于自然，而发生于人，发生于弱小无能的人，他们的力量不能保护自己；所以不能不要名词的花头，来保护自己。凡是相信这些名词的人，自己不是弱小无能的人，就是受了他们欺骗的人。

道德观念，也不如康德所说，根据人类的良心。在人类的批评和行为中间，固然良心占极重要的地位。他内心中间，似乎常常有一种声音，敦促他依照道德的规律，假如他不顺从，那么这一种声音，就要谴责他，痛苦他，使他精神永远不得安宁。假如道德规律，不是上帝安排的，不是自然本身的，那么是否从人类的良心发出的呢？

尼采认为良心不是人类本能自然的声音，乃是遗传环境教育习惯创造的结果。一个祖先影响不同的人，和另外一个祖先影响不同的人，良心是不一样的。两个环境产生的人，良心也复不相同。并且一个时代有一个时代的良心，一个性格有一个性格的良心，到底哪一个良心是对的，哪一个良心是不对的呢？易子而食，析骸以爨，是否还有良心？项羽坑秦卒二十万，刘邦欲分乃翁一杯羹，是否还有良心？杀人不眨眼，卖人肉包子，是否还有良心？作了这样残忍行为的人，他们的良心，并不见得就谴责他们自己，然而愚夫愚妇，拜佛求神，一朝失慎，践踏蝼蚁，反可以因之寝不安席，食不甘味。良心的反应，这样不同，它怎么能够作道德的标准？

并且一个人的行动，用什么方法来判断它的是非呢？判断是非的标准靠得住吗？你说，我的良心告诉我是非。但是你的良心有什么权利来判断呢？你的良心不过是你整个自己的一部分。假如你整个的自己，不是万能，那么你自己的一部分，怎么能够万能呢？假如你整个自己是不道德的,那么你自己的一部分怎么会是道德的呢?你凭什么标准,来判断你良心的判断呢?凭你精神上的习惯吗?然而你精神上的习惯,不过是遗传和教育的结果。为什么你服从你的良心呢?你的服从,是真的还是假的呢?难道因为你是一个伪君子,所以你需要服从你的良心,把它来遮饰你的罪恶吗?难道因为你是一个懦夫,没有勇气,彻底调查良心的根底吗?或者你像一个军人,不加考虑地服从长官的命令吗?你到底用什么态度来服从良心,你为什么一定要取这一种态度?

进一步考虑良心的本质。你做一件道德的事情,凭你自己的判断,或者你说,凭你良心的判断,但是你是否曾经考虑:这一个判断是完全纯洁的吗?不是自私自利的吗?尼采说:"你抚抱你的邻居,对他说些温和的话。但是我告诉你:你对你邻居的爱,不过是你对自己的爱的虚伪表现。"尼采不但反对慈善情操的真实,而且不承认它有道德上任何的价值。作慈善事业,根本不是为人,乃是为己。我们爱别人,乃是想制服别人,或者引诱别人。换一句话来说,我们的爱,不过是我们权力意志换一个方式的表现。

尼采反对传统道德规律,最大的原因,就是它违反自然,压迫生命的活力。道德是人生的仇敌,是一切人生基础的仇敌。道德教我们作什么事情?反抗我们的本能,摧毁它们,摧毁生命的源泉,摧毁生命的条件。生命的目的,就是更多的生命。强壮的人,真正的人,爱人生,不怕人生,他爱人生包含的一切,人生的危险、人生的遭遇、人生的眼泪、人生的痛苦、人生的失望、人生的悲哀和人生的快乐，人生的胜利。激烈的感情，不过是健康活力的符号，它要冲破人为的束缚，它要打破道德的制裁，它要找寻有价值的生命，整个完美的生命。在一个伟大的人，一切的感情，都是合法的，都是必要的，因为没有它们，人生就无意义了。恨同爱一样地重要，复仇和怜悯一样地重要，欲望和贞操，愤怒和良善，同样在生命中不能缺少。

所以传统道德规律，照尼采看来，不是从上帝来的，不是从自然来的，乃是从人类来的。而且不是从伟大的人类来的，乃是从弱小无能的人类来的。弱小无能的人类，要保全自己，所以定下这些规律，来束缚压迫伟大的人类。然而人生没有伟大的人类，就没有价值，没有意义，所以尼采认为传统道德规律，是人生的麻醉剂。

这一种麻醉剂一天不取消，尼采的理想一天就不能实现，所以尼采不能不激烈抨击它。

平心而论，尼采对于传统道德观念的反抗，在欧洲思想史上，并不是唯一的人。远在二千多年以前，希腊的诡辩家卡里克里斯，已经就有强者权力的理论。他认为道德和法律的限制不是发源于自然，乃是发源于知觉。法律是弱者愚者和多数的人造的，来保护自己，反对强者，一切法律道德的规律，都是不自然的枷锁，强壮的人毫无顾忌，一点没有良心谴责，随时可以撕破，来满足他自然的意志。怀疑派哲学家安纳格萨卡斯也极力忠告亚力山大打破一切的限制。中世纪的哲学家曾经说："没有一样事情是真的，每样事情都可以许得。"此外如霍布士、马希亚维利，对于道德问题，也有相似的议论。法国的卢梭反对近代文化，回到自然。

这一种反对传统道德的暗潮，在欧洲思想史上，始终没有断绝。然而尼采始终是第一个人，凭他自己对于世界人生崇高的理想，对于现代社会上一切文化制度思想，都有崭新的意见，不但破坏，而且建设，不但局部，而且整个。他对于传统道德的观念无情攻击，但是他攻击的原因，是因为他想树立一种更新的道德，因此可以创造更美满的人生。

处在现在的战国时代，我们还是依照传统的"奴隶道德"，还是接受尼采的"主人道德"，来作为我们民族人格锻炼的目标呢？

萨拉图斯达的办法是：

"他把船头掉转，离开'父母之邦'，经过深夜的狂风暴雨，泛游到辽远的海洋，他达到'孩提之邦'——那儿有超人的虹霓和桥梁！"

（原载《战国策》第 12 期，1940 年 9 月 15 日）

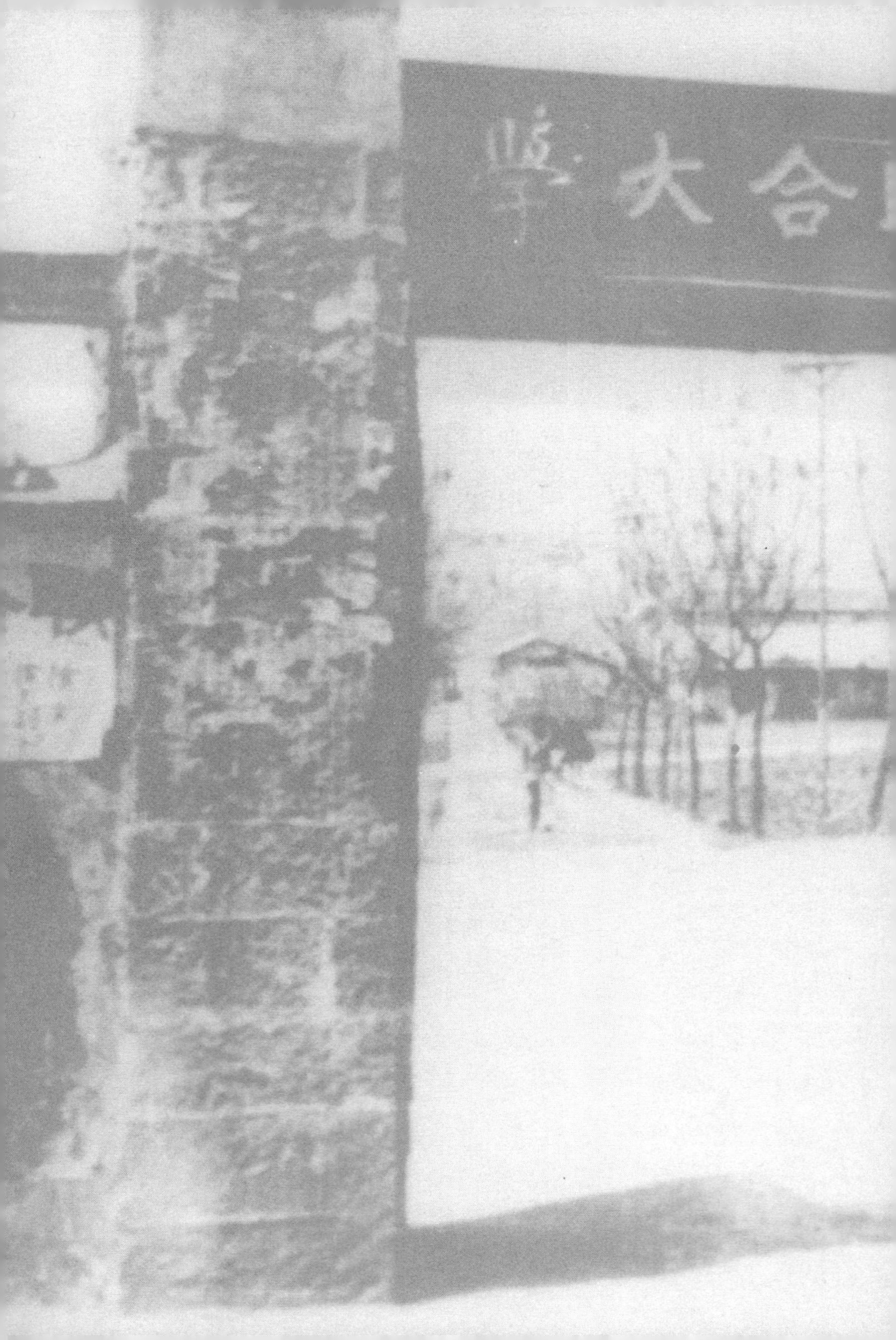
合大学

第六篇 柏格森、罗素哲学

欧美现代哲学四讲

1937—1946

1937—1946

1891—1962

胡适：晚近的两个支流
——柏格森的新浪漫主义和英美新唯实主义

这一篇名为《晚近的两个支流》。我也知道"支流"两个字一定要引起许多人的不平。但我个人观察19世纪中叶以来的世界思潮，自不能不认达尔文、赫胥黎一派的思想为哲学界的一个新纪元。自从他们提出他们的新实证主义来，第一个时期是破坏的，打倒宗教的威权，解放人类的思想。所以我们把赫胥黎的存疑主义特别提出来，代表这第一时期的思想革命。（许多哲学史家都不提起赫胥黎，这是大错的。他们只认得那些奥妙的"哲学家的问题"，不认得那惊天动地的"人的问题"！如果他们稍有一点历史眼光，他们应该知道二千五百年的思想史上，没有一次的思想革命比1860到1890年的思想革命更激烈的。一部哲学史里，康德占四十页，而达尔文只有一个名字，而赫胥黎连名字都没有，那是决不能使我心服的。）第二个时期是新实证主义的建设时期：演化论的思想侵入了哲学的全部，实证的精神变成了自觉的思想方法，于是有实验主义的哲学。这两个时期是这五六十年哲学思潮的两个大浪。但在这汹涌的新潮流之中，我们还可以看出一些回波，一些支派，内中那旧浪漫主义的回波，我们已说过了。现在单叙最近三十年中的两个支流，一个是法国柏格森的新浪漫主义，一个是英美两国的新唯实主义。

A. 柏格森（Henri Bergson，1859— ）

实证主义——无论旧的新的——都是信仰科学的。科学家的基本信条是承认人的智慧的能力。科学家的流弊往往在于信仰理智太过了，容易偏向极端的理智主义（intellectualism），而忽略那同样重要的意志和情感的部分。所以在思想史上，往往理智的颂赞正在高唱的时候，便有反理智主义的（anti-intellectualistic）喊声起来了。在旧实证主义的老本营里，我们早就看见孔德的哲学终局成了孔德的宗教。在新实证主义的大本营里，那实验主义的大师詹姆士也早已提出意志的尊严来向赫胥黎们抗议了。同时法国的哲学家柏格森也提出一种很高的反理智主义的抗议。

柏格森不承认科学与论理可以使我们知道"实在"的真相。科学的对象只是那些僵死的糟粕，只是那静止的，不变的，可以推测预料的。在那静止的世界里，既没有个性，又没有生活，科学与论理是很有用的。但是一到了那动的世界里，事事物物都是变化的，生长的、活的，——那古板的科学与论理就不中用了。然而人的理智（intellect）偏不安本分，偏要用死的法子去看那活的实在；于是他硬把那活的实在看作死的世界；硬说那静的是本体，而动的是幻象；静止是真的，而变动是假的。科学家的理想的宇宙是一个静止的宇宙。科学的方法是把那流动不息的时间都翻译成空间的关系，都化成数量的和机械的关系。这样的方法是不能了解"实在"的真相的。

柏格森说，只有"直觉"（Intuition）可以真正了解"实在"。直觉就是生活的自觉。这个宇宙本来是活的，他有一种创造向前的力，——柏格森叫他做"生活的冲动"（Elan Vital）——不断的生活，不息的创造。这种不息的生活向前，这种不断的变迁，不能用空间的关系来记载分析，只是一种"真时间"（Duree）。这种真时间，这种"实在"，是理智不能了解的。只有那不可言说的直觉可以知道这真实在。

柏格森也有一种进化论，叫作"创造的进化"（Creative Evolution）这种学说假定一个二元的起源：一方面是那死的、被动的物质；一方面是那"生活的冲动"。生命只是这个原始冲动在物质上起作用的趋势。这个原始冲动是生物演化的总原因。他在种子里，一代传给一代，积下过去的经验，不断的向前创造，就同滚雪球一样，每一滚就加上了一些新的部分。这个冲动的趋势，是多方面的，是无定的，是不可捉摸的。他的多方面的冲动，时时发生构造上，形体上的变异；变异到了很显著时，就成了新的种类了。他造成的结果，虽是很歧异的，虽是五花十色的，其实只是一个很简单的唯一趋势，——就是那生活的冲动。

我们拿动物的眼睛做个例。从一只苍蝇的眼，到人的眼，眼的构造确有繁简的不同；但每一种动物的眼各有他的统一的组织；他的部分虽然极繁复，而各有一个单一的"看"的作用。机械论的生物学者只能用外境的影响来解释这一副灵妙繁复的机器的逐渐造成，但他们总不能说明何以各微细部分的统属呼应。至于目的论者用一个造物主的意志来解释，更不能满意了。柏格森用那原始的生活冲动来解释；因为有那"看"的冲动，那看的冲动在物质上自然起一个单一的作用，那单一的作用自然发生一个统一的互应的构造。那冲动越向前，那构造也越加精密。但每一个构造——自极幼稚的到极高等的，——各自成为一个统一完备的组织。

柏格森又用一个很浅近的比喻。假如我们伸一只手进到一桶铁屑里去，伸到一个地位，挤紧了，不能再进去了：那时候，铁屑自然挤成一种有定的形式，——就是那伸进去的手和手腕的形式。假如那手是我们看不见的，那么，我们一定要想出种种话头来解释那铁屑的组织了：有些人说，每一粒铁屑的位置只是四周的铁屑的动作的结果，那就是机械论了；有些人说，这里面定有一个目的的计划，那又是目的论了。但是那真正的说明只是一桩不可分析的动作，——那手伸进铁屑的动作。这个动作到的所在，物质上起了一种消极的阻力，就成了那样的集合了（《创造的进化》，第87—97页），眼睛的演化也是如此。

柏格森批评那机械式的演化论，很有精到的地步。但是他自己的积极的贡献，却还是一种盲目的冲动。五十年来，生物学对于哲学的贡献，只是那适应环境的观念。这个观念在哲学界的最大作用，并不在那机械论的方面，乃在指出那积极的，创造的适应，认为人类努力的方面。所谓创造的适应，也并不全靠狭义的理智作用，更不全靠那法式的数学方法。近代科学思想早已承认"直觉"在思考上的重要位置了。大之，科学上的大发明，小之，日用的推理，都不是法式的论理或机械的分析能单独办到的。根据于经验的暗示，从活经验里涌出来的直觉，是创造的智慧的主要成分。我们试读近代科学家像法国班嘉赉的《科学与假设》(Poincare: *Science and Hypothesis*)，和近代哲学家像杜威们的《创造的智慧》，就可以明白柏格森的反理智主义近于"无的放矢"了。

B. 新唯实主义 (New Realism)

近年的一个最后的学派是新唯实主义。"唯实主义"(Realism)的历史长的很哩。当中古时代，哲学家争论"名相"(Universals)的实性，就发生了三种答案：

（一）名相的实在，是在物之先的；未有物时，先已有名相了。这一派名为柏拉图派唯实论。

（二）名相不能超于物先；名相即在物之中。这一派名为亚里士多德派唯实论。

（三）名相不过是物的名称；不能在物之先，也不在物之中，乃是有物之后方才起的。这一派名为唯名论 (Nominalism)。

中古以后，哲学史上的纷争总脱不了这三大系的趋势。唯名论又名"假名论"，因为他不认名相的实在，只认为人造的称谓。(《杨朱篇》，"名无实，实无名。名者，伪而已矣。")所以唯实论其实是承认名相的真实，而唯名论其实乃是"无名论"。大抵英国一系的经验哲学是假名论的代表；而大陆上的理性哲学是唯实论的代表。所以极端的唯心论（意象论）乃出在英国的经验学派里，而大陆上理性派的大师笛卡儿乃成一个唯物论者！这件怪异的事实，我们若不明白中古以来唯实唯名的背景，是不容易懂得的。

最近实验主义的态度虽然早已脱离主观唯心论（subjective idealism）的范围了，但他认经验为适应，认真理为假设，认知识为工具，认证实为真理的唯一标准，都带有很浓厚的唯名论的色彩。在英国的一派实验主义——失勒的人本主义，——染的意象论的色彩更多。在这个时候，英国、美国的新唯实主义的兴起，自然是很可以注意的现象。英国方面，有罗素（Bertrand Russell）等；美国方面，有何尔特（E. B. Holt）、马文（W. T. Marvin）等。何尔特和马文等六位教授在1910年出了一个联名的宣言，名为《六个唯实论者的第一次宣言》；1912年又出了一部合作的书，名为《新唯实主义》。

我们先引他们的第一次宣言来说明新唯实论的意义。他们说：

唯实论主张：物的有无与认识无关；被知识与否，被经验与否，被感觉与否，都与物的存否无关；物的有无，并不依靠这种事实。

六个唯实论者之中，马文教授于1917年出了一部《欧洲哲学史》，那书的末篇〔第〕七章是专论新唯实主义的。我们略采他的话来说明这一派在历史上的地位。马文说：关于"知识的直接对象是心的（mental）呢，还是非心的呢"一个问题，共有四种答案：

一、笛卡儿以来的二元论者说科学能推知一个物的（非心的）世界。

二、存疑派的现象论者（agnostic phenomenalists）说科学只能知道那五官所接触的境界，此外便不能知道了。

三、意象论者（idealists），包括那主观的唯心论者和那物观的意象论者，根本推翻二元论，竟不认有什么超于经验的物界。

四、新唯实论者说我们须跳过笛卡儿，跳过希腊哲学，重新研究什么是"心的"，重新研究知识与对象的关系。

新唯实论者批评前三派，共有两大理由。第一，笛卡儿的二元论和他引起的主观主义，有了三百年历史的试验，结果只是种种不能成立的理论，仍旧不能解决笛卡儿当日提出"心物关系"的老问题。这一层，我们不细述了（可看马文原书，第411—413页）。第二，这种二元论和他对于"心的"的见解，都从希腊思想里出来的。希腊思想假定两个重要观念：一个是"本体"（substance）的观念，一个是"因果"的观念。这两个观念，在近代科学里都不能存在了，所以我们现在应该用现代科学作根据，重新研究什么是"心的"。这第二层，确是很重要的，故我们引马文的话来说明：

自从葛理赖以来，科学渐渐脱离"因"的观念，渐渐用数学上的"函数"（function）的观念来代他。……例如圆周之长，就是半径的函数，因为圆半径加减时，圆周同时有相当的加减。又如杠杆上应加的压力,就是杠杆的定点的函数。……函数只是数学上用来表示相当互变的两个级系之间的一种关系。……科学进步以来,所谓"因"的,都化成了这种函数的关系:我们研究天然事情越精,这些函数的关系越明显,那野蛮幼稚的思想里的"因"和"力"越容易不见了。"自然"成了一个无穷复杂的蛛网,他的蛛丝就是数学上所谓"函数"。

"心与物怎样交相作用呢?"关于这个问题,我们不会把他们看作相为因果的两种本体了,我们只须去寻出两个极系之间的函数的关系。这些关系都可以用试验研究去寻出来,都不是供悬想的理论去辩驳的东西。这些关系都是可以观察的,并不关什么不可知的本体。这样一来,那心物关系的老问题就全没有了。……

对于"本体"(substance)的观念,也可用同样的驳难。普通的思想总以为世间有许多原质,如木石金水等等;物体就是这些原质组成的。不但如此,普通人还以为一物的原质可以说明那物的行为或"性质"。因为这是钢,所以是坚硬的;因为他是木,所以可烧;……但是在严格的科学思想里,这些观念和仙鬼魔术同属于幼稚时代的悬想。依科学看来,物所以成物,所以有他的特别作用,所以有他的特性,全因为他的构造(structure)。假若我们还要问什么是构造,科学说,构造就是组织,就是各部分间的关系。这个太阳系的宇宙所以如此运行,所以有他的特性,全是因为他的组织。吹烟成圈,吹笛成音……都只指出物的本性不过是他的构造的假面。近代科学渐渐的抛弃"本体"的观念和搜求本体的志愿了。

（化学家也渐渐知道，他的所谓"元子"并不是向来所谓原质，只是组织不同的物质。）

近世思想上的这两个变迁，就是新唯实论的基础：新唯实论解决心和知识的问题的方法，只是要人抛弃那古代思想传下来的"因"与"本体"的老观念，而用近代科学里"构造"与"函数"两个观念来用到心的生活的事实上去。

马文又说新唯实主义论"心"的主张是：

人心并不是一个最后不可分析的东西，也决不是一个本体。心有一个构造，现在渐渐研究出来了。心有各部分，因为疾病可以损害一些部分，而不能损害另一些部分；教育可以改变一些部分，而不能改变另一些部分。……至少有一部分已经有了说明了。这种说明大要都是生物学的说明。我们的肢体是配着我们的环境的，我们的心也是如此。我们的肢体是遗传的，心的特性也是遗传的。我们的筋力配做种种相当的筋力伸缩，我们也有冲动，愉快，欲望等等来引起相当的筋力伸缩。心的某种特性多用了，那种特性就会格外发展；不用他，他就萎弱了。……总而言之，神经系统的生理学渐渐的使我们明白心的作用，心的发展，心的训练。科学研究心越进步了，心和物的关系越见得密切了，那向来的心物二元论也就越见得没有道理了。

关于"知识"的作用,新唯实论者也认为一种"关系"。他们也受了生物学的影响,所以把这种关系看作"生物的一种反应"。马文说:

> 知识这件事(knowing)并不是什么不可思议的作用,他不过是这个世界里的一件平常事实,正和风吹石落一样;他也很容易研究,正和天然界里的一切复杂事实一样。……知识不过是一种复杂的行为,复杂的反应。……我们的神经系统是不适宜于应付那全个的世界的,我们所有的那些生成的或学来的反应,自然是很不完全的。错误就是这种不完全的反应。(第412—413页)

以上述新唯实论者的基本主张,他们对于历史上因袭下来的"哲学家的问题",虽不像实验主义者"以不了了之"的爽快,但他们的解决法确也有很精到的地方。但我们看新唯实论者的著作,总不免有一种失望的感想:他们究竟跳不出那些"哲学家的问题"的圈子。他们自命深得科学的方法,他们自以为他们的哲学是建筑在科学方法之上的;然而他们所谓"哲学里的科学方法"究竟是什么?关于这个问题,英国的唯实论者罗素说的最多,我们请他来答复,罗素在他的《哲学里的科学方法》(《神秘主义与逻辑》第97—124页)里,曾说:

第一,一个哲学的命辞必须是普通的。他必不可特别论到地球上的事物，也不可论到这太阳系的宇宙，也不可论到空间和时间的任何部分。……我主张的是：有一些普通的命辞可以适用到一切个体事物，例如论理学上的命辞。……我要提倡的哲学可以叫做"逻辑的元子论"，或叫做"绝对的多元论"，因为他一方面承认多物的存在，一方面又否认这许多物组成的全体。……

第二，哲学的命辞必须是先天的（apriori）。一个哲学命辞必须是不能用经验上的证据来证实的，也不能用经验上的证据来否证的。……无论这个实在世界是怎样组成的，哲学说的话始终是真的。（第110—111页）

假如我们用这两个标准来评哲学，我们可以说几千年来还不曾有哲学，况且他们的"科学方法"，也实在是奇怪的很！罗素说哲学同"逻辑"无别，而逻辑只管两部分的事：

第一，逻辑只管一些普通的原理，这些原理可以施于事事物物，而不须举出某一物，某种表词，或某种关系。例如："假如X是A类的一员，而凡A类的各员都是B类的一员，则X是B类的一员，无论XAB是什么。"

第二，他只管"逻辑的法式"（logical forms）的分析与列举。这种法式就是那些可能的命辞的种类，事实的各种，事实的组合，分子的分类。这样做去，逻辑供给我们一本清单，列举着种种"可能"（possibilites），列举着种种抽象的可能的假设。（第112页）

现在姑且不说这样缩小哲学范围的是否正当。我们要问，如果科学不问"经验的证据"，他们更从何处得来那些"普通的原理"？他们说，须用分析。然而分析是很高等的一个知识程度，是经验知识已进步很高的时代的一种产物，并不是先天的。人类从无量数的"经验的证据"里得来今日的分析本事，得来今日的许多"逻辑的法式"，现在我们反过脸来说"哲学的命辞须是不能用经验上的证据来证实或否证的"，这似乎有点说不过去罢？

我们观察我们这个时代的要求，不能不承认人类今日的最大责任与最需要是把科学方法应用到人生问题上去。然而罗素的"哲学里的科学方法"却说哲学命辞"必不可论到地球上的事物，也不可论到空间或时间的任何部分"。依这个教训，那么，哲学只许有一些空廓的法式，"可以适用到一切个体事物"。假如人生社会的问题果然能有数学问题那样简单画一，假如几个普遍适用的法式——例如"X=A，A=B，∴ X=B"——真能解决人生的问题，那么，我们也可以跟着罗素走。但这种纯粹"法式的哲学方法"，斯平挪莎（Spinoza）在他的"笛卡儿哲学"和"人生哲学"里早已用过而失败了。罗素是现代提倡这种"科学方法的哲学"的人，然而他近几年来谈到社会问题，谈到政治问题，也就不能单靠那"不论到地球上的事物而可以适用到一切个体事物"的先天原则了。

罗素在牛津大学演讲《哲学里的科学方法》时，正是1914年；那年欧战就开始了，罗素的社会政治哲学也就开始了。我们读了罗素的政论，读了他反对国家主义与共产主义的议论，处处可以看出罗素哲学方法的背影。那个背影是什么呢？就是他的个人主义的天性。他反对强权，反对国家干涉个人的自由，反对婚姻的制度，反对共产主义，反对国家社会主义，处处都只是他这种个人主义的天性的表现。他的哲学，——"逻辑的元子论"或"绝对的多元论"——"一方面承认多物的存在，一方面又否认这许多物组成的全体"，其实只是他的个人主义的哲学方式。我们与其说罗素的哲学方法产生了他的个人主义的政治哲学，不如说他的个人主义的天性影响了他的哲学方法。同一个数学方法，那一位哲学家只看见数学上"只认全称而不问个体"的方面，康德是也；这一位哲学家虽然也看见了数学上"只认法式而不问内容"的方面，却始终只认个体而不认个体组成的全体，罗素是也。这种表面上的矛盾，其实骨子里还只是个人天性的区别。

我们对于新唯实主义，可以总结起来说：他们想用近代科学的结果来帮助解决哲学史上相传下来的哲学问题，那是很可以佩服的野心；但他们的极端，重分析而轻综合，重"哲学家的问题"而轻"人的问题"，甚至于像罗素的说法，不许哲学论到地球上的事物，不许经验的证据来证实或否证哲学的命辞，——那就是个人资性的偏向，不能认为代表时代的哲学了。

（原载胡适：《五十年来之世界哲学》，上海申报馆1924年版。副标题为编者所加）

1905—1942

张荫麟：柏格森之哲学

一

今岁1月16日，法国大哲学家柏格森（1859—1941年）殁于沦陷区中之巴黎，年八十矣。麦秀黍离之歌未歇，山颓木坏之叹遽兴，伤已！溯自1889年《意识之直接所际》出版以来，柏格森为法国哲学界祭酒者逾五十年。在近世哲学家中，最妍于文，以清新和畅之音，鸣国家之盛。自法之学院生徒，以至沙龙士女，无不资其书为神智之粮粮。其立说也，明意志之自由，崇生命之冲动，年臻耄耋，乃目睹祖国意志之自由之倏然丧失，民族生命之冲动之横受夭阏，当其在敌寇鼓鼙声中属纩之际，得毋自恨一瞑之不早耶？

柏格森在英语国家之势力原不减于本国，在美，有故詹姆士引为同调，盛加揄扬；在英，有威顿卡尔拳拳膺服，尽力护法。其一切著作，几于墨沈甫干，英译本之广告即出现于伦敦纽约报纸上。乃于其殁也，半载以来，英美哲学期刊中竟不见有为文悼之者，岂哲学家于其伟大同业之态度，亦随其国运为炎凉耶？抑滔天巨变中生活之惨迫有以使然耶？抑近来法国与英语国家在政治上之隔阂不免影响及于其哲学界耶？吾固无由知之。而晚近大哲学家之身后，则无如柏格森之寂寞者矣！

柏格森于我国一部分学人原非陌生之名字。当第一次世界大战告终之前后，西方思想滂渤而入我国。其时西方哲学家之为国人最乐道者，美则杜威，英则罗素，德则伊倭铿，法则柏格森。而柏格森与我国文字因缘为尤深，其主要之著作，若《创化伦》，若《物质与记忆》，若《形而上学序论》，俱有汉译。近十余年来我国哲学界风气似趋向于一种"形式主义"，凡把握经验世界之真实血肉之哲学，悉屏置不道，柏格森之书遂无复问津者。虽然无平不陂，无往不复。予确信柏格森之学说，实涵有若干不刊之灼见，可为今日我国补偏解蔽之剂者。此篇之作，固非徒于一哲人之萎，循例为饰终之辞已也。

二

柏格森之哲学可以一语挈其纲领曰：以直观观心，而广其所得于观心者以说物。今于其论直观，及心物，以次述之。

请言直观。柏格森曰："吾人之知物，有二道焉。一者立于物外，环物而转，以摄取其表象；一者凭一种智力之通感，入于物中，而与其所独异而不可名状者为一。前者为常智之知，后者为直观之知。前者依藉乎所择之观点及所用以表宣之名言；而后者则无所藉于观点与名言。前者有事于分析，而后者则无事于分析。夫分析云者，即将其物化为其与他物所同具之原素也。今有物于此，常智判曰：是坚白石。此分析也，坚也，白也，石也，皆非此物所独然，而与他物同然者也。是故分析者乃将一物表现为别物之函数，乃不断改易观点，将一新物与他旧物比较，离其同德，而还以此等同德表示此新物而已。夫观点之改易，同德之孳衍，无论为之如何频数，终不足以尽物，而此之改易与孳衍，可以无涯。今有物于此，常智判曰：是坚白石，遂足以尽此物矣乎？未也，此物粗。则更判曰，是粗坚白石，则足以尽此物矣乎？未也，此物莹。过此以往，无论常智之判，如何增益，而此物之不尽犹自若也。而常智之判不能无所止，是故分析者以有涯随无涯之事也。惟直观之观物也，寂然不动，感而遂通，其所执者一，其所得者全。分析止于相对之境，而直观则能达于绝对之境。"

人有慕巴黎之盛而向往之者，顾惮为远行，则尽搜巴黎之影片、地图、游记，而浸馈之，以终其生，自谓世之知巴黎莫己若也。夫彼于巴黎岂无所知？彼于巴黎之所知，孰谓其不博？孰谓其不能有所用？然彼遂得为真知巴黎矣乎？人有闻荷马史诗而悦之者，顾惮于习古希腊文，乃广通其他殊方绝国语，取一切荷马史诗之译本而熟记之，至于不遗一字，自谓世之知荷马史诗莫己若也。夫彼于荷马史诗岂无所知？彼于荷马史诗之所知，孰谓其不博？孰谓其绝无所当？然彼遂得为真知荷马史诗矣乎？任分析而不任直观，其知物也亦犹是已。

形而上学之方法，如其有以异于他学者，即直观之方法也。夫直观之所把握者全整而无分体，特独而无比类，而名言者生于分析，丽于抽象，而囿于同德。直观无所取于名言，而名言亦不足以状直观之境。故形而上学者，超绝名言之学也，不至此境，不足以语于形而上学，至于此境，则无复可言。或曰：然则柏格森复奚言？曰：言以忘言。超绝名言之境，非可以一蹴几也。形而上学之讲论所以为此境之工夫也。庄子曰"终身言，未尝言"，正此义也。所终身言者，到此绝对境之路径与此境之依稀仿佛也。所未尝言者，此境之本身也。

柏格森之立言，有时虽似扬直观而抑分析，然彼亦认分析为形而上学家不可少之修养，其与直观虽相反而实相成。惟形而上学之特殊方法不在此耳。柏格森之言曰："直观为人心一种原始之作用，斯无疑义。此与常智所造，破碎肤受之知，不可同日语也。常智之于物，视为一串自外摄取之景象已耳。顾积习成性，在今日思想状况之下，以直观把握实在，反非复自然之事。今欲重臻此境，必也藉徐缓而忠实之分析，锲而不舍，以为之准备，必也于所研求之对象，举其一切所赅所涉之事项，莫不稔悉。若所遇者为普博而繁赜之实在，则此之准备，尤不容阙。于情实之精确科学智识，乃透贯物里之形而上学之直观所待以行者也。"世有以科学为形而上学之敌，或以为形而上学家可以置科学之高深结论于不闻不问而自安于浅陋者，异乎柏格森之所见也。

昔者庄子与惠子游于濠梁之上，庄子曰："儵鱼出游从容，是鱼之乐也。"惠子曰："子非鱼，安知鱼之乐？"庄子曰："子非我，安知我不知鱼之乐？"惠子曰："我非子，固不知子矣；子固非鱼矣，子之不知鱼之乐全矣。"此所示庄子与惠子之异，乃直观自内体会与常智自外衡量之异也。罗素读《庄子》译文至此，叹曰："吾与惠子。"吾知使柏格森而读此，必当叹曰："吾与庄子。"此所示庄子与惠子之异，亦即柏格森与罗素之异也。

或曰：凡物之可以自内体会者，必其物之有经验，有内生活，而其内生活与吾一己之内生活相近似也。今人类以外之实在，其有内生活与否不可知，其内生活之与吾近似与否更不可知。此皆不可知，庸讵知吾所谓自内体会所得者之非幻觉乎？柏格森曰："万汇之中，至少有一焉，具内生活，而可以从内体会者，此非他，即吾心是已。"则请以直观反观吾心，而察其所得者为何？

三

今吾请试屏思息虑，转而内观，则首见从物质世界而来之一切感觉，凝结于表面，有如壳然。此等感觉，清楚分明，互相骈列，而群分为种种对象。其次，则为依附于此等感觉而可用以解释此等感觉之记忆。此等记忆，以其与诸感觉相类似，为所摄引，自吾心深处浮出，止于吾心之外表，而非复绝对为吾心之一部分。最后则为若干意向与趋势，即一群预拟之动作，与此等感觉与记忆紧相联系者。凡此种种，自内而发散于外，集合而成为一圆球之外表，此圆球渐渐扩大，而与外在之世界融合为一。然吾若自外表而转入中心，所见大异。在此等崭然之结晶体下，在此凝结之外壳下，有一绵绵不断之流转，与前此所见之任何流转绝异。于此所见，为缤纷之情状之递嬗，每一情状，宣启其后继者，而包涵其前驱者。此等情状，可谓为赜殊之情状者，乃吾经历之之后，而反顾其辙迹时之所得云尔。方吾正在经历之之时，是固交相组结，而为一共同之生命所贯彻，吾不能谓某也于何处始，又于何处终。实则无一焉有始与终，而举皆互相融合。

此意识之流，唯直观可以体会而得之，瞽于直观者虽百方为之设譬，终未由喻也。然姑请设譬，此意识之流有似一线团之抽放，盖无一生物不觉大限之日近，而活得一日即老去一日也。然意识之流，又有似一长线之内卷而为团，盖吾人之过去追随吾人之后不断啄蚀现在以自肥；而意识与记忆，乃一而二，二而一者也。然事实上意识之流既非抽放，亦非内卷，盖此二喻，引起线与面之意象，而线与面之诸部分乃一致浑同，可相叠合。若夫意识之流，则绝无两刹那焉，而相符同。试取一极简单之感象，设想其恒住不变，而以全神注定之。与此感象相偕之意识，不能在相接之两刹那间停住不变，盖意识至第二刹那时，必包涵第一刹那所遗留之记忆也。意识而能经验全相符同之二刹那，必意识之无记忆者耳。如此之意识，必时时刻刻，死而复生。吾人所以形容无意识者，外此岂更有他道别有一较佳之喻。光学中有所谓析光谱者，众色并陈，浓淡为次，由甲色至乙色，界限都泯。设想一感觉之潮流，掠此析光谱而过，以次历涉各色，则当经验一串微渐之变化，其中每一变化，宣启其直接之后继者，而总结其前一切之先驱者。然析光谱中相次之众色，乃相外者，是相骈列，是占空间。反之，意识之流，则与骈列、相外、广袤诸观念，举不相容。无已，请更换一喻。设想一具弹性之微体，能缩小至于数学上所谓点者，乃引而伸之，使由此微体而生出一恒在延长之线。请毋着意此线之为线，而但着意抽引之动作。吾人当知：此动作也，固历时间，然若无停辍，则不可分；使于其中厕入一点逗，则成为二动作，而非复一动作矣；若判之为二动作，其中每一动作，仍不可分；所可分者，非此长往不居之动作，而为此动作所遗留于空间之辙迹，彼固定之线是已。最后请忘却动作所占之空间，而但着意动作之本身，着意纯粹之变动。如此，则于意识之流，庶得一较近真之影像。然即此影像，亦为不全。实则任何方譬，皆有缺憾。盖意识之流，在某若干方面，有近于前进运动之一致性；在他若干方面，则又有近于发展中之情状之繁赜性，而无一方譬能兼斯二者。吾若用百色缤纷之析光谱为喻，则此乃一见成之物，而意识之流，恒在成长之中。吾若用受引伸之弹性物体为喻，则无以见色彩之繁富。吾人诚已凭直观体会得意识之流，则此诸方譬可助其反省直观之所见。瞽于直观而欲求意识之流于此诸方譬，则无异生而眇者之叩盘扪烛以求日矣。

外乎吾心之实在亦一流转也。凡存在者，非已成之物，而为方在成长中之物，非自持不易之情状，而为方在变化中之情状。静止者，表似如是，相对而然耳。意识之流，万有之范也。今若谓趋势为方向转变之权舆，则万有一趋势也。

吾人之心，恒寻求坚实之据点。盖其在日常生活中之主要功用，乃在表示情状与物事也。实在本为一而不分之流转，而吾心则于相隔许久之时间，摄取若干刹那中之影像，吾人于以获得所谓感象与意象。如是乃以断代续，以定代动，以固着之点，所以记转变之方向与趋势者，而代转变历程中之趋势。此之代易，于常识，于语言，于实际生活，诚为需要；即于实证科学，在若干程度上，亦为需要。吾人之智力，循其自然之性，则一方面趋向坚实之感觉，一方面趋向固定之概念。以静止为本始，而表示运动为静止之函数。以预制之概念为依据，而施之于实在之流，期有所捞取，如渔者之用网罟焉。此其为知之道，非求于实在获得内里之智识，获得形而上学之智识，决矣。此其为知之道，乃所以利用实在已耳。每一概念（每一感象亦然）乃吾人向实在提出之一应用问题，而使其以然或否回答者也。然如此为知，其于实在之本质，失之交臂矣。

四

万有为日新月异创造之一大流行。生命乃此大流行中之一创造品也。意识实与生命而俱来，而其发展自隐为之显。意识之显，乃生命进化之峰极也。意识之显，为用在综去来今而为有规划之创造。有规划之创造，是物物而不物于物，是自由也。

哲学家每骋其玄思于生命之意义与人之命运，而忽略自然本身所既予吾人之指示。自然恒以明晰之标识，告吾人以目的地之抵达。此标识非他，喜悦是也。喜悦与快乐非一事。快乐乃自然所以使生物保存其生命之设计，而不指示生命所趋之方向。惟喜悦则恒宣布生命之已有所成就，有所进展，有所征服。凡大喜悦，皆有凯奏之音调。吾人试察喜悦之生，必与创造相偕。创造愈丰穰，则喜悦愈深至。慈母抚视其儿而喜悦，彼自知在体魄上、在德性上，皆已创造之也。商店工厂之主人，视其业之兴盛而喜悦，岂因财货之增殖而劣名之彰著哉？财富与社会地位诚为世所重，然其所带来者毋宁为快乐而非喜悦。就顷所举之例言，真正之喜悦，乃创业垂统之感觉，于生命有所贡献之感觉也。有超常之喜悦焉，艺术家已实现其意想，思想家已成就其发现或发明时之感觉是也。或谓此等人为荣耀而工作，从其所博取之钦慕中而获得最高之喜悦。此则彻底大错！吾人依借赞美与荣誉之程度，与自信不足之程度，恰恰相等。矜骄之中有谦卑之意味存焉，求称誉者所以自壮也。正犹于未足月之婴儿，则裹以绒絮然，吾人于活力不充之作品，则需求世俗之赞美，以为之环卫。惟以所作之不朽，有绝对之自信者，其意不在称誉，其所感超乎荣耀，因彼为一造物者，因彼自知其然，因彼之所感之喜悦，而上帝之喜悦。夫生活之发皇，无在而非创造；然艺术家、哲学家之创造，以至事功上之创造，非人人时时之所能为也。有一种创造焉，为人人时时之所能者，此即以自我创造自我，由一切庸德之实践，以恢宏其人格，而宇宙亦于以日富而日新。所谓成己而成物者，人生之准的，其在斯欤，其在斯欤。

（原载《思想与时代》第 1 期，1941 年 8 月）

1902—1992

贺麟：柏特兰·罗素

罗素（Bertrand Russell）是今日蜚声世界，几乎无人不晓的大哲学家。他是一个聪明而常识又极为丰富的人，擅长文章。他的著作流利清楚，妙趣横生，算是今日哲学著作中最是才华洋溢的篇章了。他主张哲学不是研究真实，而是研究可能的学问，哲学上的真理在任何世界都应该是真实的，都是非科学所能证明，也非科学所能否认的，但有时他讲起哲学来，和人生、政治、社会、道德、文化各方面都有联系，等到他讲人生、文化、社会、政治诸问题时，也就富有哲学上的意趣，甚至有数学必然性。

笔者在美国时，曾经听过罗素三次演讲，第一次题目是"我信仰什么"（What I believe）。我只记得一点，大意说人生而自私，不分老少，不过少年人的自私比较天真素朴，因此大可不必像中国习惯一般，牺牲少年幸福而去满足老人的自私的欲望。第二次在波士顿教堂中，他本是反对宗教的人，牧师居然公开说，花了三百美元把他请去，请大家多捐献一些，引起一般人颇大的惊讶，而罗素却从容讲他的自由信仰，满不在乎。第三次在哈佛大学，由怀特海当主席。怀特海曾介绍说："从北京到剑桥，柏特兰·罗素不需要任何介绍。他在英国维多利亚女皇时代已经是学术界的著名人物。"罗素主要讲"世间没有作为事物那样的事物"（There is no such a thing as a thing），这是新物理学发达以后只有事变（event）而无事物的思想。恐怕他也是和怀特海具有共同的新自然观和宇宙观。当然，怀特海后来大加深刻化、系统化了。

罗素著作方面，著名的有《数学原理》[Principia Mathematica，（1910—1913年），共三大册，与怀特海合著]、《西方哲学史》（1946年）、《哲学问题》（Problems of Philosophy，1912年）、《神秘主义与逻辑》（Mysticism and Logic，1918年）等。"五四"后在北京讲学，由赵元任先生口译，有《物之分析》（英文本1927年）、《心之分析》（英文本1921年）等五大讲演集。在《西方哲学史》里，他自以为是从历史社会背景出发的对哲学史的新的讲法，实际上却从政治立场着眼，凡是他认为带有独裁意味的可能为法西斯专政张目的哲学家如柏拉图、卢梭、黑格尔、尼采等，认为他们的学说会导致专政、妨碍民主，不分青红皂白，都莫不加以痛斥。《哲学问题》是他对于新实在论的最初贡献。《神秘主义与逻辑》是论文集。文美意挚，其中"一个自由人的信仰"有斯宾诺莎论神的意味，代表哲学家、科学家的信仰，为他此后谈宗教问题萌芽。这些著作中贡献最大的要算他和怀特海合著的《数学原理》。这部书在逻辑发展史上可以说是划时代的。这是自从亚里士多德创立了传统逻辑以后的第一次革命。莱布尼茨（Leibniz）和培根虽然怀疑传统逻辑的性能，但并无积极的建树；康德企图改造逻辑，结果建立了他的认识论，黑格尔也企图改造逻辑，结果建立了他的辩证逻辑。只有怀特海和罗素的这一努力才把逻辑从传统的三段论桎梏中解放出来，使逻辑成为一种独立的科学。德国哲学家麦尔兹（Mertz）说，《数学原理》的出版，是逻辑脱离哲学而独立的宣言。从此，德国的大学把数理逻辑归入了数学系。凡此都证明罗素在逻辑史上的特殊地位。据说《数学原理》中的思想，怀特海的贡献也不少。绪论及文章是由罗素执笔。而且，今天的数理逻辑家也都从罗素出发，有了进一步的发展和成就。——记得有一次怀特海在课堂说：当罗素和我写成《数学原理》后，我们感觉到宇宙间除了数理关系外，更没别的关系了。

罗素哲学思想中比较重要的，是他的中立一元论（Neutral Monism）。这本是从詹姆斯的纯粹经验而来，柏雷再度提出，经罗素加以整理扩充而成的。理论的大意是构成世界的材料既不是纯粹的心，又不是纯粹的物，也不是心物的二元对立。而是一种非心非物对于心物都取中立态度的东西。罗素以为心和物都不是真正的实在，只是一种抽象的逻辑的构造，心与物的差别不如一般人所假定的由于内在属性的不同，而是由于不同的外在排列或组织。这种中立的事物有时指事件，有时又指感官与料，其性质和詹姆斯的"纯粹经验"非常相近，它的有知觉有意识的一方面叫作心，无知觉无意识的一方面叫作物，因此这种"世界材料"是构成心物的最原始的东西。罗素思想颖敏,著作甚富,启发人思想,这里所谈,只是挂一漏万。

(原载贺麟:《现代西方哲学讲演集》,上海人民出版社1984年版。标题为编者所加)

钱穆：读罗素《哲学问题》论逻辑

一、演逻辑

逻辑书中，常举演绎之惯例：

凡人皆有死，
苏格拉底是人，
所以苏格拉底有死。

于此恒见有两疑点：(一)凡人之中，是否含有苏格拉底？果使苏格拉底即是上据凡人中之一，又何必绕道先说"凡人皆有死"，而后却得到一苏格拉底或然有死之断案，岂不大愚？(二)若谓苏格拉底并非演绎根据凡人中之一个，则即使苏格拉底有死，亦未见凡人之必皆有死，今乃径以"凡人皆有死"为论据而推断苏格拉底之死，未免急遽鲁莽，尚不如转用归纳法因甲、乙、丙之皆死，而推断苏格拉底之有死为较近于确实。

上述三句例，西国历来沿用，而实有语病，千古未经发覆，今为解答上二疑难，当为修定新例，以臻坚密：

"从前"凡人皆有死，（叙述已往）

"今"苏格拉底是人，（察现在）

故知苏格拉底"将来"亦有死。（推测将来）

如此修定，则苏格拉底并非预涵于论据凡人之中，而凡人皆有死语，亦不待苏格拉底之死而即已正确。何者？则以两语所括之时代不同故也。如是则诸疑难皆解，而演绎法之真涵亦显。此有一要点特当认定者：即上举之例中，并未由全概曲，而乃由往推来，其中包有时间之过程，而有待于此后之证验是也，则近来杜威一派所倡之试验论理学亦已摄容其精义而无抵牾矣。

二、思想律

所谓思想律者凡三。

（一）同一律：凡是者是。

（二）矛盾律：凡物必是或必不是。

（三）不容间位律：凡物不能同是同不是。

罗素谓思想律乃亦关于实物，而不仅关于思想。试以矛盾律言，并非我自信既忖度某树为山毛榉，同时即不能忖度其又非山毛榉，乃信如果其树为山毛榉，彼即不能同时又为非山毛榉也。

于此有当注意者：即设掩去"同时"二字，则上列三律，皆非正确。即如第一律，"凡是者是"，亦可云"凡是者非是"。如云"蚕是蚕"，然经时以后，蚕已作茧成蛹，则"蚕是蛹"矣，是即"蚕是非蚕"。也及后蛹破茧而出，则"蛹又是非蛹"，而为"蛹是蛾"矣。"凡是少年"者，可以"是非少年"而是老人；凡"是生存"者可以"是非生存"而是死者，云"非雨"可以是雨，雨非云亦可以是云，只需时间之转换耳。故此第一条当加修正云。

凡是者"同时"必是。

此犹云"彼此时是病者，彼此时必是病"，两语仍等一语耳，第二条同此破法，即论思想，如我作如是想："其树乃山毛榉，否，其树乃非山毛榉。"只需时间转换，则可以是者，亦可以不是也。依第三条亦当修正云：

凡物"同时"必是或必不是。

此犹云"这时这树是山毛榉，故这时这树必是山毛榉"。至于时间转换，则"这时"之山毛榉，或可为"彼时"之薪炭（非山毛榉）矣，然如此之言"这时这树是山毛榉，故这时这树必是山毛榉"，究竟有何意味？

第三条（物不能同是同不是）破法均同。如云"山毛榉不是山毛榉"（是薪炭），"薪炭不是薪炭"（是山毛榉），只需加入时间之转换也。故第三条亦当经同一之修正云：

凡物不能"同时"同是同不是。

总而言之："这时是这者，这时必是这；这时不是这者，这时必不是这。"所谓重言申明耳。

此中最要机栝，端在"同时"一义，至于含有时间之绵延者，即不能如此肯定而无待于证验也。宜其于"凡人皆有死"一命题，而时维夫有可以使人幻想上容许其所记时多虑必斯族之长生矣。

三、先天之普遍命题

罗素以"二和二为四"为先天之普遍命题,而谓如"凡人皆有死"为经验之概括。前者以演绎为论证之正当法式,后者则理论上以归纳法为较胜而较可信。又谓经验概括不过事实,虽我们觉其于现实世界竟成真实。然容许别有一世界可以使此等经验变成虚伪。若至"二和二为四",则在任何可能之世界,实不仅仅是事实而是一种之必然。凡现实与可能者,都不能逃乎此种规矩之外也。

今为讨究"二和二是四"之一命题,假立两层之设想:

(一)设想自来创造数字,而作一二三四五六之排列,则积沿至今,"二和二为五"之一语,直是必然,而不复不作"二和二为四"之陈述矣,则"二二得四"之一命题,其实不过使用语言文字之习惯所堆积而成,并无甚深涵义。小儿云:"二二得五",或习算写(2+2=5)者,亦非鲜有之事,只为其一积习惯尚未养到纯熟之一境耳。即使成人试自作想"二加二为五"或脑中构一(2+2=5)之影像,亦属尽人皆能。故知讨究此问题者,当舍声形之符号,(即二和二是四与2+2=4)而转变为现实之物象如:

○○ 为 ○○
○○　 ○○

○○(二和二)为 ○○(四),此一形象,无论如何,断不能另
○○　　　　　 ○○
为构想,变成 ○○(二和二)为 ○○○(五)。然今当问 ○○ 为 ○○ 之
　　　　　　○○　　　　　　○○　　　　　　　　　○○　 ○○
一方式,非即所谓"这是这"之一方式乎?则此"这是这"之一方式,亦复需时间之限定否?

此命题和（二和二为四）既属普遍，则自可以任何物代入，而不限于〇之一形象，则今当为第二层之设想矣。

设想灶中生火，初有二草把，复添入二草把，即时自然是四草把，然移时以后，灶中乃存几草把乎？又设铁笼中捕得二鼠，放入二猫，即时自然是四生物，然移时以后，笼中尚有几生物乎？今设一家畜两雌兔，复买得两雄兔，即时自然是四兔，然移时以后，其家究将有几兔乎？则"二和二为四"之一命题，使加入时间之绵延，则"二和二"不尽为"四"，而又可以为"〇"（如草把生火之例），又可以为"二"（如猫鼠同笼之例），又可以为任何数之（如某家畜兔之例）。

欲求此命题（二和二为四）内涵之必然一性，故舍符号而就实象，欲求其普遍性，则又必于一切实象中灭去其时间之绵延，此上来所讨究者。然何种实象，为能跳出时间之绵延？此亦大可思考之处也。

我尝试欲求一普遍必然之命题，百思而不得也，无已，则有一焉，其一维何？曰：

这是这。（〇〇是〇〇）

（原载《时事新报》副刊"学灯"，1922年10月7日）

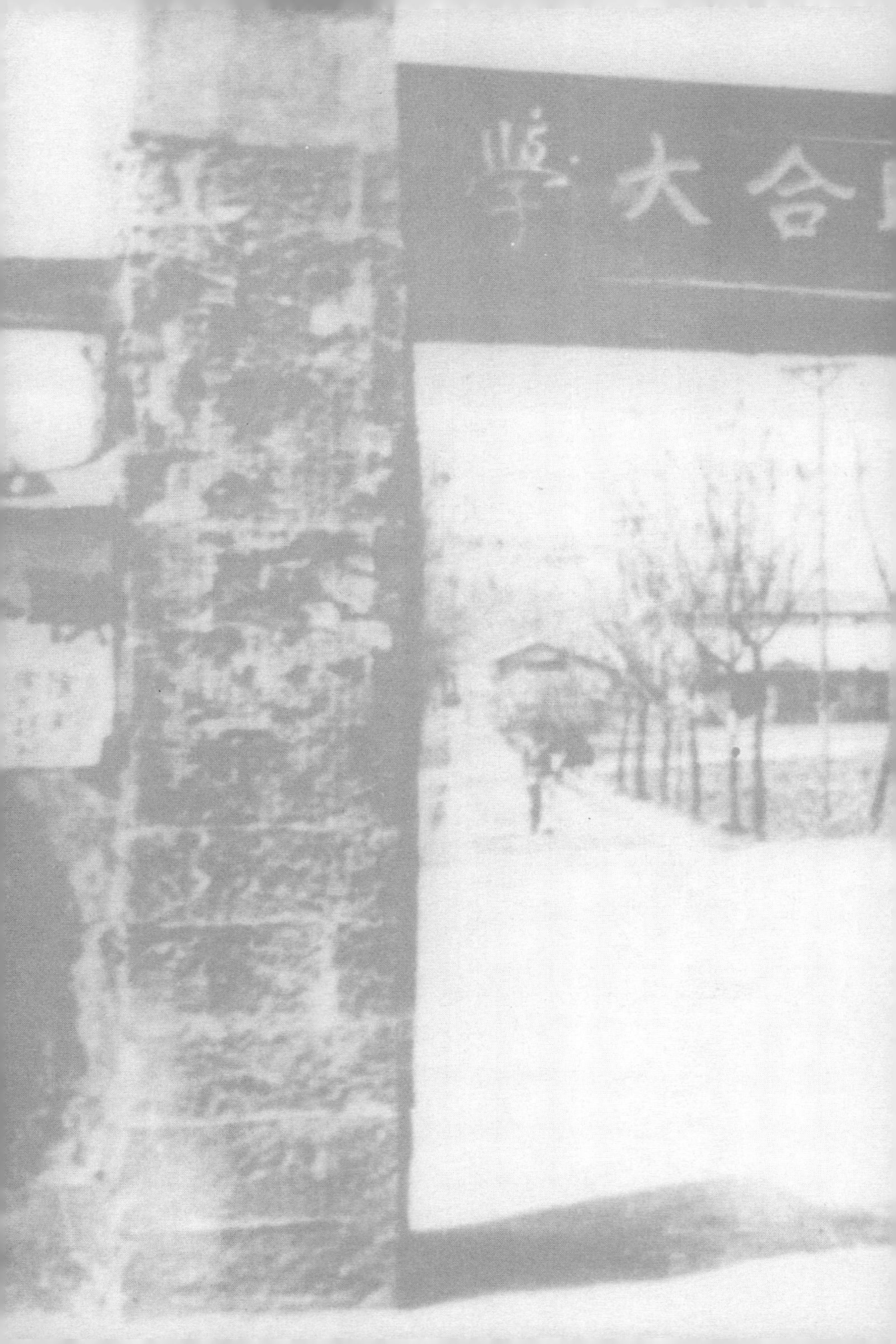

第七篇 杜威哲学

美国实用主义哲学四讲

1937—1946

1937—1946

1902—1992

贺麟：实验主义或实用主义的剖析

现在先说实用主义。实用主义可以说是美国人的哲学，因为美国人开辟新大陆，需要很多工程实业方面的努力，实用主义就是这种努力的理论基础。所以实用主义可以说是工程师的哲学，是一种垦荒的哲学，主动、主干、主实用、主冒险，以实验科学为基础，将科学的实验精神扩大来讲人生，讲宇宙，讲哲学。这种哲学在美国为实验主义，提倡动手动脚，在英国则有经验主义，注重感觉经验的观察社会生活的阅历。在德国另有体验主义，体验是精神生活的体察，故德国所产生的哲学近于精神哲学，与实验主义均有不同。关于实验主义，可分三方面来说：

第一，实验主义教人要养成一种实验室的态度。这种态度要人随时随地注重问题的发生，然后针对此问题提出种种可能解决此问题的假设。最后动手动脚用实验来说明某个假设可以解决某个问题。这种态度无疑是想用行为去证明理论，用工作来解决问题。实验主义者以为人类的思想起于环境上困难的发生。思想是从应付环境的动作中产生出来的。以知识出于行为原是实验主义中最健康的观点,这与中山先生"以行而求知,因知以进行"的思想暗中符合。实验主义注重行固然是对的,但他们不知道,行为之注重有知难行易作其根本的前提,可是胡适等固然在提倡实验,却又反对知难行易,提出所谓"知难行亦不易"之说。他们不知道知是主,行是从,我们必须在知难行易、知主行从的原则下谈行为,谈知行合一,谈实验。实验精神之另一方面是冒险精神,但是冒险不能不有远见。哥伦布的探险,亦并不是毫无知见作指导的。即以实验本身而论,亦必在实验以前有假设,有计划,无假设无计划的实验是盲目的试猜。无远见的冒险便是鲁莽或铤而走险。这一点实验主义似乎没有看清楚。

第二,实验主义所用的方法是考核实际效果,循名责实的方法,也可叫作实效主义。这派哲学家往往不问理论本身是否颠扑不破,而只问该理论所发生的效果如何。这就是所谓注重"兑现价值"(cash value)。只要一个理论发生了好的实际效果,这理论便是对的,否则便是不对的。本来考核实际效果,也是人们日常生活所常用、所不能不用的方法。用实际效果来考察思想的价值,也不失为判断思想真伪一种外在标准。不过应用这个标准是有着相当限度,而真理的标准也绝不是全部系于实际效果之有无这一点上,过分地全部地以实际效果为理论真伪的标准,便会流于急功好利之见。因为有许多事效果既非一时可见,亦难有确定的形相可寻,注重实际效果的人往往流于近视而缺乏远见,并且考核效果是从外部迹象来批评知识,譬如一人患病,医生去开一药方,常人无法判断这药方对不对,只有看病人依照此药方服药之后的效果如何,病好即说此药方好,病不好,即说此药方不好。但一个内行的医生详诊病情,一看药方,即知此药方好不好,并且可以说明其所以然之理。足见从实际效果去考核真伪,往往是外行人的看法。根本上我们还当从理论本身来考核其是非。

第三,实验主义注重实用:在实验主义者看来,一切理论对个人、社会、人生,有用的就是好的,无用的便是坏的。有用即真,无用即伪,他们提出"实用"为改善政治社会的标准。征服自然和改良社会原是实验主义的两大目标,而在消极方面反对宗教迷信,玄学奥妙,所以实验主义者也可称为实用主义者。有用的被承认,无用的被抛弃。凡对现实社会无用的典章制度一概推翻。所以在"五四"时代,他们要推翻旧礼教,因为旧礼教不适用于新时代;他们要打倒孔家店,因为在他们看来孔子思想已无用了。宋明有理学而宋明国势衰弱,亡于异族①,所以他们反对理学。他们反对古文,提倡白话文,因为古文是死文字,白话文是有用的活文字。他们甚至反对哲学,因为哲学无用。其实以用来作判断真伪和品评价值的标准亦一样的失之表面,即以语文问题来说,古文之被扬弃,语体文之应提倡,尚有别的内在理由,初不必用狭义的实用主义去说明。并且凡有用的东西,都是"工具"。而我们做事最先考虑的,

---

① 我国古时以"异族"、"外族"、"胡"、"蛮"、"夷"等来称呼少数民族,有其时代局限性。本书尊重作者表述,此类问题不一一指出,请读者审慎看待。——编者注

倒不是工具，而是理想和目的，先问应该不应该，其次再问有用无用。做事应以道义为重，实用其次。所谓"正其谊不谋其利，明其道不计其功"就是这个意思。我们做事，往往不一定满足个人实用的需要，最重要的还在于满足精神生活的要求。假如人生一切行为皆以实用为准，那么人生还有什么意义？人品的尊严何在？

由于实验主义者重行轻知，重近功忽远效，重功利轻道义，故其在理论上乏坚实的系统，在主义上无确定的信仰。在他们的目光中，一切都是假设，随时可以改变。所以其理论是消极的破坏意义居多，积极的建设意义很少。理论和行为，都缺乏建设精神。所以实验主义者，没有坚定的信仰，没有革命的方案，头痛医头，脚痛医脚。"不谈主义，多谈问题"正是实验主义者最率直的自白。这种零碎片段的作风，其结局在哲学上不能成立伟大的系统，在行为上无团体的组织，无坚定不移的理想和信仰。故不论在政治方面、理论方面，都不能满足青年精神生活的要求。于是有一派思潮代之而起，使青年有了一个坚定的信仰，形成了具体的组织；还提出了解决中国问题的政治方案。当着这个新思潮，实用主义是无法抗拒，只有退让，这个新思潮便是辩证唯物论。

（原载贺麟：《当代中国哲学》，重庆胜利出版公司 1947 年版）

胡适：谈谈实验主义

此番美国大教育家杜威博士到中国来，江苏省教育会请他明天、后天到这儿来演说，又因为我是他的学生，所以叫我今天晚上先来演讲。方才主席说我是杜威博士的高足弟子，其实我虽是他的弟子，那"高足"二字可也不敢当，不过今天先要在诸君面前把杜威博士的一派学说，稍稍演述一番，替他先开辟出一条道儿，再加些洒扫的功夫，使得明天诸君听杜威博士的演说有些头绪，那也是做弟子的应尽的职分。

我今天所要讲的题目，是"实验主义"，英文中有人译作"实际主义"，我想这个名词也好用，并且实验主义在英文中，似当另为一个名词。那么，我何以要把实际主义改为实验主义呢？那也有个道理，原来实验主义的发达，是近来二十年间的事情，并且分为几派，有欧洲大陆派，有英国派，有美国派。英国派是"人本主义"。他的意思是万事万物都要以人为本位，不可离开了人的方面空去说的，所以是非、有无、利害、苦乐，都是以人为根本的。美国派又分两派，一派就是"实际主义"，为杜威博士那一般人所代表的。一派是"工具主义"，这派把思想真理等精神的产物都看作应用的工具，和那用来写字的粉笔，用来喝茶的茶杯一样。以上各派，虽则互有不同，然而有一点是共同的，那就是注重实验，所以我今天的题目叫作"实验主义"。

我们要明白实验主义是什么东西,先要知道实验的态度究竟是怎么样,实验的态度,就是科学家在试验室里试验的态度,科学家当那试验的时候,必须先定好了一种假设,然后把试验的结果来证明这假设是否正当。譬如科学家先有了两种液体,一是红的,一是绿的,他定了一个假设,说这两种液体拼合起来是要变黄色的。然而这句话不是一定可靠,必须把他试验出来,看看拼合的结果是否黄色,再来判定那假设的对不对。实验主义所当取的态度,也就和科学家试验的态度一样。

既然如此,我敢说实验主义是19世纪科学发达的结果,何以见得实验主义和科学有关系呢?那么,我们不可不先明白科学观念的两大变迁。

(一)**科学律令** 科学的律令,就是事物变化的通则,从前的人以为科学律令是万世不变,差不多可以把中国古时"天不变,道亦不变"的二句话,再续一句"科学律令亦不变"。然而五十年来,这种观念大为改变了。大家把科学律令看作假设的,以为这些律令都是科学家的假设,用来解释事变的。所以,可以常常改变。譬如几何学的定律说,从直线的起点上只有一条直线可以同原线平行。又说,三角形中的三个角相加等于二直角,这二律我们都以为不可破的。然而新几何学竟有一派说,从直线的起点上有无数的直线同原线平行;有的说,从直线的起点上没有一条直线可以同原线平行;有的说,三角形中的三角相加比二直角多;有的说,比二直角少。这些理论,都和现在几何学的律令不同,却也能"言之成理，持之有故"。连科学家也承认他们有成立的根据。不过照现在的境遇说，通常的几何学是最合应用，所以我们去从他的律令。假使将来发现现在的几何学不及那新几何学合用，那就要"以新代旧"了。我们对于科学律令的观念既改，那么研究科学的方法也改了，并且可以悟得真理不是绝对的。譬如我们所住的大地，起初人家以为是扁平的，日月星辰的出没，都因为天空无边，行得近些就见了，行得太远就不见了。这种说话现在看来固然荒谬，然而起初也都信为真理，后来事变发现得多了，这条真理不能解释他了。于是有"地圆"的一说，有"地球绕日"的一说，那就可见真理是要常常改变的。又譬如三纲五常，我们中国从前看作真理，但是这八年之中，三纲少了一纲，五常少了一常，也居然成个国家。那就可见不合时势的真理是要渐渐的不适用起来。

（二）**生存进化** 起初的人以为种类是不变的，天生了这样就终古是这个样儿。所以他们以为古时的牛就是现在的牛，古时的马就是现在的马，到了六十年前达尔文著《种源论》，才说明种类是要改变的。人类也是猿类变的，我们人类有史的时代虽只有几千年，而从有人类以来至少有一万万年，假使把这一万万年中的生物，从地质学考究起来，不晓得种类变得多少了，那种类变化的根本，就是"物竞天择，适者生存"八个字。再简单说一句，"就是适应环境"罢了。譬如这块地方阳光太大，生物就须变得不怕阳光。那块地方天气太冷，生物就须变得不怕寒冷。能够这样的变化方可生存，不能变的或变得不完全适合的难免淘汰。而且这种变化，除了天然以外，人力也可做到的。譬如养鸡养鸭，我们用了择种的法子，把坏的消灭了，好的留起来，那么数世之后只有好种了。又譬如种桃，我们用了接木的法子，把桃树的枝接到苹果树上去，一二年中就会生出特种的桃子。可见生存进化的道理，全在适应环境的变化。

上面我说了两大段的话，现在把他结束起来，就是：（一）一切真理都是人定的。人定真理不可徒说空话，该当考察实际的效果。（二）生活是活动的，是变化的，是对付外界的，是适应环境的。我们明白了这两个从科学得来的重要观念，方才可以讲到杜威博士一派的实际主义了。

杜威博士所主张的实际主义，我们分三种来讨论。（一）方法论，（二）真理论，（三）实在论。

（一）方法论 实验主义和政治、经济、社会、教育、学理的种种方面都有关系，就因为他的方法和别个方法不同，他的方法，简单说起来，就是不重空泛的议论，不慕好听的名词。注意真正的事实，采求试验的效果，我们把这种方法应用到三方面去。

甲、应用到事物上去。我们要明白事物，必须先知道事物的真意义，不可因为晓得事物的名称就算完事。譬如瞎子，他也会说"白的"、"黑的"。但是叫他把两样物件中间拣出那"白的"或"黑的"来，他就不能动手，因为他实在没有知道黑白的真意义。又譬如一个会说话的聋子，他也会说"小叫天"、"梅兰芳"，但是叫他说出小叫天或梅兰芳的声调怎样好法，他就不能开口，因为他并没有知道"谭迷"、"梅迷"的真意义。所以要明白事物，第一须知道事物对于我发生怎样的感觉。譬如"黑"在我身上的感觉是怎么样，"电灯"在我身上的感觉是怎么样。第二须知道我对于事物发生怎样的反动。譬如"黑"了我将怎样做,"空气不好"我将怎样做。若仅仅如孔子所说的"多识鸟兽草木之名",那就和实际主义大相反背了。

乙、应用到意思上去。实验主义的学者,把凡所有的意思都看作假设,再去试验他的效果。譬如甲有一个意思说这样方可以齐家,乙有一个意思说那样方可以治国。我们都不可立刻以为是的或否的,先得试验他的结果是否可以如此。然后再去批评他,捷姆斯博士把意思看作银行的支票一样,倘然我的意思是可行的,行了出去竟得到我所预期的结果,那就好比兑现的支票一样,不然,那就是不兑现的支票了。所以在实验主义看来,意思都是假设的,都是要待人家去试验的。

丙、应用到信仰上去。信仰比意思更进一层了,意思是完全假设的。意思等到试验对了之后方成信仰,然而信仰并不是一定不易的,须得试验试验才好。譬如地球扁平的一说,当初也成为信仰,但是现在观察出来,地球并不是这样,所以这信仰就打破了。又譬如我们假使信仰上帝是仁慈的,但何以世界上有这样的大战,可见得信仰是并非完全靠得住,必得把现在的事情实地去考察一番,方才见得这种信仰是否合理。迷信的事姑且勿论,就是普通社会的信条也未必是完全合情合理的,在实际主义看来,那都要待人试验的。

上面所说的实际主义方法的应用,和教育究竟有什么关系呢?这个问题的答案就是,教育事业当养成实事求是的人才,勿可专读死书,却去教实在的事物,勿可专被书中意思所束缚,却当估量这种意思是否有实际的效果，勿可专信仰前人的说话，却当去推求这些信条是否合于实情。

（二）真理论　实验主义关于真理的论据，前面已经讲得不少了。此处所要说明的，就是"真理都是工具"一句话。譬如三纲五常从前在中国成为真理，就因为在宗法社会的时候，这个"纲常"的理论，实在可以被我们用作工具来范围人心，并且着实见些功效。到了现在社会的情形变了，这个"纲常"也好像是没有工具一般，只好丢去，另寻别的适用的工具了。既然如此，所以真理是常常改变的。捷姆斯博士说过，大凡真理都是替我们做过媒来的，都是替我们摆过渡来的，因为倘然我们发现了一种事物的变化，不能用旧时的真理去解释他，就不得不另创新的真理去解释。这种新的真理就是替我们和事变做媒摆渡，而旧理的做媒摆渡的功用失去了。所以实际主义对于真理的观念，是要养成主动的思想，去批评真理的，不是养成被动的思想，做真理的奴隶。譬如"不孝有三，无后为大"，"妇者服于人也"，这些话都是中国前代的真理，但是我们要考察这些真理是否合于现在社会的情形，然后来定他们的是非。

（三）实在论　实在论就是宇宙论，也就是世界观，那是哲学的问题。照实际主义说，世界是人造的，所以各人眼光中的世界是大不相同，譬如同在一块地方，诗人的世界是风花水月之类，工人的世界是桥梁屋宇之类，各人有各人注意的所在，也就是各人有各人的世界。并且世界是由小而大的，各人的生活经验越增加，那世界的范围越扩大，生活的乐趣也越增加。所以实际主义学者的世界是实在的世界，不是空虚的世界。那佛教所创造的"极乐国"、"天堂"、"涅槃世界"、"极乐世界"等，都是空空洞洞不可捉摸的，并且他们看得世界是烦恼困苦，怕生活，怕经验，所以才创造这些世界来引诱人。但是实际主义学者像捷姆斯一般人都说世界是人造的，很危险的，很不平安的，人类该当由经验去找安乐，该当冒险去造世界。假使有上帝，那么仿佛上帝对我们说："我是不能为你们的安乐保保险的，但是你们毕竟努力，或者可以得着安乐。"实际主义的意思，以为唯有懦夫是不敢生活的，否则都应该在这实在世界中讨生活。

现在我把实验主义的要点说起来作一总束，我们人类当从事实上求真确的知识，训练自己去利用环境的事务，养成创造的能力，去做真理的主人。

（本文系 1919 年 5 月 2 日，即杜威博士到上海的第二天，胡适在江苏省教育会上的演讲，又题《胡适之演说实验主义》。原载《晨报》副刊，1919 年 5 月 10、11 日）

1891—1962

胡适：杜威哲学的根本观念

杜威（生于1859年）是现在实验主义的领袖。他的著作很多，最重要的是：*The School and Society*，1899；*Studies in Logical Theory*，1903；*Influence of Darwin on Philosophy*，*and Other Essays*，1910；*How We Think*，1910；*Ethics*（With Tufts），1909；*Essays in Experimental Logic*，1916；*Democracy and Education*，1916；*Creative Intelligence*（with other），1917。他做的书都不很容易读，不像詹姆士的书有通俗的能力，因此他的声名没有詹姆士那样大。但是在思想界里面，杜威的影响实在比詹姆士还大。有许多反对詹姆士的实验主义的哲学家，对于杜威都不能不表敬意。他的教育学说影响更大，所以有人称他做"教师的教师"（The Teacher of Teachers）。

杜威在哲学史上是一个大革命家。为什么呢？因为他把欧洲近世哲学从休谟（Hume）和康德（Kant）以来的哲学根本问题一齐抹杀，一齐认为没有讨论的价值。一切理性派与经验派的争论，一切唯心论和唯物论的争论，一切从康德以来的知识论，在杜威的眼里，都是不成问题的争论，都可"以不了了之"。杜威说，"知识上的进步有两条道路。有的时候，旧的观念范围扩大了，研究得更精密了，更细腻了，知识因此就增加了。有的时候，人心觉得有些老问题实在不值得讨论了，从前火一般热的意思现在变冷了，从前很关切的现在觉得不关紧要了。在这种时候,知识的进步不在于增添,在于减少;不在分量的增加,在于性质的变换。那些老问题未必就解决了,但是他们可以不用解决了"(*Creative Intelligence*, p.3)。这就是我们中国人所讲的"以不了了之"。

杜威说近代哲学的根本大错误就是不曾懂得"经验"(experience)究竟是个什么东西。一切理性派和经验派的争论,唯心唯实的争论,都只是由于不曾懂得什么叫作经验。他说旧派哲学对于"经验"的见解有五种错误:

(1)旧派人说经验完全是知识。其实依现在的眼光看来,经验确是一个活人对于自然的环境和社会的环境所起的一切交涉。

(2)旧说以为经验是心境的,里面全是"主观性"。其实经验只是一个物观的世界,走进人类的行为遭遇里面,受了人类的反动发生种种变迁。

(3)旧说于现状之外只承认一个过去,以为经验的元素只是记着经过了的事。其实活的经验是试验的,是要变换现有的物事;他的特性在于一种"投影"的作用(projection),伸向那不知道的前途;他的主要性质在于联络未来。

(4)旧式的经验是专向个体的分子的,一切联络的关系都当作从经验外面侵入的,究竟可靠不可靠还不可知。但是我们若把经验当作应付环境和约束环境的事,那么经验里面便含有无数联络,无数贯串的关系。

(5)旧派的人把经验和思想看作绝相反的东西,他们以为一切推理的作用都是跳出经验以外的事。但是我们所谓经验里面含有无数推论，没有一种有意识的经验没有推论的作用（Ibid., pp. 7-8）。

这五种区别，很是重要，因为这就是杜威的哲学革命的根本理由。既不承认经验就是知识，那么三百多年以来把哲学几乎完全变成认识论，便是大错了；那么哲学的性质、范围、方法，都要改变过了。既不承认经验是主观的，反过来既承认经验是人应付环境的事业，那么一切唯心唯实的争论都不成问题了。既不承认经验完全是细碎不联络的分子（如印象、意象、感情之类），反过来既承认联络贯串是经验本分内的事，那么一切经验派和理性派的纷争，连带休谟的怀疑哲学和康德那些支离繁碎的心法范畴，都可以丢在脑背后了。

最要紧的是第三、第五两种区别。杜威把经验看作对付未来，预料未来，联络未来的事，又把经验和思想看作一件事。这是极重要的观念。照这种说法，经验是向前的，不是回想的；是推理的，不是完全堆积的；是主动的，不是静止的，也不是被动的；是创造的思想活动，不是细碎的记忆账簿。

杜威受了近世生物进化论的影响最大，所以他的哲学完全带着生物进化学说的意义。他说："经验就是生活；生活不是在虚空里面的。乃是在一个环境里面的，乃是由于这个环境的。"（Ibid., p.8）

"我们人手里的大问题，是怎样对付外面的变迁才可使这些变迁朝着能于我们将来的活动有益的一个方向走。外境的势力虽然也有帮助我们的地方，但是人的生活决不是笼着手太太平平的坐享环境的供养。人不能不奋斗；不能不利用环境直接供给我们的助力，把来间接造成别种变迁。生活的进行全在能管理环境。生活的活动必须把周围的变迁一一变换过；必须使有害的势力变成无害的势

力；必须使无害的势力变成帮助我们的势力。"（Ibid., p.9）

这就是杜威所说的"经验"。经验不是一本老账簿；经验乃是一个有孕的妇人；经验乃是现在的里面怀着将来的活动。简单一句话："经验不光是知识，经验乃我对付物，物对付我的法子。"（Ibid., p.37）知识自然是重要的，因为知识乃是应付将来的工具。因为知识是重要的，所以古人竟把经验完全看作知识的事，还有更荒谬的人竟把知识当作看戏一样，把知识的心当作一个看戏的人对着戏台上穿红的进去穿绿的出来，毫没有关系，完全处于旁观的地位。这就错了。要知道知识所以重要，正因为他是一种应用的工具，是用来推测将来的经验的。人类的经验全是一种"应付的行为"（responsive behavior）。凡是有意识的应付的行为都有一种特别性质与旁的应付不同；这种特性就是先见和推测的作用。这种先见之明引起选择去取的动作，这便是知识的意义。这种动作的成绩便可拿来评定那种先见的高下。

如此看来，可见思想的重要。杜威常引弥儿的话道："推论乃是人生一大事。……只有这件事是人的心思无时无刻不做的。"他常说思想能使经验脱离无意识的性欲行为；能使人用已知的事物推测未知的事物；能使人利用现在预料将来；能使人悬想新鲜的目的，繁复丰富的效果；能使经验永远增加意义，扩张范围，开辟新天地。所以杜威一系的人把思想尊为"创造的智慧"（Creative Intelligence）。思想是人类应付环境的唯一工具，是人类创造未来新天地的工具，所以当得起"创造的智慧"这个尊号。

杜威说："知识乃是一件人的事业，人人都该做的，并不是几个上流人或几个专门哲学家科学家所能独享的美术赏鉴力。"（Ibid., p.64）从前哲学的大病就是把知识思想当作了一种上等人的美术赏鉴力，与人生行为毫无关系；所以从前的哲学钻来钻去总跳不出"本体"、"现象"、"主观"、"外物"等等不成问题的争论。现在我们受了生物学的教训，就该老实承认经验就是生活，生活就是人与环境的交互行为，就是思想的作用指挥一切能力，利用环境，征服他，约束他，支配他，使生活的内容外域永远增加，使生活的能力格外自由，使生活的意味格外浓厚。因此，我们就该承认哲学的范围、方法、性质，都该有一场根本的大改革。这种改革，杜威不叫作哲学革命，他说这是"哲学的光复"（A Recovery of Philosophy）。他说："哲学如果不弄那些'哲学家的问题'了，如果变成对付'人的问题'的哲学方法了，那时候便是哲学光复的日子到了。"（Ibid., p.65）

以上所说是杜威的哲学的根本观念。这些根本观念，总括起来，是（1）经验就是生活，生活就是对付人类周围的环境；（2）在这种应付环境的行为之中，思想的作用最为重要；一切有意识的行为都含有思想的作用；思想乃是应付环境的工具；（3）真正的哲学必须抛弃从前种种玩意儿的"哲学家的问题"，必须变成解决"人的问题"的方法。

这个"解决人的问题的哲学方法"又是什么呢？这个不消说得，自然是怎样使人能有那种"创造的智慧"，自然是怎样使人能根据现有的需要，悬想一个新鲜的将来，还要能创造方法工具好，使那个悬想的将来真能实现。

（原载《新教育》第1卷第3期，1919年5月）

1886—1964

蒋梦麟：杜威之伦理学与道德教育

一、伦理学

我们生活在这个世界，逃不了和人相交。人和人相交，便成社会。我们讲到伦理，就是讲和人相交的道理。聚许多个人，结合成一个社会。这社会的问题，是十分复杂，所以我们和人相交的景况，也是十分复杂。我们要在这个复杂社会中，求一个较为简单的法儿，提纲挈领，把头绪整理清楚，以便我们做人应用。我们讲伦理学，就是为这个道理。伦理学既是讲在社会做人的法儿，就要和社会的趋势相合，所以伦理学要跟着社会的进化走，照此看来，伦理学是进化的，不是固执不动的。

伦理学既是进化的，我们就知道讲伦理学的人，一定有来历的，不是凭空构造的，不过照着社会情形，把他改良。要把他改良，必须先要把从前所有的学说，研究分析，有了见解地，就下断语来。

所以我们要讲杜威的伦理学，先要把杜威以前的西洋伦理学说，略略研究然后方知道杜威在西洋伦理学界的位置，杜威对于伦理学的主张。欧洲近世的伦理学，照杜威看来，可分两种学说，一是"存心"学说，一是"结果"学说。主存心说的说道：我们判断善恶，不是从行为的结果为定断，是从存心善良处下断语。只要存心善良，我们就称是善。其能否有好结果，是别一问题。这种主张，和董仲舒的"正其义不谋其利，明其道不计其功"相似。主结果说的说道：我们判断善恶，若从存心上说起，他所存的心，我们实在捉摸不到。若从他的行为上观察，我们就可以知道他所行的是善或是恶。主存心说的说道：善是内的。善是德性，德性是内的。主结果说的说道：善是外的，行善是一种经验，经验是外的。

康德是主存心说的代表，他说道：

"在这世界内，除好意（good will）以外，没有可称无条件的善。智慧，机决，胆量，忍耐等虽很有用处，若无好意，这种天然的能力，就变了很危险的东西。……感情有节，自制功夫，慎重周密等，虽是很好，若无好意，就会变成极恶的。盗贼有忍耐功夫，反成一种更危险，更可恶的人。"（Kant：Theory of Ethics[1]，tr. by Abbot, pp. 9–10. 见 Dewey and Tufts' Ethics，[2]p. 241）

康德说这一番话，就是说我们若不存好心，种种才能美质，都会变作恶的利器。存心如同培养种子，这种子好，方才能获好果，这种子不好，将来所获的果也不好。

---

[1] 康德：《道德理论》。——本文脚注皆为编者所加。
[2] 杜威、脱虎得：《道德学》。

但康德所注重的,并不是在将来能不能获好果。他所注重的,只在这个好种子。他说道:

"一个好意,并不是因为希望将来的好结果,方才去存他。这个好意是志愿的德性,自己是好的。……如怀了好意,因为时机不好,虽竭尽心力,不能将这个好意发现于实际上,把他做成好事;(这个好意非但有一个志愿而且极力去做)仍然存在,如一粒宝石,在那边自己发光,完全的价值,在他自己里边。有结果呢,不能增他丝毫的价值。"(Ibid., p. 16. 见 Dewey and Tufts' *Ethice*, p.243)

康德的学说,和我们中国比较,是很有相同的地方。董仲舒的话,我们前已讲过,他如曾涤生说,"种瓜得瓜,种豆得豆。但问耕耘,不问收获",亦是这个道理。《大学》的正心诚意,宋儒的存心养性,都是要这个心,没有一毫私欲在里边,就是康德的存"好意"。与这个主张相反的一种学说,我们叫他"结果"学说,我们可以讲他的大概。

主结果说的代表,是英国功利主义一派(Ufihtarian),听他们讲什么话:边沁[①]说道:

用意(motives)有善恶,都是从他的结果立论。得快乐的,

[①] Jeremy Bentham(1748—1832年),英国伦理学家、法学家、哲学家,资产阶级功利学说的主要代表。

或能免苦痛的结果，就是善用意。得苦痛的，或不快乐的结果，就是恶用意。同一用意，有生出善的动作，有生出恶的动作，有生出无善无恶的动作。

边沁用下文的比譬，说明这个道理：

（一）一个童子，因为要解闷，拿一本有兴味的书来读。这个用意是好的，无论如何，终不是坏的。（二）他把地黄牛玩具名 Toy 扯动，在地上旋转，这个用意也不是坏的。（三）他将一头狂牛，放在人群中乱奔，他的用意，我们就叫他坏极了。然而做这三件事情的用意，或只是一个的：不过同是一个好玩罢了，别无他意。（Bentham：*Principles of Morals and Legislation*，[①]ch. X., section 3. 见 Dewey and Tufts' *Ethics*，p.248）

斯宾塞[②] 说道：

倘若摸人钱袋里的钱，使被摸的人觉得有一种愉快的感情，我们还叫偷是罪么？

（Quoted in Dewey and Tufts' *Ethics*，p.234）

---

① 本塞：《道德与立法的原则》。
② Herbert Spencer（1820—1903 年），英国社会学家、哲学家、教育家。

这"结果"学说，很像庄子的学说，庄子道：

臧与谷牧羊，而共失其羊。问臧奚事，曰：读书。问谷奚事，曰：博弈。

这两个人中，一个是博弈，人称他的用意是不好的，他失了他的羊。一个是读书，人称他的用意是好的，但他也失了他的羊。读书和博弈，两件相反的事，其结果同是一个失了羊。

庄子的道德论，以对于社会适合不适合为前提，就是对于社会有没有好结果，定道德的价值，他说道：

水行无若用舟，陆行无若用车。以舟之可行于水也，而推之于陆，则没世而不行寻常。古今非水陆耶？周鲁非舟车耶？今蕲行周于鲁，犹推舟于陆，劳而无功，必及于殃。夫礼仪法度，应时而变者也。今取猨狙而衣以周公之服，彼必龁啮挽裂，尽去之而后慊。……

庄子的本意，以为圣人倡不适用于社会的仁义以治天下，天下反乱，故从结果上看来，圣人与盗跖同是乱天下的一种人，同是失了羊！

庄子和边沁、斯宾塞的说法虽不同，都是欲讲明重结果的理由。庄子的意思，仁义和不仁义，他不管，凡乱天下的都是不好。边沁和斯宾塞的意思，用意好不好他们不管，凡有害于社会的都是不好。

我们把上说的两种反对的主义看起来，那"存心"派是注重发念一方面。那"结果"派是注重行为一方面，那"存心"派对于用意很把细；那"结果"派对于行动很留心。

我们到这地方，就可以问杜威的见解如何。

杜威的意思，以为康德一番话，虽是有道理，却只说了一半。康德不是说盗贼有忍耐功夫，反成为一种更危险，更可恶的人么？因为更危险，所以称他更可恶，恶他什么？恶他有危险，这不是暗暗儿便含了以结果定用意的价值，一种意思么？（Dewey and Tufts：*Ethics*，Note 1，p.245）

杜威对于"结果"说的意见，以为人的善恶虽然不能全以结果为断，但有了善念，没有结果，也不能称完全的善。无善念得好结果，也不过是一件偶然侥幸的事。

从前两说看来，他说道：

照我们普通的经验看来，有时候觉得两说都不差，我们有时能把一件事情，在两面都讲得通，我们知道其中不免有误解处。两面共同的差处，是在两方面都把自动的一桩事（voluntary）分作两段，这一面叫他是内的（inner），那一面叫他是外的（outer）；这一面叫他是用意（motive），那一面叫他是结果（end），实在只是一件事。一个自动的动作，是行为的人（agent）的一种态度（disposition）（或习惯）发现于一种显而易见的动作上，成一种结果。徒有用意，不发现于事实上，不管他成功不成功，这不是一种真用意，就不是一个自动的动作。从他方面看来，无用意的结果，不是自己要的，不是自己选择的，也不是自己用力得来的，这和自动的动作完全没有关系。内和外分，外和内离，就没有自动（或道德）的性质了。内和外分，就成幻想；外和内离，便是侥幸。（Ibid., pp.237-238）

他又说道：

……我们知道用意在一种完全的自动的动作里面的位置，好像一种自动机的能力；一旦发动起来，若非为外来的一种大势力阻住，一定有一种结果。我们也知道自动的行为中，有了这种结果，方才引起我们为善的兴味，使我们用力把他做到。我们可任便分析自动的动作，无论从哪一端下手，我们若要完全分析起来，终免不了从这端达彼端。我们把一个动作分内外，实在只有时期先后的分别没有内外的分别。（Ibid., pp.238-239）

照杜威这两段文章看来，他所注重的有两点，一点是道德是自动的动作，不是被动的。自动的动作，和道德是一件东西，不是自动的动作就不是道德。为善要出自己的意思，这自己的意思若是真切的，若不为外来的大力阻止，便发现于动作上，成一种结果。第二点这自动的动作，无内外之分，有先后之别，先一段就是"存心"派的说话；后一段就是"结果"派的说话；先一段是用意的，后一段是结局。

杜威这番话，好像是王阳明讲的，王阳明说道：

知者行之始，行者知之成。圣学只一个工夫，知行不可分作两事。(《传习录》第二十六节)

他又说道：

……行之明觉精察处便是知，知之真切笃实处便是行。若行不能精察明觉，便是冥行……所以必须设个知。知而不能真切笃实，便是妄想……(《答友人问》)

阳明说的知与行，就是杜威说的用意与动作，他说的始与成就是杜威说的先与后。阳明又说："学无内外，讲习讨论未尝非内也。反观内省，未尝遗其外也。"(《答罗整庵少宰书》)就是杜威说的没有内外之分。阳明说的"若行而不能精察明觉，便是冥行"就是杜威说的"外和内离，便是侥幸"。阳明的"知而不能真切笃实，就是妄想"和杜威的"内和外分，就成幻想"，是同一个意思。简单说一句，阳明和杜威同是主张知行合一派。

我讲到这里读者请勿误会阳明和杜威的学说都是一样的。他们不同的地方很多，如阳明信良知是一种特别的机能，只有这良知能知善知恶。杜威就不信这个主张，他说："我们要晓得道德不是武断的，也不是形而上的。这'道德'一个名称，不是指着人生的一个特别区域，也不是特别一段生活。"（Dewey：*Ethical Principles Underlying Education*，①p.32）

阳明信良知是一粒百宝灵丹。近世哲学家没一个信一种学说可成一种万应如意油、百病消散丸的。我们讲中外比较学的，这种地方很要留心，因为很容易惹起误会。黄梨洲因见西洋人的算学和中国有点相像，就说他们从中国偷去的，他就把"天子失官，学在四夷"，为证据，岂不是大差么？

闲话少讲，再让我们讲伦理学问题，阳明的知行合一说，是从心理一方面着想，社会一方面是很少注意。杜威讲伦理学，是从两方面看，一方面是心理，一方面是社会。他说社会一方面的伦理，是定伦理的价值；心理一方面的伦理，是讲伦理的推行法。故心理一方面是方法"How"，社会一方面是实质"What"。这方法与实质，并非是两件事，我们不可把他分离。心理学是讲个人的动作，个人与社会不能分离，故讲心理也逃不了社会。社会是个人积聚而成的社会，个人是社会的个人。（Ibid.，p.9）

方法 How 是讲行为的法儿，手续程序。实质 What 是讲行为的结果，成绩。故从心理方面看伦理，我们是讲个人对于道德什么做工夫；从社会一方面看伦理，是讲个人对于道德什么定价值，什么是叫作道德。个人是社会的一分子，离了社会是讲不来道德的。

---

① 杜威：《德育原理》。

（Ibid., p.9.）

杜威对于伦理的位置和主张，讲到这儿，大家都已明白。简而言之，他说道德是一个，没有两个，不能分作两事，只好言先后的程序。存心是始，结果是终；存心是心理的，结果是社会的；心理的是方法，社会的是实质。杜威的伦理，我们已约略讲明白，我们此后可以讲他的道德教育。

二、道德教育

杜威把他的伦理学为本，讲道德教育。他说学校对于社会的责任，好像工厂对于社会的责任。譬如一家织布厂制造布匹，要先考察社会的需要，知道社会的需要后，照这需要去造各种样儿的布，布厂不能造社会不需要的布。至于什么样造法是最经济，要布厂里的人自己设法讲求。学校教学生，亦要先考察社会的需要，知道了这个需要，然后教他，至于什么教法是最经济最有功效，要学校里的人自己设法研究。（Ibid., p.9）

察社会的需求，就是社会方面的伦理，是伦理的实质。研究什么教法是最经济，最有功效，就是心理方面的伦理，是伦理的方法。

杜威最不信道德是可以和他课分离教授的，他说："'道德'一个名称，不是指着人生的一个特别区域，也不是特别一段生活"（Ibid., p.32）。照他的眼光看来，各种功课，都有道德的价值，都是道德教育（不能设那什么叫作道德一科，在纸上谈兵的）。他举了几个例：

手工——教授，不是专教手工，但也不是增进知识，教的得当，能养成群性的习惯，是很有社会的价值的。杜威把道德和社会联在一块儿，照他的意思，讲道德离不了社会；讲社会的幸福就是讲道德。他说社会的价值就是道德的意思。从康德至今，大家都讲艺术的利益，是要社会公共享受不是个人所可私的。养成群性习惯，就是道德教育。（Ibid., p.17）

地理——是能使学生知道物质和人群很有关系。如两种民族，如何为物质环境所分离，以及河流道路如何能使各民族交通。湖，山，河，平原种种，表面看来，是物质的，究竟的意义，实在是人群的。我们大家知道，这是和人类发达和交通，很有关系。（Ibid., p.21）

历史——的道德价值，是在讲明社会的来历；使学生对于社会种种形态，动作，都知道意义。社会如何发达，如何衰落，都可从历史上讲明白。（Ibid., pp.23-24）

其余如文字为社会思想交通的利器；算术为比较社会各种事业好歹的利器；只要教师有眼光，那一课不是道德教育呢？

杜威又大大儿反对学校中教授没有理由的遗传道德，他说："格言 Moral Rules（遗传道德）往往成一种和人生没有关系的东西，变成一种律令，要人顺从他，这样就把道德的中心，移出人生的外边。凡重文字，轻精神，重命令，轻自动的道德，好像用外面的压力，把个人里面活泼泼的精神压住了。"（Dewey and Tuft: *Ethics*, pp.328-329）

他又说："命令式的遗传道德，不过是一种过去社会的习惯，是为过去的经济和政治的景况所造成的。"（Ibid., p.331）

杜威的意思，以为现今社会的罪恶，并不是因为个人不知道的意义，也不是因为个人不知道德上的普通名词（如诚实，耐苦，贞操等），其实在原因，是在个人不知社会的意义。因为现今社会是十分复杂，若非受正当教育的人，哪里知道人生的真意，使他的动作，行为，都合社会的要求呢？多数的人，或被遗传道德压倒，或为一时感情所牺牲，或为一阶级的人所欺骗，哪里有机会识社会的真相？（Dewey：*Ethical Principles Underlying Education*，p.23）

杜威脑中，想着"道德"两字，就想着社会的生活——现今社会的生活，不是古代社会的生活——道德的程序，就是人生的程序。道德的观念就是人生的观念，人生以外无道德，社会以外无道德。他的道德范围甚广，不是在遗传道德圈子里弄把戏的。

杜威说："我们对于道德教育的观念，实在太狭，太正式，太像病理学。我们把道德教育，和一种道德上的特别名称紧紧抱住，和个人他种行为分离。至于个人自己的观念和自动力，竟全然没有关系，这种道德教育，不过养成一种无能力无用处的'好人'罢了。能负道德责任的和能干事的人，不是这样教育法可养成的，这样教授法，都是皮毛的，于养成品行全没有关系……"（Ibid., pp. 25-26）

什么样才算是真道德教育呢？照杜威的意思，有三件事。（1）社会知识，（2）社会能力，（3）社会兴趣。社会知识（social intellgence）是使个人知道社会种种行动，种种组织的意义。社会能力（social power）是使个人知道群力之趋向及势力。社会兴趣（social interests）是使个人对于社会事业有种种兴趣。学校中对于三件事有什么原料呢？（1）使学校生活成一种社会生活，把学校造成一个社会的小模型。（2）学与行的方法。（3）课程。学校生活，是代表一种社会共同生活的精神。学校训练，管理，秩序等，要和这精神相合，要养成自动的习惯，创造的精神，服务的意志。课程一方面要使儿童对于世界生自觉心，他们既生在这世界，和这世界有密切关系，要使他们知道世界事业的一部分，他们要担负的，这样办法，道德的正当意义就得了。（Ibid., p.26）

以上讲的一番话，是社会方面的伦理学，是伦理学的实质What。对于这个见解不差了，我们就可以讲心理方面的伦理学，这就是方法How。社会的价值一句话，对于儿童不过是一种抽象的意思。若不把这抽象的变作具体的，他们小孩子便不能懂。做到这道德的地步，究竟是儿童自己的事，所以我们就要从儿童个人身上着想，要使他们个人的生活，代表社会生活的一部分。（Ibid., pp.26-27）

心理一方面的伦理学，是用什么法儿推行呢？杜威说道：

第一步就是观察儿童的个人。我们知道凡是儿童都有一种萌芽的能力——天性和感动（instincts and impulses）——我们要知道这种本能究竟做什么，有什么意思。讲到这件事，我们就要研究这种本能有什么结果和功用；什么可使他变有组织的动作作利器。我们讲起这粗浅的儿童本能，就要记得那社会生活；讲到那社会生活，我们就可以知道这种本能的意义，和陶冶的方法。到了这儿，我们再要回到个人上，找出来用什么方法，把儿童自动的本能，达到社会生活的目的；又用什么方法是最经济的，最容易的，最有效力的。我们所应做的事，就是把个人活动和社会生活连接起来，这只有儿童自己做得到，教员实在不能越俎代谋。即使教员能勉强做到，亦没有什么伦理上的价值。教员所能做的，不过把环境改良，使儿童受了环境的影响，自己动作起来。如儿童没有团结力，教员不能把他们勉强团结起来，只能改良环境，使他们自然团结起来。开运动会，游艺会，展览会等就是改良环境的方法。道德的生活，是要儿童个人知道自己动作的意思，动作的时候，又要有精神上的兴趣，对于动作的结果，是自己用力得来的。到底我们逃不了用心理学的方法，研究个人的心理，找出一个法儿来，使儿童勃发的天能，和社会的习惯智慧相适应。（Ibid., p.27）

照杜威的见解，这心理学的研究是有几个道理:（一）第一件要知道凡是儿童的行为（conduct）基本上是从他们固有的天性和感动（instincts and impulses）上发出来的。知道这个天性和动作是什么东西；在什么时候，有什么天性动作发现；我们才能利用他，使成为有用的。不是这样办去，各种道德教育，都是机械的，和个人内部没有感动的。若我们以为儿童天然的动作，就有道德的意义，便放纵了他，这就坏了，我们太娇养儿童了。这种天然动作，是要利用的，或是要引导到有益的地方去；这是教育的原料，是给我们用他来造成一种有用的人。

（二）伦理学要从心理方面看，因为儿童自身，是教育唯一的器具。各种功课如历史，地理，算术等，若非从儿童个人经验上着想，都是空虚的。（Ibid., pp.27-28）

终而言之，照杜威的意思，我们讲道德教育是发展儿童的品性（character）（或人格）罢了。然而讲起这"品性"一个名词，大家就弄不清楚，所以杜威把他说将明白。

杜威说品性是指儿童内部动作的程序，是动的，不是静的，是心的原动力，不是行为的结果。（Ibid., p.28）照这看来，发展品性一句话，有几件事情，要讲明白的。

（甲）能力（force）（行为的能力）。我们讲道德的书，都注重存好心一句话（intention），谁知道我们要讲道德，不是存了好心便罢了。我们还要有能力把这好心推行到实际上。若有了心，没有力，便成一个被动的"好人"，有什么用处呢？所以我们要养成一种人，使他有肩膀担负责任，不怕难，不怕苦，自动非被动，敢言又敢行，这才算是一个有道德的人，这种能力，我们就叫他品性的原动力（force of character）。（Ibid., p.29）

（乙）但有能力，还是不足。能力不善利用，就会变成危险的东西。有大能力的人，有时会把人家的权利摧残。所以有了力，还要把他引到一条正路里去，使他成有用的力。这种能力，方才可宝贵。照这看来，智力（intellectual）和感情（emotional）是要看重的；智力是具一种有判断力的常识，看事能明白，知轻重大小，遇事能措置得当。抽象的是非，空悬的好意，是不能成这种判断力的。要个人从实际上磨练，方才能到这地步。

（丙）徒有智力，还是不足。我们知道很有判断力的人，还是不做事情，这是因为没有一种活泼泼抑不住的一种感情，在里边发出来（孟子说恻隐之心，仁之端也，又说扩而充之足以保四海，都是讲这道德感情之作用）。所以我们要讲感情一方面。我们可知有判断力，有忍耐力，不畏难的人，固然也能做好事情，但我们把"铁面"与"婆心"两种人相比较，觉得"婆心"的人是和蔼温柔的，是慈悲的；"铁面"的人是正式的，是照格式做的。要养成和蔼温柔的品性，是要把感情注重。（Ibid., pp.29-31）

学校中应该是什么样做法，才能养成有能力，有判断力，有感情的品性呢？

杜威有几句话，请列位听：

（A）第一件，品性的能力是不能用抑制（inhibition）法养成的。我们不能从消极的抑制里边，找出积极的自动来。有时因为要将各种能力聚在一块儿，使专心致志做一件事，我们不得不防制他的能力在他方面乱用。但这是引导，不是抑制；这是贮藏，不是塞住。好像园中一池水，我们要作灌花之用，便不能让他东西乱流。这贮藏的时候，便有许多真正的抑制力在里面，不必另外再用抑制方法。倘若有人说抑制力在道德上是比较引导力为要紧，这好像说死是比生为贵，牺牲比服务为贵了。有道德教育价值的抑制力，是包括在引导力里边。

（B）第二件，我们要问学校里的功课，从心理上看来，是否为养成判断所必需的，识得比较的价值，就是判断力。故欲养成这种能力，必须使儿童具有一种选择和判别的能力。徒然读书听讲，不能办到。学判断力的好方法，就是要儿童时时下判断，任选择。还要自己来判断自己来选择。判断选择之后，自己去做，使他知道他自己行为的结果，或成或败，有了结果，才能下判断。

（C）第三件，慈悲心，或与人表同情的心，必须养成的。要养成这种感情，需要留心美的环境，使儿童受一种美感的影响。若校中功课是正式的，学生又没有社交生活团体集合的机会，感情的生机就会馁死，或从不规则的一方面去发泄，更把他弄坏了。有时学校以实用为名，使学生但习读、写、算三者（three R's）和其他干燥的功课，把他的耳掩住不闻好文学，不听好音乐；把他的眼遮住，不见好建筑，好雕刻，好图画；这样办法我们就没有把儿童的感情养好的机会，他的品性，就缺这一部分重大的要素。（Ibid., pp.31-32）

（原载《新教育》第 1 卷第 3 期，1919 年 3 月。标题为编者所加）

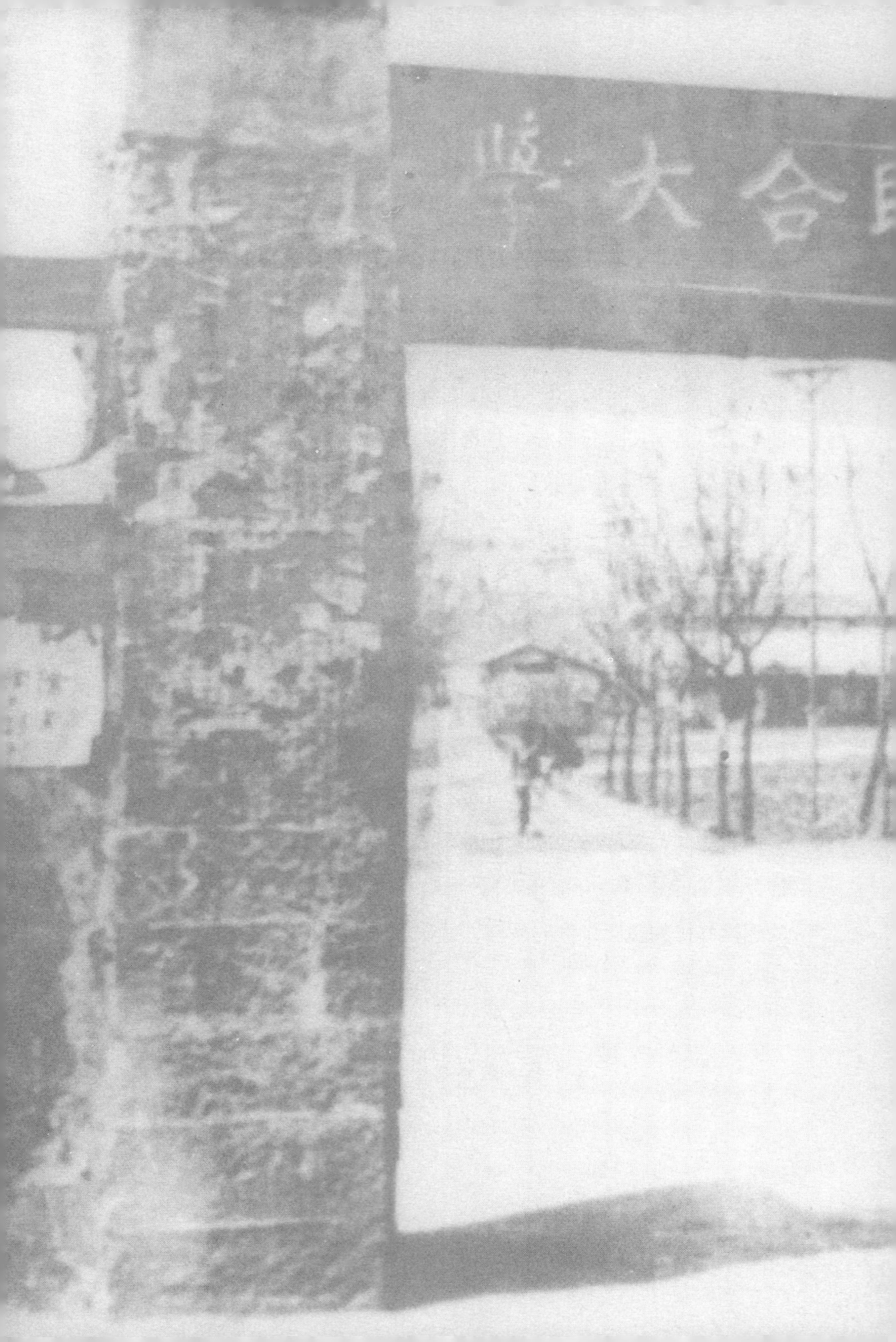
大合

第八篇 中西激荡

中西哲学比较三讲

1937—1946

1937—1946

1902—1992

贺麟：朱熹与黑格尔太极说之比较观

朱子的太极统言之可以说只是一个理，但为方便起见分开来说，据我看来，他的太极实含有三种不同的意思：

第一，朱子的太极就是他"进学在致知"所得到的理，也就是他格物穷理，豁然贯通所悟到的理。这个太极就是"道理之极至"，就是"总天地万物之理"，也就是"两仪四象八卦之理，具于三者之先（即 transcendent 之意）而蕴于三者之内（即 immanent 之意）"的理。这个理就是朱子形而上学的本体（宋儒称为道体），就是最高范畴。所以朱子说："太极本无此名，只是个表德"。"表德"二字即含有范畴之意，或"表示本体的性质的名词"之意。这种的太极，最显著的特性，就只是一种极抽象、超时空、无血肉、无人格的理。这一点，黑格尔与朱子同。黑格尔的太极也是"一切我性，一切自然的共同根本共同泉源"。黑格尔的本体或太极，就是"绝对理念"（Absolute Idee）。"绝对理念"有神思或神理之意，亦即万事万物的总则。宇宙间最高之合理性，在逻辑上为最高范畴，为一切判断的主词。其在形而上学的地位，其抽象，其无血肉，无人格与超时空的程度，与朱子的太极实相当。不过朱子有时认心与理为一，有时又析心与理为二。有时理似在心之外，如"人心之灵莫不有知而天下之物莫不有理"等语的说法。有时理又似在心之内，如"心统性情"（性即理，情属气）及"所觉者心之理也"等处，因为朱子认为理无内外，故作此理似在心外，似在心内，似与心一，似与心二之语。而黑格尔则肯定的抱认识一元论，认心即理，理即心，心外无理。所以黑格尔的学说是绝对唯心论，而朱子则似唯心论又似唯实在论，似一元论又似二元论。这是朱、黑的不同之第一点［**不过朱派的嫡系如蔡九峰（沈），魏鹤山（了翁）等似纯趋一元的唯心论**］。黑格尔全系统的中坚是矛盾思辨法（dialectical method）。而朱子仅是用博学、审问、慎思、明辨的指导方法，再兼以"笃行"的道德修养，既不持矛盾的实在观或真理观，亦从来不用矛盾的辩难法以驳倒对方。这是朱、黑之第二大异点。

朱子的理老是被"气"纠缠着（**朱子的气有自然或物质之意，西人之治朱学者大都译气为 matter 甚是**），欲摆脱气而永摆脱不开，欲克制气又恐克制不了。既不能把理气合而为一，又不能把理气析而为二，所以真是困难极了。他真是费了九牛二虎之力好容易才得到下列几条结论：(1) 虽在事实上"天下无无气之理亦无无理之气"，但就逻辑而论"理先于气"。(2) 就形而上学而论"理形而上者，气形而下者"，"理一而气殊"，"理生物之本，气生物之具"。(3) 就价值而论，理无形"故公而无不善"，气有清浊纯杂之殊，"故私而或不善"。根据这种的善恶来源说，于是成立他的第四条结论，就是

"变化气质","去人欲存天理"的修养论。

黑格尔则认为太极的矛盾进展,经过正、反、合的三个历程,初为纯理或纯思(Reine Idee),亦即黑格尔戏谓"上帝尚未创造世界以前的纯理世界",此为逻辑所研究的对象。这就是老子"道'先天地生'"的意思,亦即朱子"但推上去时,却如理在先气在后相似"之意,不过黑格尔比朱子说得肯定些罢了。其次,太极堕入形气界就是自然。自然就是太极的外在存在(aussichsein),或太极的沉睡,或不自觉的理。换言之,自然、物质,或朱子所谓气,就是顽冥化的理智(versteinerte intelligenz)。再次,太极又进而为理与气合的精神。所以黑格尔的太极经过三种矛盾步骤:(1)正,纯粹的理,有理无气,逻辑之所研究。(2)反,纯粹的气,为理之外在存在,或顽冥化,自然哲学之所研究。(3)合,精神,理气合一,精神哲学之所研究。精神的最高境界,就是自觉其与外界自然或形气世界为一。或征服外界使与己为一,而为自己发展或实现之工具。征服形气界之要道,在于了解外界并奋斗前进使不合理者皆合理,顽冥不灵者皆富有意义,使向之似在外者,均成为自己之一体。——此不过略述其大意。一见而可知朱子和黑格尔两家之气象大不相同。

第二,朱子的太极又是"涵养须用敬"所得来的一种内心境界。朱子前说释太极为理,大都用来解释周子的太极图说,建立他的宇宙观,而此说认太极为涵养而得之内心境界,则目的在作对人处事的安心立命之所。此说脱胎于李延平视喜怒哀乐未发气象之教,后来与湖南张南轩诸人讨论中和说,亦多所启发。论实际的影响，此说最大。朱门后学对此说最有发明的是魏鹤山（了翁）。即王阳明的良知与梁漱溟的锐敏直觉，也似与此说不无瓜葛。前说释太极为理有析心与理为二的趋势，此说释太极为内心修养，而得之心与理一，体用一源，动静合一的境界，则合心与理而为一了。我们且看朱子对于此种涵养而得的太极的说法：与张敬夫论中和第一书，其实是形容他所见得的太极云："……退而验之于日用之间，则凡感之而通，触之而觉，盖有浑然全体，应物而不穷者，是乃天命流行生生不息之机。虽一日之间，万起万灭，而其寂然之本体则未尝不寂然也。所谓未发，如是而已"。与张敬夫第二书修正前面对于太极的观念云："今而后乃知浩浩大化之中，一家自有一个安宅，正是自家安身立命主宰知觉处，所以立大本行达道之枢要。所谓体用一源，显微无间，乃在于此"。与张敬夫第三书复修正前说云："近复体察见得此理须以心为主而论之，则性情之德，中和之妙，皆有条而不紊。……盖心主乎一身，而无动静语默之间。……寂而常感，感而常寂，此心之所以周流贯彻而无一息之不仁也"。朱子所以如是改变，他对于中和（**即内心境界的太极**）的见解而认前两说为非是的缘故，盖因他徘徊于究竟心是太极，抑理或性是太极之间，他一方面想跟着周子解释宇宙，怀着太极是两仪四象八卦之理于心；他一方面又想注重内心的修养，谨记着张横渠"心统性情"之说，有认心为太极的趋向。所以他的前两书描写本体，似偏认太极是生生不息的天命或天理（**第一书**），和自家内心中主宰知觉的性或理。但是他立即翻悔，以为认玄学上的性或理为太极，于修养无从着力，乃恍然悟得"此理须以心为主"，便纯采横渠"心统性情"之说了：于是接着第四书又悟心亦有其未发者在，更提出主敬以涵养未发的心。所以便自觉踌躇满志，另成立其涵养方面的太极观了。（以上论中和四书皆见《宋元学案》卷四十八）

也许有人要问他几封与张敬夫谈中和的信，并未曾一提"太极"二字，何以我竟敢硬派为朱子的太极观呢？我的答复就是："有诗为证"。原来李延平屡次教朱子"观喜怒哀乐未发气象"，朱子虽深许延平"理一分殊"之说，但总觉得延平关于"未发"之说，说得不清楚，不十分理会。一直到他访延平于同安第三次时，方表敬服之意，拜之为师。及1163年，李延平死后朱子方省悟李说之重要，但深失悔已无法领教了。及1167年秋朱子与张敬夫在湖南见面，同住了两三月，又于冬天同游衡山，两人共同"绅绎遗经"，特别讨论《中庸》，并细读周、程、张、邵诸子的书及语录，而且反复讨论的结果，才觉悟《中庸》所谓喜怒哀乐未发之中，发而中节之和，李延平生时谆谆教他观认的就是理，就是天命流行生生不息之机的性，也就是可以从内心体认的太极。当时他们两人欣喜满意极了。所以当这两位道学家在株洲分别时，不自知觉地把讨论的心得，即所谓新太极观，咏之于诗。张敬夫送朱子诗有"君侯起南服，豪气盖九州。……尽收湖海气，仰希洙泗游。不辞关山阻，为我弥月留。遗经得绅绎，心事两绸缪，超然会太极，眼底无全牛"之句。张氏虽说超然会太极，也只是说出太极之超卓或崇高

（sublimity），但究竟太极是怎样一回事，他也含糊说不清楚。朱子说话最爽直，而且所见得的太极似也比张氏精透些，所以他的答诗便明白形容太极道："昔我抱冰炭，从君识乾坤。始知太极蕴，要眇难名论。谓有宁有迹，谓无复何存？惟应酬酢处，特达见本根。万化自此流，千圣同兹源。旷然远莫御，惕若初不烦。云何学力微，未胜物欲昏！涓涓始欲达，已被黄流吞。岂知一寸胶，救此千丈浑。勉哉共无斁，此语期相敦！"朱子此诗之形容太极，比南轩诗真是明晰显豁多了。但究竟太极是心吗？抑或是性呢？朱诗仍含糊未说清楚。细审其语意，太极好像是指周子的"无极而太极"的理，又好像是指《中庸》所谓天命至善之性，又好像是指"人心惟危，道心惟微"的道心。朱子是个慎思明辨，凡是问题到手必须追根究底的人，岂肯得着这样一个混沌的太极观便甘休。所以他离开湖南后，复再四写信与南轩彻底追究太极的本性。初二书明认太极为性或理。第三书修改前说指明太极是统性情主一身而无动静语默之间的心。第四书犹嫌前说认心为已发，仅不过是玄学家以心为研究的对象的工夫，更进一步提出主敬以涵养未发之心，求达到深潜纯一之味与雍容深厚之风。这样一来，他真可谓握住太极，毫不放松，无怪乎黄勉斋要说："道之正统在是矣"了。

从上面可以知道朱子为注重涵养起见，而归结到道德的唯心论。此后为提倡道德与涵养起见，他更竭力发挥他道德唯心论的系统。在《观心说》里，他大呼道："夫心者人之所以主乎身者也。一而不二者也。为主而不为客者也。命物而不命于物者也。"于是乎格物穷理也不是穷究心外之理,而乃是"极乎心之所具之理"了。心既然是太极,所以无所不备,但心之最主要的属性就是仁(仁就是"心之德、爱之理")。所以他说:"故语心之德,虽其总摄贯通,无所不备,然一言以蔽之曰仁而已矣。"又说道:"此心何心也,在天地则坱然生物之心,在人则温然爱人利物之心,包四德而贯四端者也。"归结起来,他指出人生的"究竟法"或"安身立命"之所,在于"尽其心而可以知性知天,以其体之不蔽,而有以究夫理之自然也;存心而可以养性事天,以其体之不失,而有以顺夫理之自然也"。这样一来,朱子的太极便不徒是抽象空洞的理,而乃是内容丰富,无所不具,求知有所着手,涵养有所用力的心了。他所说的尽心以知性知天,以究夫理之自然,乃是一种求形而上真理的工夫,与斯宾诺莎之知天爱天有同等崇高的理想。他所说的存心以养性事天,以顺理之自然,乃是一种极高深的道德涵养或宗教的工夫,可以不放弃人伦庶物,不放弃真理的探求,而给人一种究竟法或安身立命之所。所以朱学一方面可满足科学上哲学上理智的欲望,一方面又可满足道德上,宗教上,艺术上情志的要求。我所谓朱学可满足艺术上的要求者,盖因宋儒根本认为文以载道,内而能见道,则流露于外便是文章礼乐。用新名词说,宋儒认为"艺术所以表现本体界(道或太极)之现象"(蔡子民先生语)。试看宋儒之咏道体的诗及其洒脱自得的艺术化的生活,可见一斑。当然个人对于道或太极的解释或界说不同,则发出来的艺术亦随之而异。朱学的根本精华在此,朱学之所以能抵制佛老另辟一种局面在此,朱学之所以引人入胜，在中国礼教方面与思想方面，维持六七百年以来的权威也在此。

总结起来，我上面已指明朱子的第一种太极观认太极为理，谈理附带谈理所凝聚的气。因此建筑他的宇宙观，中间经过一短时期，认太极为天命流行之机，或理之赋予人与物的性。朱子立即修正此说，而过渡到他认太极为心的根本学说。而这个具有太极资格的心，并不是泛泛的心，乃是主乎身，一而不二，为主而不为客，命物而不命于物的心，又是天地块然生物，圣人温然爱人利物的仁心，又是知性知天，养性事天的有存养的心。且看他形容此种心体的诗道："半亩方塘一鉴开，天光云影共徘徊。问渠那得清如许？为有源头活水来。"

我们现在已明白看出朱子有所谓第二种太极观，认太极为心，或内心最高的境界。我现在要问的就是：既然据此说则朱子与黑格尔同有太极，同认太极为心，那么，黑格尔是否也有与朱子相似的太极观呢？这实很难说，我只好勉强答曰然，曰否。因为黑格尔与德国狂飙时代的浪漫主义者相同，认性非外铄，太极并非邈远不可企，即显现降衷于个人的内心生活里。又说太极之显现于吾心必是整个包涵万有的系统（**朱子谓心一而不二，心之德无不备具**）。又说：唯在哲人或思想家心中，或任何洞晓人生之至理者的心中，太极方可得最圆满之自觉。黑格尔又认为"内而能达天人合一的境界则流露于外，便是艺术，宗教或哲学"。我想凡此说法都与朱子有吻合处。不过朱子以为心能存养得仁，"及其发也，事物纷纠而品节不差"。较注重人事的活动与生活的艺术而已。至于黑格尔认绝对理念（Absolute Idee）或神思为一切物性之总思想，自决而不他依，又认"太极为一切判断之主词"（The subject of all judgements is the Absolute or Reality——布拉德雷语）亦与朱子"心也者为主而不为客者也，命物而不命于物者也"等语之意旨相似。不过黑说较注重知识的来源，而朱说则较重道德的自主罢了。

至于讲到主敬涵养，存心养性观喜怒哀乐未发气象一步工夫，黑格尔简直可以说是莫明其妙。他虽然观察别人的精神生活异常深刻精到，而他自己却甚缺乏内心经验。据鲁一士说黑格尔"个人本身实极少可以称道之处。喜争好辩，辞气粗率，……自始至终，他是一个善于自己打算，耐劳而有决心，严刻而寡恩情的人。能尽职守，能睦室家，忠于雇主，而刻于敌人"。固然，鲁一士有故意与黑格尔开玩笑之处，特地把他写坏些，但足以见黑格尔对于朱子所谓"涵养工夫"实不大讲究，而朱子所谓"急迫浮露，无复雍容深厚之风"，虽系自道其短处，但亦未始不中黑格尔的弊病。黑格尔学说之易招致反响，也许与此不无关系。

黑格尔还有一点与朱子不同。朱子的"心"虽说是无不备具，其实只是装些四德四端的道德名词，且特别提出仁为心之德。因此认宗教，艺术，玄学，政治，皆为道德的附庸品，好像只要一个人道德一好，有了涵养，他便万知万能，而黑格尔却只认道德为社会意识，而非绝对意识。在道德中善恶是相对的，唯超善恶之宗教，艺术，玄学方算绝对意识。朱子的太极是纯粹蔼然爱人利物的仁心，而黑格尔便有些怀疑这种纯莹的绝对的善，所以他的太极是恶被宽恕或恶被征服后的心境。换言之，黑格尔的太极是向外征服恶魔的战士，而朱子的仁心是向内克治情欲的警察（朱子有"中原之戎寇易逐，而自己之私欲难除"语）。朱子认包四德而贯四端的仁心为一切的根本。而黑格尔只认政治为道德之用，道德为政治之体，宗教为道德之归宿，道德为宗教之阶梯。所以黑格尔说："道德生活乃政治的心髓或实质，政治乃道德生活的组织与实现，而宗教又是政治与道德生活的根本。是以政治基于道德，道德本于宗教。"（黑格尔《精神哲学》，瓦拉士英文本，第282页；拉松德文本，第464页）所以黑格尔认道德为相对，认太极是超善恶的绝对意识之说，朱子也许要斥为异端。

朱子与黑格尔还有一最大区别，就是朱子认太极为个人由涵养而得的当下的内心境界；而黑格尔是个理想主义者，他有时称尚未实现的社会理想，或时代精神（Zeitgeist oder Weltgeist）为太极的下凡或轮回投生。在历史上他认为野蛮人之自相残杀，封建时之奴隶制度，斯多葛之节欲顺理，法国革命之争自由平等，和日耳曼民族之忠爱国家都是绝对精神或太极的次第表现。世界历史就是这太极自己表现，自求解放发展的历程。而他归结到人生理想在于"在一个自由民族，一个有组织的社会的总意识里，寻着我们的真职责和真自我表现。足以代表全国民的真生命的国家，就是每一个忠实公民的客体自我。所以国家就是个人的真正自我，也可以分配各个人应有的职责，指定各个人相当的职业，赋予各个人的德行以意义和价值，充满各个人心坎以爱国热忱，并且保持各个人生活的安全与满足"。黑格尔在西洋实际影响之大几全在他注重于太极之表现于社会理想，而朱学在中国影响之大乃在其注重自个人内心涵养而得之太极。所以朱子有"一物一太极"之说，几似莱布尼茨之单元的个体主义；而黑格尔太极只能承认凡物皆太极的表现，而不承认一物一太极的说法了。所以朱子和黑格尔虽都可以说是东西谈太极的大师，但至此不能不分道扬镳了。假如，朱子与黑格尔会面的话，两人辩论的激烈，恐怕比他与陆象山在鹅湖馆的争执还会更厉害呢！

以上解释朱子的第二种太极观并与黑格尔的比较，所占篇幅特别多，因为在两家学说的地位特别重要。此外朱子还有第三种的太极观。此种太极观虽直接与他的形而上学系统无关，但一样值得我们讨论。大凡哲学家用纯理求出他形而上学的道体后，他总免不了把他的道体具体化，以求应用于人生实际方面。譬如黑格尔逻辑学中的太极是抽象的，是无人格的，是超时空的；但他的精神哲学，历史哲学及宗教哲学上的太极，就多少被他具体化，而具有几分人格，而且在时间上有盛衰消长之可言了。又譬如《易经》上所说的天或天道，乃是一无人格的理（宋儒天即理也之说自此出），但孔子在《论语》上所说的天，如"天厌之"，"天之未丧斯文也"，"天丧予"等均应用于人生及感情方面的天，故是被他具体化为有意志，有人格的天了。至关于朱子的太极是否被他具体化为有人格有意志的存在，我们现在姑且不论。我现在要指出的朱子的第三种太极观，就是朱子于其诗歌中不知不觉地把他的太极具体化作一种神仙境界，此实具体化道体之一种刷新办法，故值得我们大书特书。他与袁机仲的诗有云：

"武夷连日听奇语，令我两腋风冷然。初如茫茫出太极，稍似冉冉随群仙。"

读者一看就知道此处的太极，既非统天地万物之理的抽象太极，亦非同张南轩所超然会着的太极，因为那是得仁见道的澄洁的心境，决不会"茫茫"；而乃是一种被他具体化了的太极，被他用诗人的想象活用，而他可以飞进飞出的太极。这种太极乃是一种想象中的仙家境界或蓬莱宫阙。此四句诗的大意是说，连日在武夷山听，袁机仲谈奇妙的形而上道理，致令他觉得遗世俗超形骸，如列子之泠然御风而行。起初好像是茫茫然自蓬莱宫中飞出（出太极），一会儿又好像是随群仙逍遥遨游于天空之中。就无须我加这种笨拙的解释，原诗意思亦甚明了。我们须得知道的就是，朱子的太极是可以活用的。我想他一定还有别的活用太极的地方，不过他不肯形诸言诠罢了。虽然我只搜得这一条孤例（也许还可寻得出别的），但亦足见朱子活用太极之一般了。（见附释）

至于黑格尔之活用太极，具体化太极，尤其厉害。他虽很少作诗，但他的《精神现象学》书中富于诗意之处极多。据鲁一士说，若不是因为书中的奇奥的玄学名词太多，此书在德国浪漫文学史上要占位置的。黑格尔因为不像朱子有道家的思想作背景，可以把太极想象化成蓬莱宫阙或蓬莱仙子。但他最好的办法是把他的太极人格化成德国神话中的神仙或耶稣教的有人格的上帝。所以他的太极或世界精神（Weltgeist）之在人世，就好像德国神话中的浪游仙武丹（Wotan）一样，历山川之迁变，经人事之沧桑，漫游历史，从古至今，以至无穷。有时黑格尔又把他的太极人化成战将式或霸王式的上帝。他心目中所有的霸王或战将是谁？当然就是他1806年在耶拿时所亲眼看过的"马背上的世界灵魂"拿破仑了。所以鲁一士再三说："黑格尔的太极或上帝乃毫无疑义的是个战将。……而绝对自我（即太极）是那绝对强壮的精神，能耐得住人生一切的冲突，而获永久的胜利。"又说："我可以重言申明黑格尔的太极是一个战将。万古以来所有人类精神生活的精血，全都在他身上；他走到我们面前已是鲜血淋漓，伤痕遍体，但是凯旋而来。简言之，黑格尔的太极，是征服一切矛盾冲突的天理，是精神生活的全部，是人类忠义之所贯注，坚忍之所表现，情感之所结晶，心神之所体会的对象。"

朱子的太极是仙佛境界，黑格尔的太极是霸王威风。朱子的太极是光风霁月，黑格尔的太极是洪水猛兽。朱子是代表东方文化的玄学精，黑格尔是代表西方精神的玄学鬼。今年（1930年）旧历九月十五日是朱子生后八百年纪念，明年（1931年）11月14日是黑格尔死后百年纪念。我们把这两位谈太极的大师请出来对勘比较，也许于了解两家思想不无小补。

附释：

近来查出朱熹诗集（见《朱文公文集》第一至第三卷，《四部丛刊》本）中，有不少活用"无极"一概念之处：

如（1）有"不遇无极翁，深衷竟谁识！"的诗句，这表明对新创"无极而太极"哲学原理的周敦颐，特把他尊崇为"无极翁"。（2）"珍重无极翁，为我重指掌"，"无极"本是抽象概念，在这两处朱熹都因情感上崇敬"无极而太极"之理，于是以诗人的想象，把它人格化为"无极翁"。（3）此外朱熹还有一首诗，题为《作室为焚修之所》，焚指焚香默坐，修是修玄虚之道、诵幽玄之道经。因这期间他还写有"读道书六首"、"诵经"、"宿武夷山观妙堂二首"以及许多"恋仙境"、"绝尘缘"之类的诗句。由于这首诗对"无极"一词的用法很特殊，文字较晦涩，而透露的情思意境又较真切，故多解释几句。"归命仰璇极，寥阳太帝居。……愿倾无极光，回驾俯尘区"。首句意谓仰望玉宇式的太极（璇极作玉宇，玉宫解，即形象化了的太极，归命即性命的归宿）为自己性命的归宿。次句意谓寥廓昭朗的（寥阳）太帝居，为天帝（惟皇上帝）所居住的宫阙。三四句意谓甚愿倾注无极（无限）的光明，使自己可以回驾俯瞰下界的尘埃区域。——写这些诗时朱熹不过三十多岁，正是出入于佛老，但偏重道家的时候。同时，我感到，我国哲学家多半都能作诗，如果从表现形象思维的诗歌里去理解他们的思想感情，也是可行之路。

（原载《国闻周报》第 7 卷第 49 期，1930 年 12 月）

1899—1967

潘光旦：荀子与斯宾塞尔论解蔽

无论做学问，做事，做人，第一个大难关是去蔽。蔽，普通也叫作成见；其实成见一词不足以尽蔽字所指的种切。大凡一人心理上一切先存的状态，有如意志与各种情欲，和先入的事物，有如见解、记忆、习惯之类，都足以影响此人对于后来刺激的反应，使失诸过度，或失诸不足，也足以影响他对于后来事物的看法，使不能客观，使得不到最较近情的事物真相——这些都可以叫作蔽，初不限于见解上的先入为主的一端。

去蔽的重要，与如何可以去蔽，因此也就成为思想家、学问家与德行家的一个先决的大问题。在中国思想史里，这也确乎是极早便有人提出的。"人心惟危，道心惟微，惟精惟一，允执厥中"一类的话便是很好的例证。到儒家成为一个学派以后，这问题的提出便更频数、更具体。《论语》说到孔子绝四："毋意，毋必，毋固，毋我"；又说到明与远的一番道理；都和祛除成见及保持客观有直接的关系。至于论到周比和同的君子小人之别，虽若比较间接，关系也未尝不切，因为，成见的变本加厉，牢不可破，以至于教人不自知其所持者为一种成见，往往由于党偏，由于朋比，由于苟同者多，而不苟同者少。党偏朋比，事实上就是成见的社会化。所以唯有在力求不党不比的形势之下，一人才比较容易发见其成见之所在。反过来，成见被发觉的机会既加多，成见社会化的机会便减少，而觉偏的不健全的社会现象也就比较的不轻易发生了。

《大学》八目，涉及去蔽问题的倒有三目：诚意、正心、修身。诚意一目所说的，事实上等于对一己的力求客观，不自欺，不掩耳盗铃，就是不自蔽。正心一目提到身有所忿懥、恐惧、好乐、忧患，则不得其正，更显然的与蔽的问题有关，所谓不得其正，就等于说不能客观，或好比天秤称物，不免畸重畸轻之弊。这在今日，我们更直截了当的叫作一时的主体情感之蔽。至修身一目则说得更清楚了："人之其所亲爱而辟焉，之其所贱恶而辟焉，之其所畏敬而辟焉，之其所哀矜而辟焉，之其所敖惰而辟焉；故好而知其恶，恶而知其美者，天下鲜矣。故谚有之曰，人莫知其子之恶，莫知其苗之硕。"辟，就是蔽，唯其有这许多情感的关系，所以蔽，唯其蔽，所以不知。这些蔽也属于主观情感的一路，和正心一目所说者同，不过正心项下所指的是一时感于物而发生的情绪状态，而修身项下所指的是比较持久的感于人的情绪关系，又显然的很有不同了。修身一目的讨论里，除了去蔽而外，更无别的，足见身之修不修，完全要看蔽之去不去。人我关系从家庭开始，情绪一方面的关系亦以家庭之内为最密切，所以如果能于此早下一些切实的去蔽工夫，则家齐，国治，而天下可平，否则一切都落了空。中外古今，不知有过多少哲人说到去蔽的重要，这无疑是最严重的一个说法了。

不过在儒家思想系统里，在这题目上发挥得最多而又能更进若干步的是荀子。汉以来所传《荀子》三十二篇中，第二十一篇是《解蔽》，全文长至三千余言，大体上可以分做五段。（一）泛论蔽之由来与蔽之种类。（二）分叙前代君臣因蔽得祸、因不蔽得福的若干例证。（三）叙说近来（春秋后期与战国前期）思想派别的各有其蔽，唯有孔子是一个例外。（四）论解蔽的方法，这一段是全文精要所在，议论最长，又大致可以分为两部分，一是原则的认识，二是方法的推敲。原则的认识包括三种，一是道的整个性，二是人心的本质应须培养，使始终能维持一个所谓虚壹而静的状态，三是唯有如此状态的心才能见到道之整体，而非道之一偏，才不至"蔽于一曲，而暗于大理"。方法的推敲也包括两层，一是治心，二是治学。治心的讨论虽长，大旨仍不外《大学》里诚意正心两目所说的那一番精神。治学又细分为两个部门，各有其标准鹄的，一是明理之学，其止境是"圣"，是"尽伦"，二是致用之学，其止境是"王"，是"尽制"。一人不学则已，否则必力求兼赅这两个部门，凡属不以此为鹄的或经不起此标准的盘诘的学与术都是偏颇的，都是蔽的产物，且转而滋长更多的蔽。（五）结论的话很短，而意义却很深长，因为它专说到一点，就是政治的公开或政治领袖的态度宣明未始不是解蔽的一大条件。解蔽的条件虽多，求诸环境的只有这一个，其余每一个人都得求诸自我，这一层也很值得加以指出。

我们说荀子的讨论去蔽或解蔽，要比前人进了若干步。路依然是一条，但较前要更踏实，见到的境界更多。这当然和时代很有关系。荀子生当战国的后期，政治、社会、思想的局势比以前要复杂得多，动乱得多；他自己在篇首就说："今诸侯异政，百家异说，则必或是或非，或治或乱。"所以一样讲到蔽，他所讲到的要繁变得多；一样想应付蔽，他的努力要困难得多。即如说蔽的种类，我们在《大学》里所能看到的始终只限于意志与情绪的方面，诚意一目下所间接涉及的蔽可以说是属于意志的，而正心修身两目下的蔽则显然是情绪的，不是一时的情绪状态，便是比较持久的情绪关系。约言之，《大学》论蔽，始终没有脱离人，不是发乎个人的心境，就是发乎人我的关系。到了荀子，我们又发见了两个足以产生偏蔽的外铄的境界，一是人在时空两间里一般的际遇或处境，二是见识或学派所构成的门户；第二种境界也未尝不属于一人的际遇，但比较特殊，并且表面上是完全属于理智一方面的，至少当事人自以为属于理智而不涉情感的，是由于是非的判别而不由于好恶的抉择的。荀子历数为蔽之端，说："欲为蔽，恶为蔽，始为蔽，终为蔽，远为蔽，近为蔽，博为蔽，浅为蔽，古为蔽，今为蔽。"欲与恶两端，属于情感方面，犹仍旧说，可不再论；至若始终、远近、今古诸端，便属于所谓际遇的境界，非前人所曾道及的了。博与浅的两蔽则属于理智或见识的境界，而是下文历叙学派之蔽的一个张本，下文说："墨子蔽于用而不知文，宋子蔽于欲而不知得，慎子蔽于法而不知贤，申子蔽于执（势）而不知知（智），惠子蔽于辞而不知实，庄子蔽于天而不知人。"（《解蔽》一篇而外，荀子在别处也有同似的议论，例如在《天论》里他说："万物为道……愚者为一物一偏，而自以为知道，无知也。慎子有见于后，无见于先；老子有见于诎，无见于信；墨子有见于齐，无见于畸；宋子有见于少，无见于多。"先后指的是恬退与奔竞之分；诎信即屈伸，指刚柔与有为无为之别；齐畸指平等差等之异；多少指情欲的种类分量。所云"有见",就是偏,"无见",就是蔽,是不待解释的。)

说到解蔽的方法,荀子也有远到之处。关于道的认识与心的认识,荀子的议论始终是儒家的面目,并不新奇,不过细密的程度却增加了许多。如论心的一段,虽始终不离乎《大学》所论知止与定、静、安、虑、得的本旨,但经他反复申说之后,我们便觉得清楚与可以捉摸得多了。治心的一段讨论亦然。但治学的一段则远到而外,又很有几分独到,一曲与大理之分,物物与精道之辨,圣伦与王制之别,虽都有所本,其说法总是新颖可喜,后世所称内圣外王之学,不妨说就是从荀子开始的。初说到大理大道,好像有些玄虚,其实说穿了也很是单纯,他只是要我们明白:人生是一个整体,知识、学问、行为,所以辅翼人生与表达人生的,也不得不是一个整体,凡属整的东西,全的东西,我们不能以一偏来概括;近百年来的社会科学家,凡属学养较深、见识较广而理解力足够把握的,都作如此看法。有趣的是,远在二千多年前,荀子已经看得十分清楚,所以于历叙学派之蔽后,接着就说:"由用谓之,道尽利矣;由俗(欲)谓之,道尽嗛矣;由法谓之,道尽数矣;由埶(势)谓之,道尽便矣;由辞谓之,道尽论矣;由天谓之,道尽因矣——此数具者,皆道之一隅也。夫道者,体常而尽变,一隅不足以举之。曲知之人,观于道之一隅,而未能识[其为一隅]也,故以为足而饰之,内以自乱,外以惑人,上以蔽下,下以蔽上:此蔽塞之祸也。"真是慨乎言之。我们如今评论功利主义、享乐主义、权力主义、自然主义、命运主义……字眼口气虽大有不同,精神不完全一样么?这种精神,即在目前,既还绝对说不上"普通"两个字,如果有人提到，真还有好几分空谷足音的意趣，在二千多年前，岂不更见得新鲜么？至于承认政治局面的开明为解蔽的唯一环境条件，特别在篇末提出来，则更是发前人之所未发；政治必须开明而不隐秘，前人是一贯主张的，尤其是儒家的一路，不过把幽隐之政足以养蔽的一层关系特别加以揭橥，是荀子的创见。

荀子而后，一直经过了足足二千年，我们才遇到可以和《解蔽》篇比拟的一种文献，而这文献还不在中土，而在西洋，那就是斯宾塞尔（Herbert Spencer）的《群学肄言》（*The Study of Sociology*）。[我说这话，我当然并非没有理会这时期里关于偏蔽问题一些零星的讨论，例如清代学者戴震在他的三篇《原善》的下篇里就专论到私与蔽两个字。他说："人之不尽其材，患二：曰私，曰蔽。……蔽也者，其生于心为惑，发于政为偏，成于行为谬，见于事为凿为愚——其究为蔽已。凿者其失为诬，愚者其失为固。"又说："解蔽莫如学。"又说："得乎条理者智，隔于是而病智之谓蔽；巧与凿以为智者，谓施诸行不谬矣，是以道不行。"（《戴东原集》，卷八）]此书出版于1873年，其后约三十年，严几道先生把它译成中文，书名就是《群学肄言》（以下简称《肄言》）。严先生在译序及译文里曾不断的用到"辟"和"蔽"一类的字样；在《译余赘语》（以下简称《赘语》）里，也曾一度提到荀子，引用荀子的"民生有群……"的几句话，大概为的是说明他的所以把"社会学"译成"群学"，是有所本的。"蔽"字，严先生是用到了，荀子的作品也参考到了，但对于《解蔽》的篇名与其意义的重要，他却只字未提，真不能不教人诧异。群学之难，难在解蔽，群治之难，也难在解蔽，荀子与斯宾塞尔，虽相去二千余年，在这见解上可以说完全一致，严先生不把这一层标明出来，不能不说是一个很重大的挂漏。严先生一则在译序里说，《羣言》之作，"所以饬戒学者以诚意正心之不易"，再则在《赘语》里说："窃以为其书实兼《大学》、《中庸》精义，而出之以翔实，以格致诚正为治平根本矣"；所论和我们在上文所说的大致相同，亦于以见严先生在译书之际，未尝不作一些中西新旧的比较；一样的比较，又如何会把这一层最自然最现成的比较反而遗忘，实在是出我们意料之外。

斯氏的《羣言》分十六章，除第一、二、三、五等四章分论社会的需要，社会学成为科学的可能，社会科学的性质，与社会学的客观的困难而外，其余没有一章不和解蔽的题目有关。自第六至第十二章，一连七章，是专论蔽的种类的。第十三至第十五章，是论经由修养与学问的途径来觅取解蔽的方法的，而相当于我们格、致、诚、正的旧说。第四章总论治社会学的困难和第十六章结论，自都不免部分的提到蔽的问题。十六章中，既有十二章和解蔽的题目有关，我们如果把《羣言》的书名改成"解蔽通论"，决不会冒文不对题的危险。

斯氏论蔽，大体上可以分为四个部分。甲、主观理智之蔽，其中包括三四个节目：一是拟我或以己度人的倾向（拟我之拟，意义和拟人论的拟相同，就是用了自我做量断人物事理的标准）；二是以人性为一成不变或易于变动的两种相反的成见；三是理智能力过于狭窄，不够笼括；四是理智能力过于板执，不够活泼，缺乏弹性；三四两点也未尝不可以归并作一点。乙、主观情感之蔽，包括各别的性情与一时的好恶爱憎,包括一般人对军功的过于钦崇,对政治权威或掌权者的过于迷信与顺从等。丙、各种处境或际遇之蔽,这一类的蔽事实上也属于主观情感一方面,不过和乙类的有些不同,即患蔽之人不但不知其为蔽,且从而为之设辞(设辞的理论,斯氏本人未加发挥,这是后来意大利社会学家柏瑞图 Vilfredo Pareto 的重要贡献,在此姑不深论),即设为"理有固然,势所必至"之辞,以示其见地之客观明确。斯氏用了五章的笔墨来分析证明这一路的蔽或成见:一是传统文教中一部分的矛盾的蔽,斯氏特别提出的矛盾是他所谓友爱的宗教对待着仇恨的宗教,指的是一面有讲泛爱的宗教,而一面有国家、阶级一类的偶像所培养的仇恨心理;二是种族、国家、乡土一类的事物所引起的蔽,亦有正负两方面,正面指的是一味拥护本人所属的种族乡国,不论是非曲直,反面是完全抹杀种族乡国观念,侈论大同一类的理想;三是治者、被治者和其他阶级分野之蔽,或其反面;四是属于政治方面的蔽,如政党间彼此相歧视与敌视的蔽,又如人治论与法治论之蔽;五是宗教、神学、宗派之蔽,或反宗教之蔽。这些都用不着什么解释。

斯氏在最后第四部分论到救蔽之道,其中也有两个节目。一是思想习惯的自力修养,即严氏译文中所称的"缮性",亦即相当于诚意正心一类的工夫;二是广博的学问基础的培植,即严氏所译《宪生》与《述神》两章,相当于我们格物致知的工夫。这学问的基础确乎是包罗极广:抽象的科学,如数学、逻辑,所以示事物间关系的存在与其重要;半抽象半具体的科学,如物理、化学,所以示事物之间的因果的迹象;具体的科学,如天文、地质,所以示因果关系之连续与复杂;最后生命的科学,如生物、心理,则所示的因果关系更进入了生生不已的境界,和社会最较密迩而不可分离,因此,尤须在广博的基础里占有重要的地位。

荀子的《解蔽》论和斯宾塞尔的《肆言》各是针对时代需要的一番大议论。荀子时代,中国的诸侯异政,百家异说,我们在上文提到过了。19 世纪的西洋也有类似而程度上更严重的情形。两人的学殖修养,虽因时地迥异而大有不齐,却也有相似之处。荀子以祖述孔子自居,在学问则求集成,在思想则主综合,认为道非一隅,而精道重于物物;斯氏于接受演化论之后,始终努力于学问的融会贯通,他在这方面的成绩就是十六册的《综合哲学》,即严氏所称的"会通哲学"。两人所处的时代,所欲应付的问题,两人在学养上的准备,既都很有几分相像,于是两个人的答案也就不谋而很有几分符合了。地无分中外,时无分今古,人无分东西,人生的一些大道理是可以有如孟子所说的"一揆"的。我们不妨再作一个极简单的对比,以示一揆之所在:

	荀子	斯宾塞尔
总论之部	一曲对待大理,精道对待物物。	理智力多患狭隘呆板,不能兼容并包。
	诚心莫不求正,而以自为,妒缪于道,而人诱其所迨,私其所积,唯恐闻其恶;倚其所私,以观异术,唯恐闻其美。	全部之拟我论或以己度论。
蔽之大类	欲为蔽,恶为蔽。	一时之情绪状态。
	博为蔽,浅为蔽。	先人之见解。
	始为蔽,终为蔽,远为蔽,近为蔽,古为蔽,今为蔽——凡万物异,则莫不相为蔽。	各种处境遭际所形成之成见。

续表

	荀子	斯宾塞尔
党派宗系门户之蔽	慎子蔽于法而不知贤；由法谓之，道尽数矣。 申子蔽于势而不知智；由势谓之，道尽便矣。	涉及国家、政治、政党与法治对待人治之各式成见。
	墨子蔽于用而不知文；由用谓之，道尽利矣。 宋子蔽于欲而不知得；由欲谓之，道尽嗛矣。 惠子蔽于辞而不知实；由辞谓之，道尽论矣。	传统文化与教育之各种成见。
	庄子蔽于天而不知人；由天谓之，道尽因矣。	宗教、神学、宗派与反宗教之成见。
治蔽之道	心论；虚壹而静之治心论；与所谓大清明论。	思想习惯之自我修养，见严译《缮性》一篇。
	学论；治学论；《解蔽》篇所论之外，并见《劝学》篇。	学向之广博基础之取得，见严译《宪生》、《述神》两篇。

本文是用不着什么结论的。荀子的议论，斯宾塞尔的议论，对战国的后期适用，对19世纪的西洋适用，对今日的中国与国际大势，也未尝不适用；对做人治学适用，对为政与解决大小政治纠纷，也未尝不适用，而在目前的局势之下，可能是更适用。我在一年前（1945年冬），在昆明、重庆写过一篇短文，叫《毋我则和平统一》，半年前（1946年夏）又写了一篇比较长的文字，叫《派与汇》，所企求的无非是想寻求一个途径，一个涉及基本见地的途径，使支离纷扰的思想的园地，使布满着荆棘、壁垒以至于阵地的政治的局面，多少得一些宁静的机会。写出以后，总觉意犹未尽，总觉还没有探手到问题的底处，最近因讲述社会思想史一题，引起了一番解蔽的话，因而联想到问题的底处就在一个蔽字上，于是才有了这篇文字。

（本文作于1946年。原载《政学罪言》，观察社1948年版）

傅斯年：对于中国今日谈哲学者之感念

现在中国有高谈哲学的声浪了，有一般人以研究哲学自任，这是件很可乐观的事情。因为一种哲学，对于一个人的效用比他的饭碗问题还要紧；而一种国民哲学对于它的民族的势力远在政治以上。哲学可以引人从卑浅思想的境界爬出，到自觉自成的地位。它可以告诉我们，我们以前所过的日子，都是受武断的偏心所驱使。它给我们个更清洁的空气，更可靠的根据，更活泼的精神。我们必先和它攀上交情了，才可有个世界观；有了世界观，才可有个人生观；有了人生观，才可以比较的懂得什么是我，什么是他们；怎样用我，怎样用他们。

但是中国现在的思想界到了哲学发达的地步了吗？不客气说来，现在以哲学自负的诸公，究竟已入哲学的正经轨道了吗？这话好像大不敬！然而也有不可讳言的所在。所谓哲学的正经轨道，决不会指初民的国民思想，决不会指往古的不能成全备系统的哲学，定是指近代的哲学；更严格的说起来，应当指最近三四十年中的新哲学——因为旧哲学的各种系统，经过一番科学大进步以后，很少可以存在的，只有应时而起的新系统，可以希望发展。一个哲学时期每每跟在一个科学时期以后，近代的欧洲是个好例。五六十年前的哲学，虽然离开中世纪已经很远了，还是受中世纪思想的支配，还未受科学的洗礼，所以虽然迷阵很深，思辨很费神力，终解不脱常言说的，"一个瞎子在一个暗屋子里，说有一个黑帽子在那里哩，其实并没有"。近半世纪里，哲学的唯一彩色是受科学的洗礼。其先是受自然科学的洗礼，后来是受人事科学（social science）的洗礼。机械学发达了，哲学受了个大影响；生物学发达了，它又受个大影响；从生物学里跳出心理学来，它又受个大影响；从心理学里跳出社会学来，它又受个大影响。现代的哲学是被科学陶铸过的，想研究它，必须不和现代的科学立于反背的地位；不特不立于反背的地位，并且必须应用现代的科学中所得作为根据。哲学是一时代学术的会通的总积。若果并没有受当代各类学问的深培养，或者竟不知道当代学问的门径，或者径以为毫不相干，甚者以为可以相反，专凭自己一孔的幻觉，也只好在三家村里自豪；或者在黑人群里上"哲学家"的雅号，不便在北京某大学里阴阳乾坤的混沌话着太极图说，或者在著名报纸谈道体、循环、气数了。

太极图这个玩艺儿，本是妖道造的，然而居然有几位宋儒先生大谈特谈，这是为何呢？我想彼时科学毫不发达，他的宇宙观不能基于科学观念，而又不肯不想象他的宇宙观，所以才有这类的可笑见解。在当时的知识状态之下，这类见解也未尝不可聊备一格。到了现在，与其说他可笑，毋宁说他可怜。至于道体、气数等等名词，都是古人求其解而不得，以浑沌了之的说话。循环一说，在西洋一百年前，还有势力；彼时机械论的缺点还没发觉；到了现在，机械论的位置已经动摇了，用初步而又粗浅的机械论里的话——不是后来进化的机械论——所组织成的循环论，早已死去了。若果抱住这些早经淘汰过去的观念以为宝贝，未免不值。所以研究学问总要认定时代，不可弄后于时势的作为。现在我写出几条最浅近的说话——其实我并不配谈哲学，不过对这一般误以阴阳、道体当作哲学的，无妨进此一解了。

第一，哲学不是离开科学而存在的哲学，是一切科学的总积。几种科学相通的道理（思想）共守的规则，就是哲学。若干科学，所研究的范围不同，因而表面上好像没甚关系，然而骨子里面有一个会通的所在，就是哲学。哲学可以说是一种思想——普通的思想。又可以说是一种知识——基本的知识。它的目的是集合世界和人生的理论，调和成一个儿的；所以它在学问界中包括最大范围，而同时自占最小范围。这道理可就哲学的进化史上看来。最初所谓哲学家的，都是兼容并包，通晓各样学问的贤者；就训诂讲起来，诚然可以当得起"爱智者"的称号。请看希腊古代的学者，各德黎、阿纳次满都、皮塔高拉史、黑拉哥来都、帕门尼得斯、安纳差戈拉、恩培德刻勒、登莫戈里都、齐纳等等，在当时都是无所不学的人。柏拉图、亚里士多德又是这般。到了中世纪，成了神道的哲学，又有圣阿昆纳斯等无所不学，无所不讲。笛卡把博学学派推翻，他自己却是位最博的学者，至于倍根的博学更不必说了。后来的莱勃尼次、弗尔夫又是最博的学者。从休谟起，才有"批评哲学"的意味，康德是个完全学派的。这派在近代哲学里很占大部分势力，但是到了现在，已经应时势的要求，站不住脚。最后的胜利，是斯宾塞式的哲学，把康德式的哲学压倒了。我们要知道，比较的更完全的是比较的更好的。那类抽象的知识固然不能说完全要不得，然而总须要知道实体的真确组织，要合于实体的真确组织，仅仅据着几个抽象名词，辩论下去，实在无谓。最近的趋向很有点复古的意味，要把一切学问包括在内。其所以与古代不同的，古代所谓哲学，只能在当时所谓学问界中，包括最大范围，最近的哲学趋向，在包括最大范围之外，同时自占最小范围。古代一切学问，什之七八不能独立，所以哲学的名称包括学问界中最大范围。近代以来，许多学问从哲学的本枝上分出，如物理学、机械学、天文学、生物学、心理学、伦理学、社会学等——无心识的心理学（psychology of the unconscious），最近亦从哲学里分出，独立成科学——只剩了形上学不独立，这是和古代不同的，这所谓自占小范围。但是每一种科学向深处研究去，向与别种科学会通的地方研究去，便成了一种哲学。例如规范的伦理学上有人生哲学，法律学上有法理学，生物学上有生物哲学等；又如冯德研究心理学深了而成哲学家，奥斯渥研究化学深了而成哲学家等。这是和古代兼容并包的意味同的，这所谓包括最大范围。我们可以称他做哲学上进化的复古观念，因为他虽然复古，却又与古不同。我以为我们对于哲学应有的观念，最好用斯宾塞的毕生著作证明。把第一义放在上面，其下有生物学原理、心理学原理、社会学原理、伦理学原理等，综合起来，称做会通哲学。哲学原是一个会通的系统呵！然则不在近代科学上植一个好根基，专凭一己的观察，无论不聪明的人没有是处，就是聪明人也是枉然！

第二，我们须要认定"科学有限"一句话是再要不通没有的。我们只能说现日科学的所得有限，不能说科学在性质上是有限的；只能说现日的科学还不很发达，不能说科学的方法有限。我们固不能说科学的方法是唯一的方法，然而离开科学的方法以外，还不曾得更好的方法。我们固不能说现在所有的科学方法是尽善尽美了，然而将来新添的，或者改良的方法，也必须是"科学的"，决不会是"非科学的"。绝对的实体不是人所能知；人的精神界的力量只能用实事求是的科学方法；过此而往，就是超人，也就是非人了。启示、默想、顿悟、超脱经验等等见神见鬼的说话，不过利用人类心理上的弱点，加上个诡辩的手段。经验固不能得全体，然而集合各方面的经验，便得一个全体的概念；经验固不可尽凭，然而离经验还有什么可凭呢？凡言科学有限的人，大约可分两类：一是迷信家；二是妄自尊大家。迷信家不必说了，他和科学有根性上的仇气；至于妄自尊大家的不安分，忘了人性，已经可笑了。哲学家要站在巴黎铁塔上看巴黎，不要囚在伦敦楼里想伦敦。就事实的经验归纳起来成科学，就科学所得演绎上去成哲学；哲学只能用科学的方法，哲学没有特殊的方法。经验以外加上想象，兴致，意念等等，原是哲学的本务，但是断断乎不可离开经验，专凭想象，兴致，意念等等。哲学诚然有在科学外的东西，但是科学确须包括在内。以科学的方法做根据，不能独立成根据。我们想要有个可以信得过的 weltanschauung，自然要晓得世界人生的组织；想用"匠心"去制造我们的 weltanschauung，自然要把世界人生的真组织做材料。哲学既和科学用一样的方法，那么，不知道科学的方法的，未便谈哲学了。

第三，我们要晓得哲学也不是抽象的学问，它的性质也是具体的。这个毛病诚然是历来哲学家所常犯的。但是抱住一堆蹈空的概念，辨析综合去，建设出先天的知识，组织成空中的楼阁，其实满不是那么一回事，是哲学切戒的啊！总而言之，哲学只可集象，不可离象。

第四，哲学是一个大假定（hypothesis）——一群假定的集合。因为哲学是个余数（besiduum），这余数包含着许多未经科学解释的问题，所以哲学里边的事务都是假定。既然哲学是个大假定，因而用专断主义（dogmatism）驾驭哲学，并且把"究竟"、"绝对"、"永久"的根究当作哲学的本职的人，实在是大错了。更有一层，哲学里面既然包含着无数假定了，这些假定有时可以加上一番证明，便成科学。大家对于这些假定每每很有趣味的，因而常把这些假定浸入科学里去受证明（verification）的洗礼——这是哲学影响科学的所在。认清楚这个！我们切不要专断！

第五，历来的哲学家大概有两种趋向：（一）以知识为前提；（二）以人生为前提。后一类要是讲的极狭隘了，也有非常的危险，然而确不如前一类的危险大。前一项最明显的危险有二：第一，于实用丝毫无补；第二，可以随意说去，一点也不着实际。况且我们是人，我们有人性。用人性去观察世界，所见的所得的自然免不了一层人性的彩色，犹之乎戴上蓝眼镜看东西，没有一件不是蓝的。纯粹的客观是不可能的，因而"唯一的客体"、"唯一的真理"、"绝对"等等名词，不成话说了。知识是一种人的反应；实体是一种生物学上的概念；超过人性的理解是做梦来的。一切的科学都是应生物学上的自然要求而出；一切的知识都是满足人生的手段（means）；一切的行为，都是发挥人生的动机。意机主义战胜智慧主义了，人性主义战胜自然主义了。哲学上业已得了个最后的决战，世上一切设施，极受这决战的影响。我们要度德量力，不要做哲学上的复辟。

以上所说，都是极粗浅的道理，我原不必说。不过还有一般中国人高谈太极图循环等等，这类浅话，也不妨谈谈了。我们不要忘现代的哲学早已受过科学的洗礼。（记者久想作这题目，只是时常生病，不能如愿。现在到了《新潮》第五号发稿的时候，只好勉强成这一篇，病中做文，自然不妥的地方很多。所有未尽的意思，唯有待至下卷里谈了。4月11日。）

（原载《新潮》第1卷第5号，1919年5月1日）

后　记

　　西南联大作为近代以来扎根中国大地办教育的一个典范，其历史功绩已载入史册，她所蕴含的精神至今仍熠熠生辉。目前，社会各界关注西南联大者越来越多，有关西南联大的研究渐成"显学"。历史是时代前行最好的坐标，我们走得再远都不能忘记来时的路。多年来，西南联大博物馆坚定当好西南联大精神的守护者、传承者和实践者，持续不断地挖掘、整理和利用西南联大历史资料，在此基础上进行展览展示、宣传教育、研究阐释等诸多工作，传承和弘扬西南联大精神，讲好西南联大教育救国故事。

　　"西南联大名师课"丛书是西南联大博物馆与东方出版社共同策划、勠力打造的挖掘、整理西南联大历史资料的一项成果。在整套丛书的编纂过程中，西南联大博物馆的李红英、朱俊、铁发宪、祝牧、张沁、王欢、李娅、姚波、马艺萌等老师参加了各册的选编、审校工作，博物馆其他同志也为编纂提供了保障支持，这是本套丛书顺利面世的重要保障。

　　高山仰止，景行行止。西南联大名家荟萃，大师们的学识博大精深。编纂这套丛书，我们一方面深感意义重大，另一方面也感到责任重大。由于时间仓促、水平有限，本丛书难免存在遗漏或不当之处，尚望联大校友及其亲属、专家学者和读者朋友批评指

后记

正。还有少量作者的亲属未联系上，敬请见到本套丛书后发邮件至1071217111@qq.com，与我们取得联系，我们将按照国家相关规定支付稿酬、奉送样书。

编　者